湛庐 CHEERS

与最聪明的人共同进化

HERE COMES EVERYBODY

CHEERS
湛庐

高增长科技股投资法

[美]马克·马哈尼 MARK S. F. MAHANEY 著
朱昂 译

NOTHING BUT NET

中国财经出版传媒集团
中国财政经济出版社
北京

测一测

你了解高增长科技股的投资之道吗?

扫码加入书架
领取阅读激励

- 10 倍股的概念是由谁提出的?(单选题)

  A. 巴菲特

  B. 彼得·林奇

  C. 木头姐

  D. 凯文·凯利

扫码获取全部测试题及答案,
一起了解如何找到
高增长科技股

- 科技股投资者需要关注企业收入的最重要的原因是:

  A. 收入是实现盈利和现金流的前提

  B. 收入增速越快,估值越高

  C. 收入最符合市场的审美观

  D. 收入反映了 CEO 的管理水平

- 作为一名投资者,你需要找到拥有巨大的潜在市场空间的企业,通常来说,这样的企业往往会进行( )布局。(单选题)

  A. 交互式

  B. 模块化

  C. 产业化

  D. 全球化

扫描左侧二维码查看本书更多测试题

马克·马哈尼

《机构投资者》连续6年排名第一的
华尔街顶级科技股分析师

MARK S.F. MAHANEY

Nothing But Net

作为“互联网女皇”玛丽·米克的首席助理开启职业生涯

MARK S.F. MAHANEY

1998 年，马克·马哈尼在《华尔街日报》上看到关于“互联网女皇”玛丽·米克尔（Mary Meeker）写的《互联网报告》（*The Internet Report*）的简介。他当即跑去书店买了这本书。也正是这本书，激发了马克·马哈尼对互联网行业的兴趣。

不久之后，马克·马哈尼从沃顿商学院的同学那里得知，就职于摩根士丹利的玛丽·米克尔目前正缺少一名助理。经过长达半年的面试流程，最终马克·马哈尼成功地成为玛丽·米克尔的首席助理。由此，马克·马哈尼的华尔街科技股分析生涯正式开启了。

在这里，他继续研究亚马逊、雅虎和 eBay 等公司，并加大了对谷歌的研究力度。他们的研究报告被广泛引用，成为华尔街投资界的重要参考。在摩根士丹利工作期间，他还负责管理一些初创型科技公司的 IPO。

2000 年，互联网泡沫破裂，许多科技公司的股票价格暴跌。在这个时期，许多投资者失去了信心，但是马克·马哈尼继续坚定地研究和投资科技行业。他认为，科技行业有巨大的增长潜力，而短期的股价波动并不影响公司的长期价值。

2006 年，马克·马哈尼转到花旗银行，开始担任互联网和数字媒体股票分析师。在那里，他开始研究谷歌、Facebook 和奈飞等公司，并建立了一个在华尔街处于领先地位的互联网研究团队。

2015 年至今，马克·马哈尼成为 Evercore ISI 高级董事总经理和互联网研究团队负责人。

著名投资者木头姐和彼得·林奇数次就科技股投资向马克·马哈尼征求意见。在众多华尔街顶级投资者心中，马克·马哈尼是一流的市场参与者、思想家、分析师、投资者。

用马克·马哈尼自己的话来说，自己的互联网人生极其与众不同，因为他见证并参与了这个全新行业的诞生、成长以及黄金岁月。

25年只做一件事，坚信科技股的巨大潜力

马克·马哈尼的投资推荐涵盖了多个领域，包括互联网、科技和电子商务等。马克·马哈尼认为，对于科技和互联网行业的投资者来说，长期投资是最明智的选择。由于这些行业的变化非常迅速，短期投机交易可能会导致投资者错失重要的机会。因此，他建议投资者采用长期投资策略，持有那些具有长期潜力的公司股票。投资于具有强大商业模式的公司是成功投资的关键。这些公司能够在一个竞争激烈的市场中获得优势，并具有长期发展的潜力。

此外，他还建议投资者关注那些在市场领域拥有独特价值主张和技术优势的公司、关注用户增长和市场份额以及那些能够持续增加用户数量并获得更大市场份额的公司。

这些理论和观点为投资者提供了有用的指导，帮助他们在科技股投资中做出明智的投资决策。

在25年的互联网人生中，马克·马哈尼做了约15万次股票推荐，其中有一些极为精彩和伟大：

谷歌：马克·马哈尼在过去15年长期推荐的股票，仅在IPO之后短暂出过卖出评级，以及在谷歌中间管理层更替的时候，维持过持有评级。马克·马哈尼对谷歌的搜索引擎和广告业务的前景非常看好。他预测，谷歌将成为一个重要的互联网公司，并推荐投资该公司的股票。2016—2020年，谷歌的股价上涨了131%，跑赢了标普500的84%收益率。这就是伟大企业的复利增长，特别是复利的基本面增长。

亚马逊：马克·马哈尼认为亚马逊是电子商务领域的领导者，从2005年至今对亚马逊维持买入评级，并预测该公司将在未来继续增长。亚马逊的股价从2004年12月31日的$44.29上涨到2020年底的$3 257，涨幅达到7 254%。亚马逊现已成为全球现金流最强劲的企业之一。他的推荐使得许多投资者开始投资亚马逊的股票，并获得了长期的回报。

Facebook：在Facebook上市之前，马克·马哈尼就对该公司的前景非常看好。他认为，Facebook将成为一个全球性的社交媒体平台，并推荐投资该公司的股票。在Facebook上市后，该公司的股价迅速上涨，这证明了马克·马哈尼的推荐是正确的。

奈飞：从2013年至今，马克·马哈尼一直对奈飞维持买入评级。根据CNBC的数据，奈飞是2010—2019年表现最好的

标普 500 成分股，涨幅几乎达到 4 200%。

Priceline：2008—2018 年，马克·马哈尼一直推荐买入 Priceline。在此期间，Priceline 的股价从 107 美元上涨到 1 738 美元，涨幅高达 1 524%。

华尔街广受认可和赞誉的顶级科技股分析师

马克·马哈尼的投资哲学是注重长期价值，他坚信科技行业拥有巨大的增长潜力，并且短期的股价波动并不会影响公司的长期价值。这种长期视野和对科技行业的深入洞察使他成为华尔街最受尊敬和影响力的科技股分析师之一。

马克·马哈尼的投资建议经常被广泛引用，并且他赢得了市场的认可和赞誉。在过去的多年中，他获得了行业内多个奖项和荣誉。2006—2021 年，《机构投资者》杂志每年都将他列为顶级互联网分析师，其中连续 16 年位居前三名，并连续六年夺得榜首。此外，2010—2013 年以及 2021 年，他连续 4 年被《福布斯》评为“美国最佳互联网研究分析师”。

他还曾被《金融时报》和 Star Mine 评为“头号盈利预测师和股票挑选师”，并在单年选股表现方面被 Tip Ranks 评为在所有华尔街分析师中排名前 1%。

这些奖项和荣誉充分证明了马克·马哈尼在投资研究领域的卓越能力和对科技行业的精准洞察力。他的声誉不仅体现在业界，也受到投资者和市场的高度认可。马克·马哈尼以其深入的分析和长期价值投资的理念，为投资者提供了宝贵的指导，并在科技行业的投资领域树立了良好的榜样。

界定成长型公司是一门艺术

陈达
Dante Research 创始人、资深美股投资人

一般而言——虽然看起来不言而喻——投资对象的现金流越有可预测性，投资就越省心。比如买银行 2% ～ 3% 的定存，或者在美国达拉斯买个房子，剔除成本，净收益大概是 4%。这样的投资，锚就是当期以及未来确定性强的现金流收入。买高息股，收股息，也是同样的道理。哪怕是买分红较低但有确定盈利公司的股票，都算是容易找锚的投资。

有容易找锚的投资，自然就有不容易找锚的投资，那就是让人魂牵梦绕、血脉偾张的高增长成长股公司。那么，我们首先要讨论，到底什么是成长型公司？或者如果不能准确定义，是否可以加以若干描述？

判断一家公司是不是成长型，有些人会去看其所处行业是不是朝阳行

业，比如 IT 行业现在看起来很朝阳，因此他们会认为所有 IT 公司都是成长型公司。这当然是一个漏洞百出的论断，只需一个反例就可以将其推翻：IBM 是 IT 公司，但 IBM 是成熟型（如果不是衰退型的话）公司。所以不是所有在朝阳行业里的公司，都天然是成长型公司。同理，不是所有的科技股都是成长股，也不是所有的成长股都是科技股。

还有人会说，所谓成长型公司，就是能以远高于总经济体的增长率产生大量现金流或者盈利的公司。我们同样可以用一个反例就让这一论断灰飞烟灭，比如们熟知的某些电动车公司，虽然其财务报表上长时间不出现正现金流，但都是不折不扣的最具代表性的成长型公司。

界定成长型公司的难点在于，成长难以被量化——这是一门艺术，而非一门科学。你可以给自己定一个标准，比如成长型公司销售收入的季度增长至少不低于 15%，并且自由现金流季度增长至少不低于 10%。但最后你总归要问自己一个问题，为什么是 10% 而不是 9.9%？为什么是 10%，而不是 GDP 增速的 10 倍的黄金分割点？

事实上，这些数字都过于主观化。就像说一个人是个胖子，你的依据肯定不会是知道他的 BMI 超过 35，而是靠你神奇的视觉图像处理能力，就能定义其是个胖子。

我们可以来试图提炼一下成长型公司的特征，找找感觉：

1. **财务报表“变脸如变天”。**营业收入、运营利润、税息折旧及摊销前利润（EBITDA）、息税前利润（EBIT）、净利润、现金流等，都处于看似无止境的动荡之中。
2. **公司权益的市场价值远高于其账面价值。**我们可以造一个“性感”点的词，叫规模背离。一家公司资产负债表上的股东权益可能只有几亿元、几十亿元，但是其股票的市值可能是几百亿元。

3. **债务相对轻省**。当然这一点并不绝对，一些成长型公司也可能会上很高的杠杆。但是总体而言，相比同行业的成熟型公司，成长型公司的债务杠杆一般要低很多。这倒不是这些公司不想借，只是因为借不起，它们的现金流不足以覆盖高杠杆带来的利息支出。
4. **公司市场历史较短**。即便公司已经成立多年并已成功上市，但其可追溯的有数据记录的市场历史仍然很短。

细心的读者可能已经发现，我在以上特征中并未提到“成长”两字，但其实“成长”的基因已经暗伏其中。比如财务报表“变脸”，如果一家公司的财务状况呈稳定上扬趋势，那它很可能就是成熟型；如果一家公司财务状况持续恶化，那它很可能就是衰退型；通常只有成长型公司的财务状况才会时“哭”时“笑”。又如公司权益的市场价值远高于账面价值，一般就是因为市场愿意为“成长”支付溢价。再如市场历史较短，这说明这家公司正处于生命周期的早期，同时也体现了其成长性。

你可以依据这些特征来判断一家公司是否为成长型，比如 5 年前的拼多多公司就完全符合：财报动荡、规模背离、债务轻省、市场历史短。再加一些感性上的判断，你大概就能知道，一家公司的股票是否属于高增长股。

总之，对于投资者而言，成长型公司不仅象征着高风险和高回报，更代表了一种对未来充满信心的选择，而这也正是《高增长科技股投资法》所要传递的核心理念。这本书不仅为你提供了关于如何识别和投资高增长科技股的宝贵经验，还能帮助你在面对市场波动时，保持理性和敏锐的判断力。相信借助这本书，你能够更好地理解高增长科技股的奥秘，不仅收获财富，更体验到与时代同频的成就感。

了解投资科技股的正确方式

朱昂
点拾投资创始人

毫无疑问，过去几年是全球科技股的大牛市。在人工智能浪潮的推动下，英伟达、微软等一大批科技龙头企业不仅创出历史新高，也取得了惊人的涨幅。以英伟达为例，仅仅在过去 2 年的时间内，就取得了 10 倍的涨幅，总市值也突破了 3 万亿美元。

美国科技股的走强，也颠覆了大家传统意义上的成长股投资思维。大家总觉得，成长股就要买小市值股票，享受企业从小到大的过程。而科技带来的非线性增长，也让这一批原来市值就比较大的企业，突破了地心引力。科技之树，似乎能长到天上去。从 10 年前就开始出现的“FAANG”① 五大天

① 指 Facebook、亚马逊、苹果、奈飞和谷歌。——编者注

王，到今天的美股“瑰丽七股”[①]，这些科技巨头不断把美国资本市场带到新的高度。其中一些企业的市值，甚至已经比英国、德国这些国家的国内生产总值还要高，真的出现了“富可敌国”。

为什么这些大科技企业在市值突破几千亿美元后，反而加速上涨了呢？为什么科技行业中的一些低市值企业，增长反而没有大企业那么快呢？为什么用低估值买入的方式投资科技股，效果并不好呢？为什么十几年前盈利能力更强、估值更低的 eBay 反而最终大幅跑赢没有什么盈利的亚马逊呢？这些都是我曾经在科技股投资上的困惑。在翻译了这本《高增长科技股投资法》之后，所有的这些问题都找到了答案。

作为一名入行 25 年以上的资深互联网分析师，作者马哈尼用了大量真实案例来阐述科技股投资中常见的错误，以及他自己在职业生涯中收获的经验和教训。这些活生生的案例，让我们从后视镜的角度了解投资科技股的正确方式。同时，作为一名卖方分析师，马哈尼的语言幽默生动，大大增加了这本书的可读性。

当然，投资中没有永恒不变的“圣杯”，这本书也不会让一个人瞬间就变成科技股投资的高手，但相信每一个阅读的人，都能从中找到某些困惑的答案，以及纠正自己一些错误的方法。减少犯错，就已经让我们成功了一半。

即便这本书的英文版在两年前就出版了，今天读起来依然有不少全新的认知。我也很幸运，作为翻译者，能在该书出版后不久就读完了英文版，也给我个人在美股科技的投资提供了很有价值的视角。

---

① 指苹果、谷歌母公司 Alphabet、Meta、英伟达、特斯拉、亚马逊和微软。——编者注

翻译也是二次创作的过程，不仅要理解原文，还要用更合理的语言表达出来。最重要的是，翻译真的是一种公益。作为译者的报酬是很低的，但要真的能把一本书翻译好，对译者的要求又是极高的。甚至我自己也出版过好几本书，但翻译一本书所投入的心血一点都不比自己写一本书要少。

最后，感谢湛庐文化的信任，把这本科技股投资的好书交给了我翻译。全市场主流的投资方式有三种：基本面的价值投资、量化投资和科技股投资。价值投资领域的书籍市面上非常多，大家也看了不少。但量化投资和科技股投资领域可能最好的两本书——《征服市场的人》[①] 和本书，我都是翻译者。

人到中年，希望给大家留下一些有价值的东西，这也是一种价值的创造。祝大家开卷有益！

2024 年 7 月 16 日

①《征服市场的人》作为首次披露“量化投资之父”西蒙斯及其神秘团队的一手资料，揭晓了西蒙斯带领大奖章基金在 30 年间取得 1% 的年平均回报率、连续 27 年业绩远超巴菲特、规模远超达利欧的投资理念和另类天才管理法。其中文简体字版已由湛庐引进、天津科学技术出版社于 2021 年出版。——编者注

“一网打尽”的科技股投资智慧

本书英文版出版两年多来，科技股一直非常动荡。本书英文版在 2021 年 11 月出版时，恰逢纳斯达克市场的剧烈调整。这一调整持续了 6 个多月，许多科技股跌至腰斩。造成这一状态的两个最大因素分别是利率从几乎为 0 急剧上升，以及对全球经济衰退的担忧加剧。

然后，从 2022 年中后期开始，科技股波动上升，迎来了更加剧烈的反弹，亚马逊、谷歌、Meta、微软和奈飞等股票的价格都创下了历史新高。“瑰丽七股”引领市场，在 2023 年表现出色，纳斯达克飙升 44%。

我相信，书中传达的一个关键信息——抓住优质科技股的抄底时机——在过去两年中得到了非常好的体现。如果你在 2022 年准备好投资于那些明显处于低位的优质科技股（如亚马逊、谷歌、Meta、微软和奈飞，那么在之后的两年中，你将获得丰厚的回报。

2024 年，我认为最优质的科技股不太会陷于低位。但我有理由相信，在未来几年里，我们将见证更多的低位优质科技股，希望本书的经验和教训能帮助我和读者识别并把握这些时机。

我在本书前言的第二句话中提到“我非常幸运”，因为我能够分析华尔街上最多元化、最有趣的投资领域之一。现在，我认为自己依然“幸运”，并且心怀感激，感谢我所经历的一切，感谢认为我的书有用且富有洞见的读者。

祝你们一切顺利！祝你们将优质科技股“一网打尽”！

马克·马哈尼

于美国加利福尼亚州拉斐特

2024 年 7 月

这些年，创造了巨大财富奇迹的科技股

我是华尔街最年长、任职时间最久的互联网分析师之一。我非常幸运，因为在 25 年的时光里，我的工作始终围绕着互联网股票进行，比如撰写研究报告，做模型，分析、讨论和解释华尔街这一最多元化、最有趣的行业。其间，我有幸跟踪了一些最具创造力的企业，比如阿里巴巴、亚马逊、美国在线、eBay、Expedia、Facebook（2021 年更名为 Meta）、谷歌、领英、奈飞、潘多拉音乐、Priceline（2018 年更名为 Booking）、Snap、Spotify、Twitter、优步、雅虎、Zillow 等。这些经历让我有机会结识了一批在过去 25 年中最具领导力的企业家和 CEO，比如贝佐斯、里德·哈斯廷斯（Reed Hastings）、梅格·惠特曼（Meg Whitman）、史蒂夫·凯斯（Steve Case）、马克·库班（Mark Cuban）、埃里克·施密特（Eric Schmidt）、杰克·多尔西（Jack Dorsey）、杰弗里·博伊德（Jeff Boyd）、达拉·科斯罗萨西（Dara Khosrowshahi）、蒂姆·韦斯特格伦（Tim Westergren）、埃文·斯皮格尔（Evan Spiegel）、道格·雷博达（Doug Lebda）等。在我推荐的股票中，有些表现不佳，但也有很多获得了惊人的回报。

永远在线的互联网人生

在过去的 10 年中，我一直看好谷歌的股票，其股价从 2010 年初的 310 美元上涨至 2020 年底的 1 750 美元，涨幅高达 465%；我在 Facebook 股票经历了 50% 的 IPO（首次公开募股）调整后，将其评级为“买入”，并自那以后一直维持这一评级，其股价从 20 美元上涨至 2020 年底的 273 美元，涨幅高达 1 265%；我在过去 10 年中一直看好奈飞股票，该股票从 2011 年初的 25 美元飙升至 2020 年底的 541 美元，涨幅高达 2 000% 以上；我还对亚马逊维持了 15 年的买入评级，并见证了这家企业的股价从 2005 年初的 44 美元上涨至 2020 年底的 3 250 美元，涨幅超过了 7 300%，成为这个星球上最具价值的企业之一。过去几年中，代号“FANG”① 的这四家企业（Facebook、亚马逊、奈飞和谷歌）成为最赚钱的投资组合之一；而我也一直陪伴着这些企业不断成长。这需要很多技能，也需要不少运气。

不过，我也有过不幸的时刻。互联网泡沫破灭后的 2003 年，我被摩根士丹利解雇了。我曾在那里工作了 5 年，并担任“互联网女皇”玛丽·米克尔的首席助理。我也曾被一名现已臭名昭著的对冲基金经理解雇，原因是“这一年没有为企业提供足够好的对冲建议”②，尽管我在那个充满竞争的交易所里拼命工作了一年。此外，我还因违反了所在银行关于向媒体披露信息的政策而被花旗银行终止了聘用合同，这段经历对我的职业生涯和个人生活都产生了极大的影响。最令我感到痛苦的是，我已在那里努力工作了 7 年，

① 取自这四家企业英文名称的首字母。——编者注

② 解雇我的对冲基金经理后来被指控进行多项内幕交易。回头来看，这次解雇对我是一件好事。不过，被解雇从来都不是一件令人愉快的事情。

且建立了一个在华尔街处于领先地位的互联网研究团队。

回顾职业生涯，我是在互联网繁荣时期（1998 年 eBay IPO）入行的，被解雇时刚刚经历了互联网泡沫破灭时期（2000—2001 年，雅虎股价下跌 90%），在互联网复苏时期（2004 年谷歌 IPO）再次被聘用，在互联网争议时期（2012 年 Facebook IPO）又被解雇，后来在互联网收购浪潮中被重新聘用（现在谷歌、亚马逊和 Facebook 都跻身于全球市值最大的企业之列）。

像大多数人一样，在过去的 20 多年里（我现在已经年过半百），互联网已经深深地融入了我的生活。我的大儿子诺亚患有先天性唐氏综合征，我请求使用纽约市医院的电脑，以便从亚马逊上购买和唐氏综合征有关的每一本书，并加入雅虎上的每一个唐氏综合征用户群。每年在我已故双亲的结婚纪念日那天，我都会在 Facebook 上重发一段我在他们葬礼上发表的悼词。出于对新服务或新产品的兴趣，也出于保持我在行业中的领先地位的需要，我也一直是一批互联网产品最早期的使用者，包括 Gmail、奈飞、Facebook、Twitter、Kindle、Alexa 设备、谷歌眼镜、Snapchat 眼镜、亚马逊 Fire 手机、Stitch Fix、Oculus 虚拟现实头盔、优步等。几年后，我的 4 个儿子又开始使用最新的互联网社交网络，比如 Instagram、Snapchat 和 TikTok。

分析师会做很多奇怪的事情，我也不例外。比如，在不寻常之处寻找相关性。举个例子，我的大儿子诺亚出生于 2000 年 3 月 12 日，这一天正好是纳斯达克创出了 5 048 点历史新高的两天后。于是我就给诺亚起了一个小名“大熊”，但完全没料想到，自那一天起会开启一段持续多年的科技股熊市。之后，我的二儿子卡特在 2001 年 11 月 20 日出生。我给他起了一个小名“袋鼠”。如果你从卡特的出生那天开始看纳斯达克指数走势，你会看到很多波动，如同袋鼠的跳跃曲线。然后是出生于 2003 年 8 月 5 日的三儿子艾丹。他的小名是什么？——“兔子”，因为从他出生的那天开始，纳斯达克出现了多次大涨。最后是出生于 2007 年 4 月 4 日的四儿子马尔科姆，我叫他“猴子”。如果你从马尔科姆的出生日期看纳斯达克指数走势，你会发现，大部分走势是上扬的。现在你相信了吧，分析师真的会做许多奇怪的事情。

基于我在互联网领域所做的一切努力，以及科技股日益增长的重要性，我已经成为交易大厅中的名人了。过去 10 年中，我在美国消费者新闻与商业频道（CNBC）、彭博电视台、福克斯电视台和其他媒体上参加过的电视访谈超过 500 场。在这段时间里，我还接受了上千次纸媒访谈，包括《华尔街日报》《纽约时报》《圣何塞水星报》《今日美国》《旧金山纪事报》等。其中，一家法国杂志的访谈直接导致我被花旗银行解雇。《商业内幕》（*Business Insider*）曾以我为主角，发表了一篇题为《一名科技股分析师的 36 个小时生活》（*36 Hours in the Life of a Tech Analyst*）的文章。总之，媒体上有很多关于我的报道，其中大部分都是好的，但也有一些是不好的。

时至今日，我已在互联网行业工作了近 1/4 个世纪。这个数字比我的许多企业客户和同事的年龄都大，这让我感觉自己很老。可是，这段岁月又极其珍贵，它让我观察、跟踪和分析了这个新兴行业的诞生和成长。这有点像 20 世纪 20 年代的汽车分析师、50 年代的航空分析师以及 70 年代的有线电视分析师，我们都曾在各自的时代经历了行业发展的黄金岁月。

伟大的推荐，糟糕的推荐

在过去 1/4 个世纪中，我的工作就是对互联网股票进行买入、持有和卖出评估，并回答类似下列问题：应该买入哪只股票？什么时候买入？用什么价格买入？有什么利好因素？哪家企业的管理团队更优秀？市场空间大不大？最大的风险是什么？或者是那个我认为最重要的问题——哪家企业的产品或服务是最好的，哪家又是最糟糕的?

在从业过程中，我经历过一些永生难忘的时刻:

1. 我曾和马克·库班一起惊叹地注视着 Broadcast.com 的股价在 IPO 当天就飙升了 249%，创下了 IPO 史上最大单日涨幅。那么，库班为那些被投资者赚去的钱感到生气吗?不，他觉得这是企业的一次伟人的市场推广。
2. 我曾看着贝佐斯和时任亚马逊首席财务官的乔伊·科维（Joy Covey）在 1999 年的投资者晚宴活动后进行摔跤的较量。虽然我不记得最后谁赢了，但当时的场面非常有趣。
3. 在摩根士丹利的科技股年会中，我看到 eBay 市值首次超过雅虎，eBay 的 CEO 梅格·惠特曼为此做了简短的庆祝。
4. 网景（Netscape）创始人、目前全球最有影响力的科技领域风险投资人之一的马克·安德森（Marc Andreessen）在 2005 年的行业会议上警告我，微软绝不会允许谷歌获得成功。
5. 我曾和著名投资者彼得·林奇进行数次电话交流。

2015 年，彼得·林奇正好在研究线上购物交易企业 Groupon，他给我打了好几通电话。Groupon 可以说是一只典型的“林奇股票”。当时，这家企业受到了科技股投资者的普遍排斥，其表现远远落后于业内其他企业和整个市场。但这家企业有着坚如磐石的资产负债表，而且正在努力转型。林奇向我提出了很多具体而有深度的问题，这些问题确实挑战了我的认知。然后，我告诉他最好避免投资 Groupon，可以投资谷歌和亚马逊。我不知道林奇如何决定是否投资于互联网行业，但我记得，我们在对话中充满了对彼此的尊重。

我曾做出大量股票推荐，有些是伟大的推荐，有些是一般的推荐，也有一些是糟糕的推荐。那些伟大的推荐有：

1. 从 2013 年至今，我一直坚定地推荐买入奈飞股票。根据 CNBC 的数据，奈飞是 2010—2019 年表现最好的标普 500 成分股，股价涨幅接近 4 200%。
2. 2005 年至今，我给亚马逊的评级始终是“买入”，亚马逊股价从 2004 年 12 月 31 日的 44.29 美元上涨到 2020 年底的 3 257 美元，涨幅高达 7 254%。我甚至不用查资料就知道，亚马逊是这 15 年间标普 500 成分股中表现最好的股票（奈飞在 2010 年之后才被纳入标普 500 成分股）。
3. 2008—2018 年，我一直推荐买入 Priceline，其股价从 107 美元上涨到 1 738 美元，涨幅逼近 1 524%。

那些糟糕的推荐有：

1. 2017 年 7 月，在蓝围裙（Blue Apron）IPO 后不久，我就向大家推荐了它。这是一家在线餐饮配送企业，我给出了“买入”评级和 10 美元的目标价，而当时的股价为 6.55 美元。截至 2020 年 12 月，这只股票的股价约为 6.50 美元。我曾经安慰自己：“马克，这个推荐不算太糟糕。”但只要再搜索一下你就会发现，蓝围裙在 2019 年年中曾做过一次 1：15 的反向股票分割①，这意味着我是在 98.25 美元的赋权价推荐买入的，也就是说，按照我的建议购买这只股票的投资者已经损失了 93% 的投资份额。这是非常糟糕的。
2. 2016 年 9 月，我给了 Twitter“卖出”评级，它当时的股价为

① 即企业通过并股的方式抬高股票的名义价格，从而避免退市。——编者注

18.49 美元，我认为这只股票被高估了，其基本面正在恶化。在两年后的 2018 年 12 月，直到它的股价上涨了 69%，我才将其上调至“持有”评级。这也是一个糟糕的推荐。

3. 我最差的一次推荐发生在 2004 年 10 月。在谷歌公布首份财报之前，我对谷歌股票给出了“卖出”评级。当时，谷歌股价在 IPO 后上涨了 50%，我认为这个涨幅过高。我错误地认为雅虎的基本面更好，并错误地尝试了赌财报，却低估了谷歌惊人的创新能力和巨大的市场机会。谷歌的财报数据非常亮眼，股价也在财报发布后的第二天上涨了 15%，并在之后的一年中继续大幅上涨。

那么，我到底做过多少次股票推荐呢？由于每个季度我都有机会重新审视我的股票推荐，可以进行重新评估，然后决定是否要上调或下调评级，所以从数学的角度看，25 年有 100 个季度，而我持续观察了 30 只股票，倘若每个季度每只股票都调整一次，那就是 3 000 次个股推荐。但这种思考方式并不正确。因为股价总是在变动，每天都有重新评估股票推荐的机会。如果这么算，一年大约有 200 个交易日，25 年下来就有 15 万次股票推荐了。但我从来都不会那么想，我只是认为，我评估的任何一只股票在任何一天上涨或下跌都是我的分内之事。

简单地说，我确实做了很多股票推荐，其中很多还来自华尔街起伏最大、最丰富多元的行业。在这一过程中，我也学到了一些东西，并将其加以总结。我将在本书中和你分享。

有些道路会带我们走向华尔街

马尔科姆·格拉德威尔（Malcolm Gladwell）在他的经典著作《异类》（*Outliers*）中提到了一个重要观点：大部分成功靠的都是运气。也就是说，我们要在正确的时间出现在正确的地点、做正确的事。就像另一个观点所说的那样，90% 的成功是因为“在场”。如果你渴望成功，你就必须在正确的时间出现在正确的地点。1998 年，我在美国华尔街开始研究互联网行业，正是在正确的时间出现在了正确的地点。可以说，我真的非常幸运。

1998 年，我的沃顿商学院同学克里斯·布瓦（Chris Boova）给我看了一些玛丽·米克尔发布的研究报告，当时她已经在摩根士丹利做了 10 多年的互联网分析师。此外，她还是《互联网报告》的主要作者。《互联网报告》是一份 150 页的关于互联网行业的入门指南，于 1997 年由哈珀商业出版社出版。我之所以对这份报告记忆犹新，是因为在《华尔街日报》上看到这份报告的相关信息后，我就迫不及待地跑到费城市中心的巴诺书店买了一本。正是这份报告激发了我在华尔街从事互联网行业分析工作的兴趣。

还记得那一天，克里斯在摩根士丹利的大堂和我见面，那里是他工作的地方。他递给了我一些米克尔的研究报告，并告诉我，米克尔的一位助理很快就要离职了，她正在寻找新助理，克里斯问我对此是否感兴趣。我当然感兴趣！所以，如果说我要感谢一个人，他开启了我的华尔街科技股分析生涯，那么这个人就是克里斯·布瓦。谢谢你，克里斯。

之后是长达半年的面试流程，最终我加入了摩根士丹利股票研究部门，成为米克尔的一名助理。在此期间，我和即将离职的年轻助理拉斯·格兰迪内蒂（Russ Grandinetti）见了几次面。他选择离职，是为了加入一个叫作亚马逊的在线零售企业（当时，这家企业的规模还很小）。后来，拉斯帮助亚马逊推出了 Kindle 产品线以及其他许多创新产品。我记得面试期间还和朋友说，我的愿望是成为“加强版的拉斯”。唉，拉斯，我想这个愿望可能永远实现不了了。

面试中，我也和时任摩根士丹利技术投资银行部门负责人的露丝·波拉特（Ruth Porat）见了面，后来她成了摩根士丹利的首席财务官，之后又成为谷歌的首席财务官。我能和波拉特见面，是因为摩根士丹利担心我也会去核心竞争对手高盛的互联网分析师迈克尔·帕雷克（Michael Parekh）那里面试。事实上，我确实见过帕雷克，但完全没有开始任何正式的面试流程。我不知道摩根士丹利是怎么知道我见过高盛的人的（或许我提过那么一嘴，但确实不太记得了）。总之，这加速了摩根士丹利的面试进程。不久之后，我就被录用了。

好了，就这么多，这是所有你需要知道的我的过往。

Nothing But Net

目 录

Nothing But Net

引 言

互联网行业到处都是 10 倍股

1989 年，富达基金著名的投资组合经理彼得 · 林奇出版了《彼得 · 林奇的成功投资》（*One Up on Wall Street*）一书，这本书旨在帮助个人投资者在股市上获得成功，后来被《纽约时报》评选为畅销书。这本书提到了许多伟大的企业和传奇的股票故事，并首次提出了 10 倍股的概念。林奇建议个人投资者从每天的生活中寻找投资机会，耐心持有，并“密切关注未来的大翻倍股”。

新一代投资者不必走的弯路

互联网行业到处都是 10 倍股。根据我的统计，截至 2020 年底，美国互联网行业至少产生了 23 只 10 倍股（股价至少上涨 10 倍），其中包括 2 只 300 倍股（Priceline 和贷款树）、1 只 400 倍股（J2 全球通信，已退市）、

1只500倍股（阿卡迈）和2只超级翻倍股（奈飞和亚马逊）。亚马逊的股价从1997年5月的最低点1.40美元上涨至2020年9月的3 531美元，涨幅超2 500倍。是的，互联网行业有许多表现不佳的股票，也有一些在相当长的时间内勉强与市场持平的股票，但也有一些表现惊艳的超级翻倍股。

2000年，林奇为《彼得·林奇的成功投资》一书的千禧年版本写了一篇引言，其中提到了当时的热门话题——互联网股票。他自称“技术恐惧症患者”，并半信半疑地将亚马逊列为“500只表现亮眼的科技股之一”。当时，我还是摩根士丹利互联网分析师玛丽·米克尔的助理，正尽一切努力去挖掘互联网行业中真正的价值。我清晰地记得，摩根士丹利的一名资深市场策略分析师在电梯里拦住了我，用手指着我，断言道：“你知道吗？亚马逊永远都无法盈利！”事实上，我并不知道。

多年以后，亚马逊最终实现了正向的自由现金流。不仅如此，亚马逊现在正在成为全球现金流最强劲的企业之一。它的股票已经多达250次成为10倍股。

在过去的2年、5年和10年间，大多数科技股都取得了前所未有的亮眼成绩：截至2020年12月31日，纳斯达克指数在过去2年涨幅高达94%，在过去5年涨幅高达157%，在过去10年涨幅高达386%。在每一个时期，代表科技股的纳斯达克指数都跑赢了代表整个市场的标普500指数，前者的涨幅比后者约高出2倍。我想强调的是，科技股一直是最具潜力的投资领域。

处在科技股牛市中心的，是美国几大互联网企业。由Facebook、亚马逊、奈飞和谷歌组成的“FANG”股票，在过去几年大幅跑赢市场：2020年平均涨幅达52%、2019—2020年平均涨幅达99%、2016—2020年平均涨幅达262%、2011—2020年平均涨幅达1 219%。随着股价一路飙升，这些企业最终变得家喻户晓。无论是好是坏，我们的孩子每一天都需要用 Instagram。2020 年初新冠疫情来袭时，美国人一度只能通过亚马逊来买东西。奈飞的影响力如此之大，以至于它制作的一部关于年轻国际象棋高手的短剧《女王的智慧》（*The Queen's Gambit*）在全球引起了一波国际象棋热潮。谷歌则无处不在。这些企业的名字，已经成了代表行业的某种动词，就像过去的可口可乐和施乐。今天的谷歌、Twitter、优步、爱彼迎都是如此。

当然，互联网行业不仅仅有"FANG"，其他许多互联网企业也很受投资者的关注，比如 Priceline、Chewy、eBay、Etsy、Expedia、Grubhub、Lyft、Pinterest、Shopify、Snap、萃弈、Twitter、优步、Wix 和 Zillow。2020 年是互联网企业 IPO 融资的大年，好几家大型互联网企业在这一年纷纷上市。其中，爱彼迎和外卖服务企业 DoorDash 位居榜首，两者的股价都在首个交易日上涨了近 100%。爱彼迎的爆红 IPO 尤其引人注目，因为在新冠疫情的冲击下，该企业的预订量和收入均同比下降了 30%。成长型企业在 IPO 时通常被期望能够实现持续增长。但下滑的爱彼迎依然非常成功地完成了 IPO 上市。由此可见，人们对新冠疫情后的爱彼迎实现长期增长抱有极大信心。试想一下，如果全球用户增长最快的 TikTok 能上市，会是一番怎样的光景。

新冠疫情的出现使得一些互联网企业变得不可或缺。比如，在疫情期间，人们通过亚马逊来购买生活物资，使用奈飞产品为居家生活提供娱乐。同时，宠物领养的需求也在大幅增长，这导致 Chewy 在 2020 年连续 3 个季度的新增用户都在百万以上。在确保防护安全的同时，希望展现个性的人们开始涌向 Etsy 购买设计师款口罩，这让 Etsy 在 2020 年第二季度新增了 1 250 万名活跃买家，这一数字几乎是过去两年的总和。居家用餐的需求也在增长。DoorDash 的收入在 2020 年第二季度同比增长了 214%，在 2020 年第三季度同比增长了 268%。这些股票的价格都在 2020 年出现了大幅上涨：亚马逊涨幅为 72%，奈飞涨幅为 64%，Chewy 涨幅为 203%，Etsy 涨幅为 294%，DoorDash 更是暴涨了 17 000%！（是的，这是该股票上市首个交易日 85% 涨幅的年化计算结果。不过，这个观点还是站得住脚的。）

我一直很看好科技股股票，因为它为企业家、企业和投资者提供了巨大的投资增长机会。在过去 25 年的从业经历中，我学到的知识是如何投资，而不是如何交易；是基于下一个 10 年、20 年去做长期投资，而不是基于下一季度或者下一年度去做短线交易。新冠疫情发生后，市场中新涌入了数百万名个人投资者。我认为，对于大众而言，拥有一份科技股投资指南比过去任何时候都更有必要。

我还记得 1998—1999 年互联网泡沫时期，纳斯达克指数在两年间上涨了近 100%，最终在 2000 年 3 月 10 日短暂突破 5 000 点。之后，互联网泡沫破灭，在接下来的 6 个月里，纳斯达克指数暴跌了 77%。后来，股市足足用了 15 年的时间才恢复过来。

我真心希望，今天的新一代投资者不必等待 15 年才能从当时的科技股全仓投注中收回成本。

不折不扣的“大多头”

25 年来，我一直处在“大多头”的中心——华尔街。迈克尔·刘易斯（Michael Lewis）在他的《大空头》（*The Big Short*）一书中，讲述了贪婪和欺骗如何导致了 2007—2008 年的金融危机。而我关注的是，互联网行业在过去 25 年间是如何创造财富的。我就是那个“大多头”。

从我在华尔街的从业经历来看，过去 25 年间，互联网行业的发展波澜壮阔。我见证了一批当今头部企业的崛起，比如 Facebook、亚马逊、谷歌和奈飞；也目睹了一批昔日领先企业的陨落，比如雅虎、eBay 和美国在线。

在一个竞争如此激烈的行业中，要找出未来的龙头企业是极其困难的。但那些成功做到这一点的人，都收获了过去一代股市中最好的投资组合回报。

在为《彼得·林奇的成功投资》千禧年版本写引言时，彼得·林奇指出，互联网就像历史上的铁路、电话、电视等重大创新一样，会催生出一批新的企业，但其中只有极少数企业能够生存下来并主导领域的发展走向，就如同汉堡包市场中的麦当劳和油田服务中的斯伦贝谢（Schlumberger）①。彼得·林奇认为，伴随着互联网的高速发展，一家年销售额10亿美元的俱乐部会就此形成。他是对的。事实证明，2019年互联网行业中已经有10家企业跻身这一俱乐部：谷歌、阿里巴巴、Facebook、腾讯、亚马逊、Priceline、奈飞、京东、eBay和Twitter。其中，谷歌、阿里巴巴、Facebook、腾讯和亚马逊的年净收入更是超百亿美元。未来10年，我认为还将有10家企业会加入这份10亿美元销售额俱乐部名单中。

著名的风险投资家约翰·杜尔（John Doerr）在1999年互联网泡沫高点时，把互联网行业称作"地球历史上最大的一波合法财富"。一年后，互联网泡沫破灭，他为自己的言论道歉，说这些言论让投资者形成了一种唯利是图的赚快钱心态。实际上，对于那些选对了企业家、企业、股票的投资者而言，从长期来看，互联网行业确实变成了一部巨大的财富创造机器。但如果在这个过程中，将投资于互联网企业的筹码拿来做短线交易，那才真的是傻子的游戏。

1999年，全球市值最大的6家美国企业分别是微软、通用电气、思科系统、埃克森美孚、沃尔玛和英特尔；2021年，全球市值最大的6家美国企业中，Alphabet（主要指谷歌）、亚马逊和Facebook跻身其中，抢占了三席。互联网的发展是导致这份名单发生变化的最大因素。顺便说一句，6

① 全球最大的油田服务公司，在全球140多个国家设有分支机构。——编者注

家企业中还包括苹果和微软，它们能出现在名单上也得益于互联网。毕竟，我们买苹果手机，绝不是为了测试电信公司的网速，而是为了上网。而微软的成功则来自从家庭电脑业务向云服务业务的转型。毋庸置疑，互联网是引领时代向前发展的最大变革。

2020 年底，谷歌、亚马逊和 Facebook 的市值合计高达 3.5 万亿美元；如果把其他几家大型互联网企业加进去（如奈飞、Priceline、DoorDash、爱彼迎、Spotify 等），市值就超过 4 万亿美元了；如果再加上几家大型的中国互联网企业（如阿里巴巴、腾讯等），市值会超过 5 万亿美元。这 5 万亿美元的股东财富，在 20 年前根本不存在。尽管围绕互联网企业如何影响国际经济和美国经济这一话题总是充满争议，在互联网企业的股东财富创造方面却鲜少存在争议。可以说，互联网企业是过去 25 年股市中的最大“多头”。

我知道，在互联网行业也有许多失败的企业。那些对 Pets.com、eToys、FreeMarkets 下注的投资者，几乎血本无归（顺便说一句，我可是 FreeMarkets 这家 B2B 互联网企业的“大多头”，但不得不承认，我完全看走了眼）。实际上，有问题的不只是一些小企业，不少本应成为大赢家的互联网巨头最终也落得了令人极其失望的下场，甚至还会成为大输家，令许多投资者蒙受损失。

20 世纪 90 年代末期，我们以为美国在线会是互联网行业的“领头羊”。这家企业拥有超过 2 000 万名付费用户，还有像史蒂夫·凯斯和鲍勃·皮特曼（Bob Pittman）这样的资深高管，以及收购全球最大媒体公司之一的时代华纳这样的发展势头和决心。它在当时几乎成为互联网的代名词。可是今天，美国在线的市值只是当年市值的一个零头，它对时代华纳的收购被看作历史上最糟糕的并购交易之一。1999 年的一次小规模投资者交流会中，我站在皮特曼身边，听着他阐述美国在线的拨号上网模式并不会受到来自宽带业务的挑战，因为该企业有能力和任何宽带企业进行谈判。但后来的事态发展并非如此。

我们再看雅虎。1999 年第四季度，雅虎的股价几乎翻了一番。当时，对于投资者而言，投资这家企业几乎稳赚。时任雅虎 CEO 的蒂姆·库格尔（Tim Koogle）是一位很酷的管理者，在工作之外，他甚至还能弹奏一手好吉他。2000 年，在雅虎总部的分析师会议上，大家都来学习雅虎的成功秘诀。当这名酷酷的 CEO 解释企业的成功秘诀是"不招聘傻瓜"时，瞬间，在座的投资者恍然大悟。"哦，原来他们是这样做的！"当然，也有投资者会想："我不知道自己能不能通过傻瓜测试。"不幸的是，几年后，在互联网泡沫破裂时，雅虎的业绩急转直下，库格尔和其他几位高管都迫于压力，陆续离开了雅虎。

最后，我们谈谈 eBay。这家企业的股票在 2001—2004 年的互联网熊市中并没有大跌，相反，市值居然大涨。在纳斯达克指数全线下跌 14% 时，eBay 的股价逆势上涨了 600% 以上！在人们看来，该企业时任 CEO 梅格·惠特曼是商业领域最优秀的职业经理人之一。她任职期间，eBay 在收入、利润增长、市值创造方面都远超主要竞争对手亚马逊。当时，eBay 的招聘会太受欢迎了，以至于政府不得不在招聘会期间关掉圣何塞附近的 280 号公路的部分路段。惠特曼带领 eBay 取得的成功让她差点成为加利福尼亚州（以下简称"加州"）州长。但是如今，eBay 的市值只有亚马逊的 2%，许多互联网用户都觉得 eBay 平台已经过时了。

正如我所说，很少有企业能在互联网领域长期保持领先地位。但依然有一些企业能成长为垄断性的平台，并在此过程中为股东创造了巨大的财富。今天的谷歌已经成为全球最大的广告平台。在新冠疫情暴发前，谷歌实现了连续 50 个季度 20% 以上的收入同比增长。这一增长速度对于千亿美元收入体量的企业来说，几乎是前所未闻的。谷歌，是我在过去 15 年中长期推荐的一只股票。我只在谷歌 IPO 之后短暂给出过“卖出”评级，以及在谷歌管理团队更替的时候，给出过“持有”评级。我对埃里克·施密特的评价一直很高，因为他为人坦诚、开放，有能力又平易近人。在谷歌的第一个分析师日里，他公开鼓励我提出我在最近的一份研究报告中发现的一些问题。我这样做了，然后他和联合创始人拉里·佩奇也直接做了回答。2016—2020 年，谷歌的股价上涨了 131%，轻松跑赢了标普 500 指数 84% 的涨幅。这就是伟大企业的复利增长，尤其是复利基本面的增长。

在互联网泡沫期间，亚马逊被认为是“泡沫炸弹”。《巴伦周刊》在过去 20 年里，发表了一系列质疑亚马逊的文章。其中，最著名的一篇是 1999 年 5 月 31 日发表的封面故事《亚马逊炸弹》（*Amazon. Bomb*）。这篇文章断言：“亚马逊 CEO 贝佐斯的商业创新是愚蠢的。”如今，亚马逊已然成为全世界零售领域最具创新能力的企业之一。可见，贝佐斯一点都不愚蠢。除此之外，作为全球最大的广告公司之一、全球最大的杂货零售商，亚马逊还打造了全球最领先的云服务业务。而且在 2020 年，它连续三年实现了 10 亿美元以上的 GAAP（一般公认会计准则）净收入。

奈飞是一家极富戏剧性的企业，在美国的大型互联网企业中，奈飞因各种原因被认为是最具争议性的企业。人们一直不确定到底有多少人会订阅奈飞当时的 DVD 租赁业务，以及之后的流媒体服务。对于该企业面临的竞争环境，人们的担忧从未停止过：这家总部位于加州洛斯加托斯（Los Gatos）的小企业，如何能在百视达、沃尔玛、亚马逊、HBO、迪士尼的夹击下存活下来？是的，奈飞活下来了，而且活得很好。我还记得，1998 年我看到里德·哈斯廷斯在旧金山附近的万豪酒店向一群满腹疑虑的投资者推销奈飞的情形。如果这群投资者克服疑虑，就能享受到巨大的投资回报。截至 2020 年底，奈飞的股价较 2002 年上市时上涨了 40 000%。这可是 10 倍股连续上涨 40 次才会取得的傲人战绩。2010—2019 年的 10 年间，奈飞是标普 500 成分股中表现最好的一只股票。

最后来看 Facebook。这家企业已经成长为行业巨头和极具影响的社会力量。有人甚至认为，Facebook 左右了 2016 年的美国总统大选。毕竟，Facebook 拥有超过 30 亿全球用户，这比中国、美国和日本的人口总和还多。但是在 Facebook 上市的那一年，它看着可不像是一家会成长为行业巨无霸的企业。当时，由于市场普遍认为该企业缺少移动端策略，Facebook 股价从 40 美元一路跌至 17 美元。但从那之后，Facebook 开始逆势反转。截至 2020 年底，Facebook 股价上涨了 1 441%。

这些企业都是不折不扣的“大多头”。

做投资，而不是做交易

本书并不会教你如何在股票、债券、大宗商品、房地产投资信托基金、货币等不同投资产品中进行跨资产投资，因为我所有的经验都来自股票；本书也不会教你如何进行跨股票类型的投资，不会教你如何从高增长型、周期型、低增长型、困境反转型等各类股票中寻找投资机会，因为我只关注高增长企业。更确切地说，我只关注互联网领域的高增长企业。这一领域几乎从未出现过成功地从困境中实现反转的企业。低增长企业通常走向的都是一条绝路。

本书对互联网公开市场的发展进行了简要回顾，从中你能看到驱动互联网企业在过去 25 年实现强劲增长的巨大趋势，互联网泡沫是如何形成、如何破灭的，以及泡沫破灭又导致了哪些企业的消亡。除此之外，你还能看到哪些企业最终成功胜出、哪些企业错失了发展机会。

但本书也并非只讲历史，其中还包含我从过去 25 年互联网研究分析生涯中艰难学到的经验和教训。我希望这些经验和教训能帮助你更好地去做投资，而不是做交易，希望你能抓住摆在我们面前的巨大的财富增长机会。早在 2000 年，那些寻找巨大的财富增长机会的投资者就经常会说“这次不一样了”，或者懊恼地发现“没那么容易让你抓住机会”。因此，我真希望本书能帮你做出正确的投资决策。如果真能帮你找到优秀的企业，实现不错的回报，那我就真的成功了。

Nothing But Net

第 1 章

一定要容忍回撤

股价始终在波动，时而大涨，时而大跌，这是你无法掌控的。如果波动让你感到困扰，那么，或许你不应该投资股票市场。

当你买入一只股票时，你就对这家企业未来的基本面（收入、盈利、自由现金流）以及市场对这家企业未来发展的看法（体现在估值倍数上）下了赌注。你的下注可能基于研究、认知或审慎的评估，也可能什么依据都没有。要在股市获得成功，你必须精通股票基本面知识。我的意思是，你必须能合理预测出特定的管理团队在特定的市场和特定的竞争环境中能帮企业获得的收入和利润。这件事情做起来很难，因为这就如同是在预测未来。不，这就是在预测未来，但没人能准确地做到这一点。

优秀的基本面研究者也可能投资失败

选股的难处在于，即便你是一名优秀的基本面研究者，但最终你还是可能会成为一个糟糕的选股者。因为要做出正确的选股决策，你还必须是一名优秀的心理学家，必须能预测到你判断的基本面会被市场如何定价，即市场是给这个基本面更高还是更低的估值倍数。这时，会发生很多超出我们预期的事情。

举一个简单的例子（具有多年投资经验的投资者可以跳过以下几段内容）。假设你有一只盈利为 1.00 美元的股票，市盈率是 15 倍，这一数值接近标普 500 指数在过去 20 年间的平均远期市盈率。你对这只股票做了一些研究：看了一些分析师报告、读了一些盈利公告，并做了一些信息搜索。然后，你相信这只股票的盈利会在未来三年保持 10% 的增速，最终达到 1.33 美元。也就是说，假设企业的估值不变，即市盈率保持不变，那么股价会在未来三年从 15.00 美元上涨到 19.97 美元。这就意味着，未来三年，随着盈利每年增长 10%，股价也将每年上涨 10%。一切似乎都顺理成章，我们再接着往下讨论。

但如果市场认为 1.33 美元的盈利与市场估值水平不匹配呢？或者企业的基本面发生了变化，未来的盈利空间明显缩小呢？假设该企业是一家名叫 Pet Valu 的宠物用品实体零售商，而未来三年会有一家名叫 Chewy 的宠物用品在线零售商进入市场，并试图通过更好的客户服务、更有效的市场推广、更丰富的产品选择来夺取市场份额。然后，新冠疫情暴发了，Pet Valu 被迫停业了很长一段时间。这时的市场只愿意对这只股票未来的盈利给出 10 倍的估值。那么，三年后 Pet Valu 的股价就从 19.97 美元变成了 13.31 美元。也就是说，你会在这笔投资上亏损 11%。虽然你对盈利的判断完全正确，也确实是一名优秀的基本面研究者，但你对这家企业的估值判断完全错误，你是一名糟糕的心理学家。因此结论产生了：你是一个糟糕的选股者。

这个例子听起来有点儿傻，但 Pet Valu 和 Chewy 都是真实存在的企业。Pet Valu 在 2020 年 11 月宣布将关闭全美 358 家门店和仓库。这是比股票亏损 11% 更糟糕的事情。

你绝对会在股市中亏钱的原因是，股价的大部分走势都与这只股票的基本面无关，而与市场有关。华尔街有一条真理：**影响股价波动的因素，1/3 来自基本面变化，1/3 来自行业波动，1/3 来自整个市场的波动。**我虽然没有研究过，但肯定有人对此做过研究，而且我也切身体会到了这条准则所蕴含的深刻道理。

我们最近不是刚刚经历过这样的市场走势吗？2020 年 2 月 20 日，标普 500 指数还收于 3 373 点；仅仅过了一个月，受新冠疫情的影响，3 月 23 日，标普 500 指数已经跌至 2 237 点，跌幅高达 34%。在这一个月内，几乎每一只成长股、科技股都出现了下跌，有些甚至跌幅惊人：Snap 暴跌 37%；优步暴跌 45%；由于大众对乘坐飞机的需求大幅下降，Expedia 暴跌 58%。相较而言，部分成长股的跌幅则较为温和，比如微软下跌了 26%；全球最大的 CDN 服务商阿卡迈下跌了 16%；而智能健身公司 Peloton 的股价仅调整了 13%，原因是健身房被迫关闭，人们纷纷选择在家锻炼。在此期间，只有一家科技股出现了上涨，那就是 Zoom，且单月涨幅高达 50%！同一时间实现逆势上涨的还有 Chewy 和网络服务公司 Cloudflare，两者分别上涨了 10% 和 5%。即便是那些后来受益于疫情的股票，比如"居家办公投资主题"中的亚马逊、跨境电商公司 Etsy、奈飞和 Shopify，在那一个月的时间里都出现了不同程度的调整，分别下跌了 12%、39%、7% 和 30%。

总之，我想表达的观点是，投资者随时都会在股票上亏钱，即便这些股票有很强的基本面和估值支撑，也无法躲避来自市场自身的调整。而市场自身的调整，有时是由一些罕见的、无法预测的黑天鹅事件带来的。纳西姆·尼古拉斯·塔勒布（Nassim Nicholas Taleb）在他的《黑天鹅》（*Black Swan*）一书中专门阐述过这一现象。这本书的核心观点是：未来无法预测。**那些对预测未来抱有极度自信的人，最终会大失所望。**将这个观点常记于心，我们会受益无穷。

所以说，只要做投资，就会“流血”。即便市场之神在向你微笑，即便你选择了一个类似于互联网这样的爆发性增长行业。那么，究竟是什么让投资者亏钱呢？当然是选错了股票。之所以我能明白这个道理，正是因为我犯过多次这样的错误。

没有具备绝对确定性的投资机会

2017 年 6 月 29 日，蓝围裙以 10 美元的价格登陆纽约证券交易所（以下简称“纽交所”），当天募集资金超过 3 亿美元，估值达到 19 亿美元。那一天，CEO 马特·萨尔茨伯格（Matt Salzberg）还在 CNBC 财经频道上侃侃而谈，描绘着企业的发展前景。他提到，受益于餐饮行业的供应链端到端整合（农产品已经能从田间地头直达终端用户），蓝围裙在过去两年实现了 10 倍以上的收入增长，单位经济[①]已由负转正，特别是在过去 6 个月中，蓝围裙在获客成本上已经实现收支平衡。此外，在过去 3 年中，用户对企业的平均收入贡献达到 1 000 美元/人。这是一个不错的开端，且前景光明。然而不幸的是，那一天也成了蓝围裙股价的历史最高点。

从图 1-1 中我们能看到，蓝围裙的股价在上市后迅速崩塌。该企业上市后不到 1 个月，三位联合创始人中的一位就辞去了首席运营官的职务；上市后不到 5 个月，萨尔茨伯格由于大幅裁员而被迫辞去了 CEO 的职务。2017 年底时，企业股价跌至仅 4.00 美元。更令人震惊的是，在上市的 18 个月内，企业股价跌至 0.66 美元，跌幅超过 90%。为避免被强制退市[②]，蓝围裙只能被迫执行极其罕见的 1∶15 反向股票分割。在并股之前，该企业股价在 2020 年 3 月中旬触及了 0.15 美元的历史最低点，直到有一天，市场突然发现该企业属于新冠疫情的受益者，一时间，蓝围裙成了疫情经济的

① 指平台从单个用户身上获取的价值，即客户终身价值和客户获取成本的差。——编者注

② 美国证监会有规定，一旦股价长期在 1 美元以下，就会被退市。——译者注

避难所。在不到 1 个月的时间里，蓝围裙股价暴涨了 5 倍，几个月后又回吐了一半的涨幅。

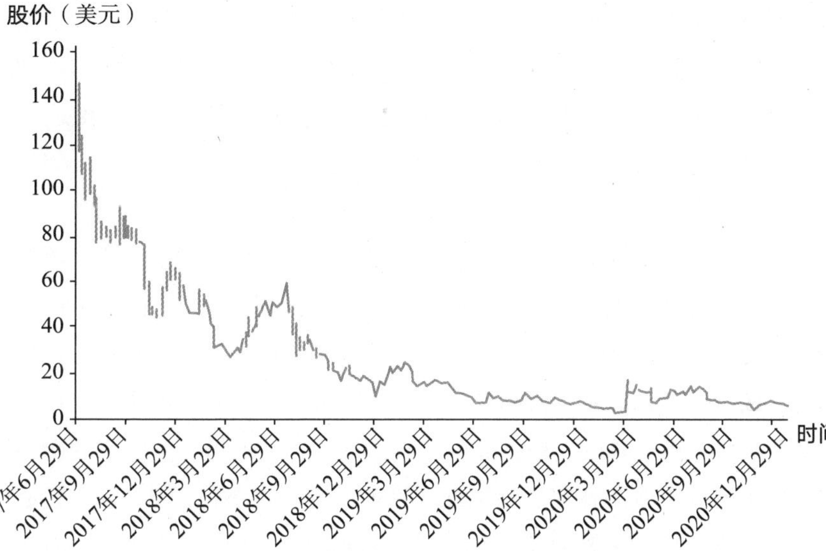

图 1-1　2017 年 6 月至 2020 年 12 月蓝围裙股价走势

回顾起来，在很长一段时间内，蓝围裙都被看作一个具备“确定性”的投资机会。就在 IPO 前一个季度，蓝围裙实现了高达 2.45 亿美元的单季度收入，以此预估，企业的年化收入高达 10 亿美元。与此同时，用户数也超过了 100 万。这些都是相当可观的数字。很多今天非常成功的企业，在当年上市时，收入和用户数都远远低于这一级别。蓝围裙的管理团队表示，他们希望能让全美 99% 的家庭厨师都用上自己的产品。那么，这将对应多少用户数呢？我们不得而知，但肯定要比 100 万多得多吧。从潜在市场空间的角度看，蓝围裙的发展潜力巨大，这也是科技企业能走向成功的必备要素之一。根据欧睿信息咨询公司（Euromonitor）的数据，在蓝围裙上市时，全美零售熟食和餐饮市场已经达到 1.3 万亿美元的规模。

在 IPO 之前，蓝围裙已经成功运营了 5 年，并且连续多年实现了翻倍增长。这个行业有许多竞争对手，比如食材配送 O2O 平台 Plated、有机食材配送企业 Sun Basket，以及素食配餐企业 Purple Carrot。根据 Pitchbook 的数据，风投机构已经在这个行业投入了 4 亿美元。在最重要的两个指标——收入和用户数上，蓝围裙是显而易见的市场“领头羊”。此外，蓝围裙采用的是用户订购付费模式，这意味着该企业的收入会很透明。那么，这家企业还会出什么问题呢？

当这家企业计划上市时，所有的大投行都争先恐后地抢夺这个项目。大家一致认为，蓝围裙的上市会成为一个“大动作”。早在 2017 年初，我所在券商的投行部就安排我去曼哈顿，和萨尔茨伯格见见面。几个月之后，我和项目成员一起，同蓝围裙的整个管理团队进行了会面。那次活动被安排在该企业位于布鲁克林的一幢漂亮的褐石餐厅中。在那里，蓝围裙的厨师为我们准备了一顿丰盛的晚宴。参加此次见面的管理者还包括 2016 年新上任的首席财务官布拉德 · 迪克森（Brad Dickerson）。在加入蓝围裙之前，他在运动品牌安德玛公司担任首席财务官多年。迪克森成功的任职经历也成为蓝围裙上市强有力的保障。活动的第二天，我们一起参观了蓝围裙位于新泽西州郊区的配送中心。我们每个人都穿着实验室外套，戴着手套和发网，视察包装新鲜食物的生产线。也就在那一天，我成了蓝围裙的一名用户，通过他们的订餐服务，我们每天都能制作不同的餐食，这一体验令我们非常满意。

蓝围裙 IPO 一个月后，我首次推荐了这家企业，给出了“跑赢市场”的评级和 10 美元的目标价。你或许会觉得奇怪，目标价怎么和上市当天的价格一样？是的，因为在上市后很短的时间内，蓝围裙股价已经下跌了 35%，跌至 6.50 美元。在我的首次推荐报告中，我认为市场对蓝围裙的一些担忧是可以理解的，但我相信，该企业是所在行业的“领头羊”，拥有很大的潜在市场空间（高达 1.3 万亿美元），会不断推出新产品，并对相关服务加以改善。我认为，股价的调整已经让估值具有了吸引力，它会给投资者带来不错的投资回报。就在我的推荐报告发布 4 个月后，萨尔茨伯格辞去了职务，为此我不得不把蓝围裙的评级下调到"中性"，目标价下调至 4 美元。而在那时，该企业的股价已经跌至 2.99 美元。或许你会觉得股价已经调整了很多，但令人不敢想象的是，一年后，蓝围裙股价进一步跌至 0.66 美元（并股之前的价格）。又过了一年多，蓝围裙的股价跌至 0.15 美元的历史最低点。

这就是蓝围裙股价暴跌的整个过程。那么，我从中得到了哪些教训呢？

关于蓝围裙的大部分研究报告，主要集中在从一开始就困扰该企业的竞争风险上。该企业在 IPO 前后的几年里，已经要面对十几家竞争对手，比如 ConsumerVoice.org 评选出的全美十大餐食配送企业（蓝围裙没有上榜）。除此之外，行业中还有像亚马逊这样的庞然大物，它在蓝围裙 IPO 前宣布收购全食超市（Whole Foods）。投资者在企业 IPO 路演期间立刻关注到了竞争端的风险。来自亚马逊的威胁可能是导致该企业上市价格（10 美元）远低于此前投行预期价格区间（15 ～ 17 美元）的最大原因。但我并不认为这是蓝围裙失败的真正原因。你身边有人从亚马逊订购半成品餐包吗？

还有很多我称之为维恩图的报告在质疑蓝围裙。一位资深行业专家观察到：

> 如果你喜欢烹饪，但不愿意为采购食材花费太多时间或者挖空心思规划食谱，如果你的胃口并不大，如果你不喜欢为太多朋友做饭，那么蓝围裙，这家为用户提供量身定制的预包装食材的创业公司，其分量足够一餐的，由三文鱼、豌豆、黄油以及柠檬汁等搭配而成的餐食会适合你。

蓝围裙主要针对喜欢在家做饭但不想太麻烦的人群。餐食的准备时间在

30～45分钟。蓝围裙的餐食分为2人份和4人份，适合2人家庭和4人家庭，但是对于3人家庭和5人家庭而言，他们就需要支付额外的订购费，否则分量就会有些不够。对于不喜欢去生鲜超市买菜的人而言，蓝围裙有一定的吸引力，但是他们需要接受相对固定的送餐时间，并且支付60美元一周（2人份）或72美元一周（4人份）的订餐服务。这个价格虽然平均到每一顿饭并不贵，但整体开销也不算小。不过，我不认为这是蓝围裙失败的真正原因。

在维恩图刻画出的诸多挑战中，哈罗生鲜（Hello Fresh）的存在是最显而易见的那一个。美国投资者或许不太了解这家总部位于德国柏林、在法兰克福证券交易所上市的企业。在蓝围裙的节节溃败过程中，哈罗生鲜建立起了全球最大的半成品餐饮服务业务网络。受益于2020年的新冠疫情对其他企业的封锁限制，这一年，哈罗生鲜的收入同比增长了1倍多，接近45亿美元。另外，截至2020年底，该企业的全球用户数已达500万，其中一半为美国用户。综合来看，哈罗生鲜是一家盈利能力很强的企业，其股价在2018—2020年的涨幅超过400%，市值在2021年初接近120亿美元。这一市值体量差不多是蓝围裙IPO时的6倍。从这一点来看，蓝围裙的市值空间是存在的。

在2020年12月与投资者进行的沟通中，哈罗生鲜提到的一系列创新，包括品类向其他产品线拓展、增加早餐和午餐等，这些都是蓝围裙早在2017年就提过的。也就是说，这一商业模式也完全可行。

科技股投资心法
Nothing But Net

市场空间和商业模式都不是蓝围裙的真正问题。我从蓝围裙身上学到的教训，或许与科技股投资甚至所有投资中最重要的一个因素——管理团队相关。市场机会是真实存在的，商业模式虽然面临挑战，但也并非无法实现。蓝围裙的问题在于，“护城河”还没有真正构建起来。但这家企业在很长一段时间内都是市场的“领头羊”。从赛马

> 的角度看，你就能明白其问题所在：跑道坚实，马匹健康，并且还处于领先地位，但骑师有点问题。

客观来说，半成品餐饮配送服务是一项极具挑战性的业务。我做过好几次相关企业的配送中心实地调研，只有蓝围裙要求穿实验室外套，戴手套、发网。工作人员的衣服还要具备较好的保暖功能，因为整个配送中心必须长期保持低温，以确保食物的新鲜度。因此，蓝围裙从创立之初就要打造一套异常复杂的物流运营系统，并做到精准的客户推广以实现获客，此外，还要做好产品研发。其中要做的事情太多了，必须有一个极其优秀的管理团队长期在这一领域耕耘，而不是联合创始人在企业上市 5 个月后就纷纷退出。当然，他们此前也在该企业工作了 5 年的时间，但这显然是不够的。这让我想到了马尔科姆·格拉德威尔在《异类》中提到的一个观点：要在某一特定项目上真正做到优秀，你必须投入 1 万小时的刻苦训练。到目前为止，我不确定蓝围裙的管理团队能否把这项业务做成功。我只知道，他们“仅仅”在 5 年后就放弃了，对投资者而言，这可能是最好的止损信号。

客户价值主张是一把双刃剑

这是我的另一个选股失败案例。

Zulily 是一家专注于服务年轻母亲和幼儿的闪购模式电商，该企业在 2013 年 11 月 15 日以 22 美元的价格完成了 IPO，这一价格高于其此前申请的 18 ～ 20 美元询价区间，共募集资金 2.5 亿美元。上市后不久，Zulily 股价迅速翻倍，达到 41 美元，市值接近 50 亿美元。Zulily 的两位创始人分别是马克·瓦登（Mark Vadon）和达雷尔·卡文斯（Darrel Vavens），他们此前共同创立过蓝色尼罗河（Blue Nile），蓝色尼罗河是一家成功的线上珠宝销售公司。因此，创始人过往的成功经历，让 Zulily 的 IPO 受到了广泛关注。

可是，2015 年 8 月，在上市还不满两年时，Zulily 就被电视购物平台 Liberty Interactive 以每股约 19 美元的价格收购，这一收购价虽然较 Zulily 当时的股价溢价近 50%，但还是低于上市发行价。这意味着，Zulily 股价在上市后的这段短暂时间内明显跑输了市场。这期间究竟发生了什么？又给我带来了怎样的选股教训？还是让研究这家企业的分析师之一的我自己来回答吧。

虽然瓦登不像其他科技企业高管那样家喻户晓，但他是一位将企业视为生命的优秀企业家代表。1999 年，瓦登要给未婚妻寻找适合的订婚钻戒，可是在这一过程中他经历了一系列不好的体验，让他萌生了创立蓝色尼罗河的想法。他发现，在实体零售店购买钻戒的体验并不愉快，流程也过于复杂。他认为，互联网能够提供一种更好的购物体验。于是，瓦登努力把蓝色尼罗河打造成了全球最大的珠宝零售商之一。2004 年 5 月，这家企业上市了，上市首日股价便上涨了 39%。尽管蓝色尼罗河从来没有达到过几十亿美元的市值，但它依然在股票市场公开交易了 13 年之久，直到 2017 年，私募股权公司贝恩资本和 Bow Street 以近 5 亿美元的价格收购了这家企业。

2009 年，瓦登和他在蓝色尼罗河并肩作战的伙伴达卡文斯一起创立了 Zulily。

正如我之前提到的，瓦登因为一次不愉快的个人购物体验而创办了蓝色尼罗河。他和卡文斯创办 Zulily 的时候，他太太刚怀上第一个孩子。当时，他们要为即将出生的孩子买东西，但经常会被各种产品搞得晕头转向。如同他认为互联网能提供更合理的珠宝定价一样，瓦登认为，互联网也能成为消费者购买孕妇装、婴幼儿产品更好的途径。

2013 年年中，我的雇主让我评估公开市场是否会对瓦登和卡文斯创立的这家新企业感兴趣时，我急切地接受了这项任务。我很了解这家企业的创始人，也曾见证他们是如何成功地运营蓝色尼罗河这家企业的，因此我认为这家新企业所面对的市场极具吸引力。我特别关注管理团队这一加分项。在我看来，瓦登和卡文斯都属于绝顶聪明、痴迷于商业、极度勤奋之人，且在为人处世上谦逊、低调，这些都是我认为优秀的管理团队需要具备的特质。

与蓝围裙不同，我对 Zulily 这只股票给出的首个评级并非“买入”。当时，由于这家企业的股价较上市价格高出了近 80%，所以我给出的首个评级是“中性”。我认为，Zulily 较高的估值可以被真正具有颠覆性的在线商业模式、超过 3 000 亿美元的潜在市场空间，以及一支才华横溢、经验丰富的管理团队所抵消。让我对股价观望的，只是估值。

我持续跟踪 Zulily，为投资者总结出了该企业的所有积极因素，但也向他们提示了估值风险（4 倍的市销率）。在 6 个月后发布的一份盈利报告中，我甚至将报告题目定为《持续等待……一个更有吸引力的切入点》。

但我最终还是扣动了“扳机”。2014 年 6 月 26 日，在 Zulily 的股价回调了近 50%（从 2014 年初的近 75 美元调整至约 40 美元）后，我将该股票的评级上调至“买入”，目标价为 50 美元。尽管这一目标价几乎是 IPO 价格的 2 倍，但我还是认为，在股价调整了 50% 之后看多这只股票，让我显得很聪明，因为看上去我并不是在追涨。我还有新的调研数据能表明 Zulily 是领先的闪购电商，具有很高的客户满意度。2015 年 2 月，我把 Zulily 的评级下调为“持有”，目标价下调至 19.89 美元，这比我之前的目标价低了 50% 以上。之前，我因为 Zulily 股价出现了腰斩，就将其上调至“买入”评级，但最终股价继续腰斩。那么，在 Zulily 股价第二次腰斩之后，又发生了什么？股价再一次近乎腰斩。最终，Zulily 的股价跌至 12 美元以下（见图 1-2）。

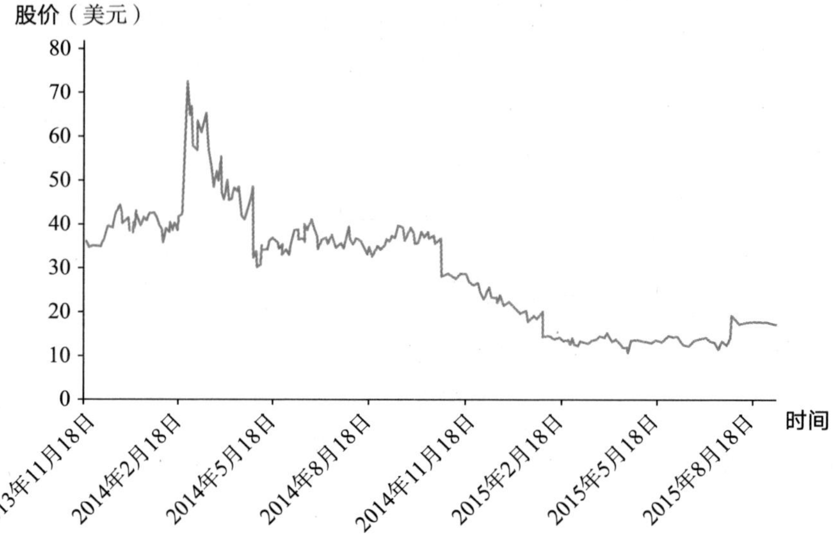

图 1-2　2013 年 11 月至 2015 年 8 月 Zulily 股价走势

科技股投资心法
Nothing But Net

Zulily 在不断下跌的过程中，到底发生了什么？我们从中又能吸取哪些选股教训呢？冒着将问题过度简单化的风险，我把这家企业存在的关键问题归结为客户价值主张（Customer Value Proposition）。来自客户价值主张部分的核心竞争力不再增长后，就会导致企业的基本面趋势难以维系。所以，Zulily 给我们的教训是，客户价值主张比潜在市场空间和商业模式更重要。如果你准确地把握住了客户需求，那么此时的客户价值主张就能帮助企业抵消许多负面问题和挑战。可如果你没有把握住，或者判断失误，那么这时，客户价值主张也会抵消企业的许多积极因素，比如巨大的市场空间和良好的商业模式（高利润或高资本效率）。

那么，Zulily 的客户价值主张问题出在了哪里？答案是物流速度和退货政策。2014 年初，Zulily 的平均发货周期是 13 天。这意味着客户下单后，需要等上近两周时间，他买的商品才开始发货。之后，用户还须等上 2 ～ 3 天，商品才会被送到家。这已经超过了两周时间，根本不是互联网时代应有的速度。那么该企业的退货政策又存在怎样的问题？很难想象，该企业根本没有退货政策。Zulily 的“不退货”政策已经执行了好几年。这两点算是企业的重大缺陷吗？很难说，但作为一个说得通的猜测，我认为“应该是”。在我 2014 年年中所做的问卷调查中，这是客户不喜欢 Zulily 的两个最大问题。然而，同样是这份问卷调查，Zulily 在用户满意度方面的得分却很高。这里的问题是，满意度来自现有客户。我们无法有效地调查非客户人群，至少我不能，因此大家无法事先得知新用户可能会有的评价。最终，Zulily 获得了接近 500 万的满意客户，但由于存在物流速度和退货政策的问题，用户数无法继续增长。2014 年 12 月的财报显示，Zulily 的用户数在达到 490 万之后就不再增长。两个季度之后，Zulily 的收入同比增长放缓至 4%，而两年前这个数字还在 100% 以上。

事实上，Zulily 的商业模式非常优秀，毛利率很高，也很稳定，又属于轻资产模式，拥有坚实的负营运资本周期。轻资产模式意味着不需要保有库存，因此 Zulily 不需要像其他零售企业那样投入很高的资本金。负营运资本周期意味着，Zulily 会先从客户那边拿到钱，然后再付给供应商。这些特点都让 Zulily 的资产负债表和现金流量表十分亮眼。然而，过慢的物流速度和缺失的退货政策，最终导致该企业的商业模式无法吸引来巨量用户，2015 年，Zulily 的营业收入停止了增长。这就是 Zulily 最终并没有成长为一个家喻户晓的电商平台的真正原因。理解了这一点，也就不难理解为什么 Zulily 最终会被电视购物平台 Liberty Interactive 收购。

过度扩张无异于自取灭亡

如图 1-3 所示，团购模式鼻祖 Groupon 的 10 年股价走势图并不好看。

如果彼得·林奇想通过做多这只股票赚到钱，那么他必须非常灵活。

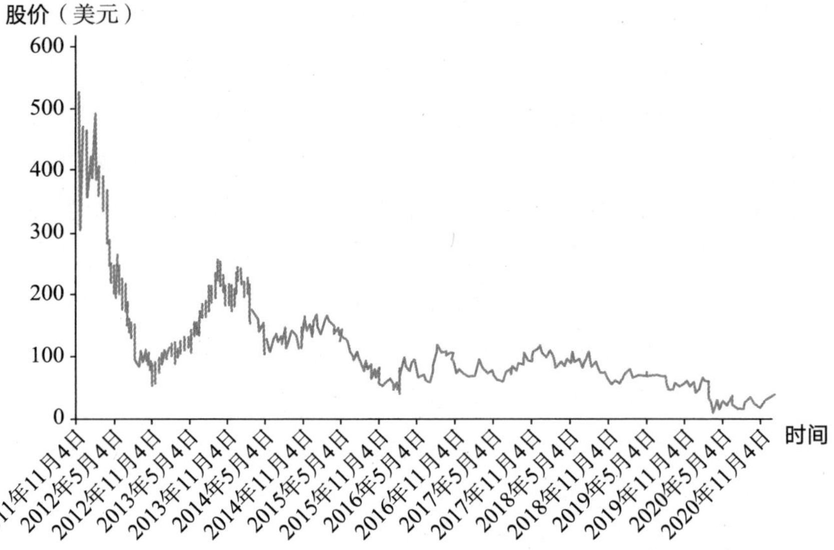

图 1-3　2011 年 11 月至 2020 年 11 月 Groupon 股价走势

与蓝围裙一样，2020 年 6 月，Groupon 也做了一次 1∶20 的反向股票分割。请记住：当一家企业甚至考虑进行反向股票分割时，请远离它！尤其是在互联网行业，这可能是一条特别有用的规则。唯一的例外是 Priceline，该企业在 2003 年执行了一次 1∶6 的反向股票分割后，在接下来的 5 年中，该股成了标普 500 成分股中表现最好的股票（我们会在后文中具体说）。

Groupon 在 2011 年 11 月 4 日上市，这是继 2004 年谷歌上市后最大的一次 IPO，发行价为 20 美元（相当于分割后的 400 美元）。上市仅两周，股价便上涨了 30%，达到 26 美元（相当于分割后的 523 美元）。在之后的 10 年间，Groupon 的股价经历了无数次的高峰和低谷，但长期走势很明显：一路下跌。2021 年初，Groupon 的股价已经跌至 1.7 美元（相当于分割后的 34 美元）。不得不说，对于投资者而言，这是一笔糟糕的投资。

我在 2013 年 2 月 27 日对 Groupon 进行了评定，给出了“持有”评级，目标价定在 5 美元。要知道，这时的股价已经较 IPO 价进行了大幅调整，跌幅超过 80%。就在我给出评级的第二天，该企业的创始人兼 CEO 安德鲁·梅森（Andrew Mason）被解雇。当时，他向 Groupon 全体员工发送了一封解释信：

> 在担任 Groupon CEO 的四年半中，我度过了紧张而美好的时光。今后，我决定多花一些时间陪伴家人。开个玩笑，我今天被解雇了。如果你们想知道为什么，那么说明你们并没有真正关注 Groupon。从我们备受市场争议的第一季度财报数据，到连续两个季度业绩大幅低于我们自己的预期，以及股价跌至 IPO 价格的 1/4 左右，过去一年半中发生的事情已经足以说明一切。作为 CEO，我应对此负起责任。

顺便说一句，梅森在这封信中的坦诚令人敬佩，他公开承担全部责任的态度值得赞叹。现实中，这样的行为很少见。

梅森通常给人的印象是不拘一格、幽默、鲁莽，以及拥有天才一般的才华。这封信展现了他的前三个特点。而梅森从零起步，打造了高度创新的 Groupon 商业模式，则充分说明了他的第四个特点。

我也是相信梅森才华的人之一，部分原因是两年前我曾通过 Groupon 的首席财务官认识了梅森。当时，这位首席财务官刚从任职多年的亚马逊辞职，即将加入 Groupon，我与他相当熟悉。他告诉我，梅森是唯一让他联想到贝佐斯的管理者。这是一句评价极高的赞赏，也让我对梅森的能力有了更深的认识。此外，Groupon 的创新商业模式，为当地商家提供了一种快速、有效的智能获客工具，同时也为当地消费者提供了一种省钱工具。

Groupon 业务的核心是参与。在企业创立之初，消费者每天都会收到一家餐厅的打折优惠信息，比如，4 人份比萨和意大利面套餐可以享受 25% 的折扣，或者在当地花店买花可以享受 30% 的折扣，条件是要有足够数量的用户参与这次团购。这一商业模式牵涉许多方面，既要看到消费者的省钱需求，又要考虑到当地商家的获客需求（可以将折扣券看作一笔获客支出），还要设计出一种社会化机制（团购活动只有参与的人达到一定数量才会有效，这就要求参与的每个人需要将信息分享给他们的朋友）。随着时间的推移，Groupon 大幅扩张了提供的折扣类别、产品线和市场。然而，该企业却因扩张速度过快而执行不到位，几年后出现了股价和市值暴跌。但不得不说，Groupon 最初的想法确实是极富创造性的，而且非常成功！

创立于 2008 年的 Groupon 在 2011 年收入就已高达 16 亿美元。这一发展速度极为惊人，Groupon 大概是科技股历史上最快达到这一里程碑的企业。该企业的快速发展也让市场很快就注意到了它。2010 年，谷歌出价 60 亿美元想要收购 Groupon，但遭到了梅森本人和董事会的拒绝。然而，2021 年初，Groupon 的市值只剩下 11 亿美元。

那么，这家企业在哪里出错了呢？从中，我又获得了怎样的选股教训？

从基本面来看，无论是市场份额的扩张还是提供服务的扩张，Groupon 的速度都太快了。2010 年末，Groupon 为北美洲、南美洲、欧洲、亚洲的 250 个城市提供服务。到了 2015 年初，Groupon 的业务版图已经扩张到了全球 500 个城市，提供了 42.5 万笔各类业务。Groupon 继续依靠内在增长和外部并购的双驱动方式在海外市场进行扩张。之后，Groupon 发展受挫，不得不从大量海外市场退出，裁掉上千名销售和客服人员。2013 年 11 月，Groupon 以 2.6 亿美元的价格收购了韩国票务和电商公司 Ticket Monster，但在不到 18 个月的过程中又不得不出售了大部分股份。该企业国际业务节节败退的主要原因是惨烈的市场竞争。曾经有一段时间，全世界差不多有 7 000 家企业在抄袭 Groupon 的商业模式，但过度扩张这个原因也不能忽视。

为了应对来自竞争对手的挑战，Groupon 激进地进入了一系列全新领域，比如 Groupon Goods 业务，但想要向消费者提供有折扣的商品，企业必须具备亚马逊那样的商品配送和物流能力才行，最终结果可想而知；Groupon 还推出了出行业务 Groupon Getaways，直接和 Priceline、Expedia 以及其他在线旅游公司展开竞争；Groupon 的 GrouponLive 业务，直接和 TicketMaster 这类票务演出公司进行竞争；Groupon To Go 业务是一项为消费者提供食物配送的服务，要花 5 年时间（包括一次新冠疫情）才能验证其单位经济价值（依据来自 DoorDash，而非 Groupon 自己）。此外，Groupon 还有一项餐厅预定业务。该业务是 Groupon 通过并购 Savored 发展而来的。在当时的市场中，这类业务已经存在一家运营出色的市场龙头——OpenTable。

在这段扩张期中，Groupon 并没有一个真正意义上的 CEO。自 2013 年梅森卸任 CEO 一职后，又过了 3 年时间，该企业才任命了新的全职 CEO——来自亚马逊的里奇·威廉姆斯（Rich Williams）。在此期间，Groupon 的联合创始人埃里克·莱夫科夫斯基（Eric Lefkofsky）担任了临时 CEO。对此，他后来承认，自己并没有把 Groupon 带上新台阶的管理和运营能力。基于 Groupon 激进的市场和产品扩张策略，这些能力恰恰是 Groupon 所需要的。该企业曾宣称，希望成为“移动电商的起点”，但它根本不具备实现这一宏伟目标所需要的能力。

这是我对该企业的看法。2014 年初，我把 Groupon 的股票评级下调至“卖出”，我在报告中这样写道：

> 我认为Groupon希望“成为移动电商的起点”这一目标过于宏大，有损于它在本地商务/服务市场中取得成功的潜力。Groupon要在电商和旅游市场获得成功，难度极大，因为它要面对众多极具竞争力的对手——亚马逊、eBay、Priceline、Expedia。
>
> 或许我对该企业的转型能力过于悲观了，但我认为，即便该企业最终成功转型，所需时间也一定很长，这会让现在买入Groupon的股票成为一种风险。

在接下来的几年里，Groupon的股价持续波动，我也在“卖出”和“持有”之间不断切换评级，主要是出自对其基本面的担忧。事实证明，Groupon始终未能很好地实现“成为移动电商的起点”这一目标。一部分原因是，已经有其他企业实现了这一目标，比如亚马逊和谷歌。另一部分原因是，实现这一目标需要具备极强的执行力，而这恰恰是Groupon管理团队所缺失的。

这也就不难理解为何Groupon的股价一直表现低迷。恐怕即便是最灵活的投资者或交易员，也很难通过做多Groupon赚钱。通过一个简单的对比你会看得更明白：自2011年11月上市以来，Groupon的回报率是-7%，同期标普500指数的回报率是82.5%；在过去的5年中，Groupon的回报率是-32%，标普500指数的回报率是90%；在过去1年中，Groupon的回报率是-19%，标普500指数的回报率是14%。彼得·林奇，我真心希望你没有买Groupon的股票。

从以上案例中，我们学到的教训是什么？股市中总会有血雨腥风。如果不幸选错了股票，亏损的风险就会大大增加。

关键启示
Nothing But Net

只要你在股票市场上投资，就必然会有亏钱的时候。要成为一名优秀的选股者，你既需要具备优秀的基本面分析能力，这样便可以正确预测出企业的收入和盈利；又需要具备优秀的心理学能力，这样你便能正确预测出市场对这些收入和盈利给予的估值倍数。在大多数情况下，要同时做到这两点非常困难。而且，市场还经常会发生突发性事件，比如 2020 年初的新冠疫情。这些事件是不可预测的，可能会破坏一个非常好的选股计划。因此，投资需要坚毅的品质。

你几乎必然会选错股票，这也会让你亏钱。因为市场会变化，竞争对手会变化，管理团队会犯错。即便是你无比确认的事情，有时也可能会出错。

我看错 Zulily 的时候，已经做了 15 年的专业股票分析师，而且，我对这家企业的管理团队很了解。但是，我并没有充分意识到客户价值主张对该企业潜在市场空间和增长前景的限制。我看错蓝围裙的时候，已经做了 20 年的专业股票分析师，我的错误来自高估了管理团队的能力，低估了企业面临的挑战。或许我对 Groupon 的判断没出大错，但它前所未有的快速扩张和高度创新的商业模式还是吸引了大量的市场关注和投资者资金。你不可能每一次都看对股票，即便是你十分确信的股票，也可能下跌 70%、80% 甚至 90%。

因此，如果你希望做好投资，一定要为业绩回撤做好准备。

Nothing But Net

第 2 章

优质股的调整未必是坏事

亚马逊、Facebook、谷歌和奈飞都是在过去 1 年、2 年、5 年、10 年甚至 15 年里表现极其优异的股票。它们在此期间涨了 10 倍甚至数十倍。那些能够买入并耐心持有这些股票的投资者都获得了丰厚的回报。但是，他们的耐心会不断被市场以严酷的方式加以考验——有时非常痛苦，有时极富戏剧性。这是本章想要提示你的关键教训：即便是最优质的科技股，也会阶段性表现不佳。这可是商学院不会教你的。其实，商学院根本不会教你用"糟糕"来形容股票。但这就是事实，所以投资者要做好心理准备。

下面就是关于这个教训的投资故事。

高质量企业的股价大跌往往源于自我伤害

在过去几年中，Facebook 是互联网行业中最具争议的股票之一，但争议并非来自其基本面。截至 2019 年第三季度，Facebook 实现了连续 35 个季度 30% 以上的营业收入同比增长。这是极其罕见的超级溢价增长。在维持如此快速的营业收入增长下，Facebook 还能把营运利润率维持在远超

40% 的水平，这也极难做到，因为这本身也是极高的利润率。“30% 以上的营业收入增速 & 40% 以上的营运利润率”，意味着 Facebook 能够持续多年始终保持着一种罕见的“70% 组合”。无论是在互联网行业，还是在科技行业，甚至在所有行业，这都是极其优秀的基本面数据。对于那些自由现金流（FCF）的支持者来说，2016—2020 年，Facebook 每年至少产生 100 亿美元的自由现金流。这绝对是一个让人惊艳的数字。

但毫无疑问，Facebook 依然是互联网行业中最具争议的股票之一。这主要是因为，Facebook 已经成了一个无处不在的“庞然大物”了。截至 2020 年底，全球有超过 32 亿人每月至少使用一项 Facebook 的应用软件（Facebook、Instagram、WhatsApp），这占到了全球人口的 41.026%。没有任何其他产品像它一样被如此多的人广泛使用。而这种“无处不在”本身就带来了争议。Facebook 是怎样成长为如此庞大的平台？ Facebook 是如何变得如此强大、如此具有影响力的？谁在掌控着这个庞然大物？马克·扎克伯格会不会被莱克斯·卢瑟[①]取代？

当然，Facebook 备受争议还存在其他方面的原因。比如，其平台上的一些内容会给人带来极大的不适感。2019 年 3 月 15 日，布兰顿·塔兰特（Brenton Tarrant）在 Facebook 上直播了他在新西兰南岛克赖斯特彻奇（Christchurch）的清真寺门口开枪屠杀至少 50 名无辜民众的过程。相关视频在 24 小时内就获得了 150 万条评论。这一次的现场直播以及相关视频，都让人深感不适。这次事件也折射出 Facebook 具有的争议性，这实际上是对人性本质的争议。如果你在城市广场开设“开放麦克风之夜”或“开放摄像头之夜”，你一定会听到或看到让人不适的事情，无论平台企业在内容的把控上花费了多少资源。

① 莱克斯·卢瑟（Lex Luthor）是 DC 漫画中的超级大反派、超人的头号敌人，同时也是地球上最富有的人之一。——译者注

Facebook 确实在内容把控上投入了数千万美元和数万名人力。这进一步引发了关于 Facebook 的争议。谁来决定应该对哪些内容进行调整？在关键时刻，所有打“擦边球”的宣传应如何处理？谁来决定什么是准确的，什么是不准确的？正如共和党参议员泰德·克鲁兹（Ted Cruz）曾在一次美国国会听证会上质问 Twitter 时任 CEO 杰克·多尔西时所说：“是谁选中了你？！”这种暗示性的批评也适用于扎克伯格。

Facebook 的突出问题还在于对用户隐私的保护不足。2020 年 4 月，美国联邦法院批准了美国联邦贸易委员会和 Facebook 之间高达 50 亿美元的和解方案。事情的起因是，美国联邦贸易委员会控告 Facebook 在剑桥数据公司的丑闻事件中，把 8 700 万名 Facebook 用户的信息泄露给了当时为 2016 年特朗普竞选团队服务的一家政治咨询机构，这一做法违反了 Facebook 和美国联邦贸易委员会在 2012 年初达成的用户隐私保护协议。

所有关于 Facebook 的争议，都最终导致了它的股价在 2018 年 6 月进行了大幅调整，这是我亲身经历过的科技股历史上因自我伤害而出现的最大股价调整，这也给我们带来了一个重要的教训：即便是最好的股票，也会有令人失望的阶段。

2018 年的 7 月 25 日至 12 月 24 日，Facebook 的股价从 218 美元跌至 124 美元，调整幅度高达 43%。在此之前，该股票较年初上涨了 20%，在此前的 18 个月内，涨幅更是高达 86%。直到 2020 年初，Facebook 的股价才再次收复此前 218 美元的高点，并在之后的一年又出现了大幅上涨。但 43% 的调整幅度着实不小，也让人深感痛苦；而且这一伤害完全是由企业自身造成的。

2018 年 7 月 25 日，Facebook 发布了第二季度的盈利数据，随后股价出现暴跌（见图 2-1）。这里有两个导致股价受到重创的关键因素。

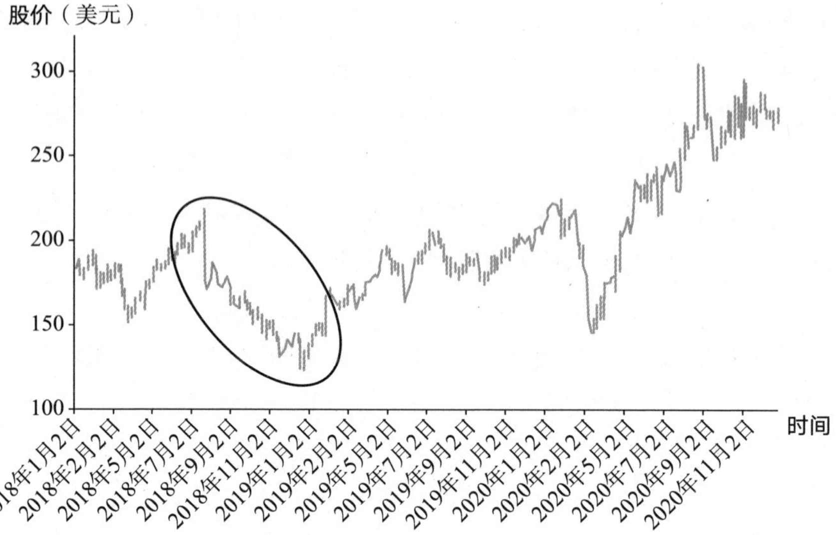

图 2-1　2018 年 1 月至 2020 年 11 月 Facebook 股价走势

在二季报发布时，扎克伯格说道：

展望未来，我们会继续在安全和隐私方面进行大量投入，因为我们有责任保障用户的安全。但正如我在之前的业绩发布会上提到的，我们在网络安全方面投入了大量资金，这将对我们的盈利能力产生严重影响。这一点在本季财报中已经有所体现。但除此之外，我们还有责任完善服务，用新的方式拉近用户之间的距离。鉴于在网络安全方面的投资增加，我们本可以减少在新产品方面的投入，但我们不会这么做。因为这不是服务好网络社区的正确做法。况且，我们是在用长期思维运营这家企业，而不是为了下一季度的业绩。大卫·韦纳（David Wehner）[1] 会在后面详细阐述这个问题。

① 大卫·韦纳，Facebook 时任首席财务官，现任首席战略官。——编者注

随后，大卫·韦纳说道：

我们第二季度的营业收入增速相比第一季度下滑了约 7 个百分点。2018 年下半年，我们的营业收入增速会继续下滑，预计第三季度和第四季度，营业收入增速将环比下降八九个百分点。2018 年，总支出会同比增加 50% ～ 60%。除了核心产品的研发支出和基础设施建设的投入外，总支出的增长还源于网络安全方面的投入、AR（增强现实）/VR（虚拟现实）产品的投入、市场推广，以及内容收购等领域。展望未来，我们预计，2019 年总支出增速将会超过收入增速。在未来的几年中，我们预计，Facebook 的营运利润率将在 35% 左右。

科技股投资心法
Nothing But Net

在近 25 年的科技股研究生涯中，我听过无数次的业绩发布会，但从未见过一个管理团队如此彻底地扭转了华尔街对企业未来的盈利增速预期。之后我才明白，这是我见过的管理团队做出的最明智的决策之一。但这是后来的结论。这一举措对该企业短期股价的影响是巨大而负面的。管理团队把整个华尔街对该企业的盈利增速预期从 30% 以上下调到 10% 以下。在 7 月 25 日的业绩发布会之前，整个华尔街对该企业的盈利预期是 2019 年实现 30% 左右的收入增长，营运利润率进一步扩大，相当于每股收益增长在 30% 以上。这是非常高的业绩增速。但在业绩发布会之后，华尔街调整了预期，将收入增长定在 20% 左右，并大幅下调了营运利润率，2019 年，每股收益几乎没有增长。对于投资者来说，这意味着更低的估值。最终，这些重大调整完全体现在了股价上。

简而言之，Facebook 在 2018 年 7 月发布的财务展望还是体现了强劲的商业模式。20% 左右的收入增速和 35% 左右的营运利润率，对于一家年收入超过 500 亿美元的企业来说，已经是难得的“55% 组合”了，在标普 500 成分股中，很少有企业能有这样的表现。但是从市场预期来看，这场业绩发布会是一个重大转折。那些持续关注 Facebook 的人都知道，过于悲观的业绩展望实际上根本不会发生。最终，2019 年 Facebook 的收入增长了 30%，剔除一次性法律支出后，Facebook 的营运利润率为 41%。但在 2018 年 7 月，市场并不会知道这些。

回头去看，Facebook 当时的做法是对围绕其平台的巨大争议做出的回应，它在尝试让投资者（以及公众）相信自己会在网络平台的安全问题上不计成本地投入。Facebook 也确实需要这么做。因为“删除 Facebook”的声音是真实存在的。但 Facebook 也在暗示，它会在 AR 和 VR 领域加大投入，会推出新的 Facebook 手表（类似迷你版的 YouTube）。这意味着 Facebook 不只有防御性的投资，也有进攻性的投资。Facebook 盈利能力的下降是暂时的，部分原因是发展新的收入来源。而这正是有耐心的长期投资者希望优秀管理团队去做的。但就短期（比如 5 个月）而言，管理团队的此次行为导致 Facebook 股价出现了大幅调整，这让投资者承受了巨大的痛苦。

我希望你们从本书中获得的最重要的启发之一是，寻找打折的优质科技股。实际上，高质量企业也会出现阶段性的股价大幅调整。究其原因，可能是市场自身的调整（比如 2020 年春天暴发的新冠疫情冲击）所致，可能是市场定价错误所致，可能是企业短期决策失误所致，还有可能如 Facebook 案例中呈现的那样，是企业存在的争议及对争议做出的反应所致。我会在本书第 10 章中深度探讨如何找到“掉落天使”（即打折的优质科技股）的投资机会。在这里，我想告诉大家的是，即便是最好的企业，其股价也会时不时出现大跌。这些时刻，往往都是源于企业的自我伤害。

最好的股票也会阶段性让人失望

在新冠疫情暴发之前，整个市场就已经开始大规模转向流媒体内容消费，奈飞无论是作为一家企业，还是作为一只股票，都是这一趋势下的最大受益者。世界正在转向流媒体，因为越来越多的用户喜欢上了流媒体内容和服务方式：几乎可以在任意一种设备上随时观看任意一部电影或电视节目，而月度订阅费仅为 8.99 美元（这在美国大约相当于 4 杯星巴克咖啡的价格）。流媒体领域中显而易见的龙头就是奈飞，其全球订阅用户数从 2015 年底的 7 500 万增至 2017 年底的 1.11 亿，并在 2020 年底突破 2 亿。

伴随着用户数的快速增长，奈飞的股价自然也表现强劲。2016—2020 年，奈飞股价从 111 美元上涨至 531 美元，涨幅超过 375%，是标普 500 指数同期涨幅 93% 的 4 倍多。这一巨大的涨幅背后，也存在着大量的波动，包括两次剧烈的调整。第一次调整是指奈飞的股价从 2018 年 6 月 20 日的 417 美元跌至 2018 年 12 月 24 日的 234 美元，跌幅高达 44%；第二次调整是指奈飞的股价从 2019 年 5 月 3 日的 385 美元跌至 2019 年 9 月 24 日的 255 美元，跌幅近 34%（见图 2-2）。即便是像奈飞这样的大牛股，短期内也会出现让人失望的巨大调整。这些调整对于看好奈飞的投资者和分析师（比如我自己）而言，无疑是严峻的考验。

奈飞股价自 2018 年中开始的 44% 大幅调整，起因是当年第二季度的用户增长未能达到自身和华尔街的预期。第二季度，在美国市场，奈飞新增用户 67.4 万，但奈飞自身和华尔街的预期都是 120 万。这意味着，奈飞在这个最重要的指标上，实际数据比预期低了近 50%。在全球市场，奈飞新增用户 450 万，但奈飞自身和华尔街的预期都是至少 500 万。从基本面看，奈飞 40% 的收入增速和 12% 的营运利润率，都说明这个季度相比上个季度没有发生太大变化。但新增用户数的未达成在市场看来是一个重大失误，因为该企业此前连续 4 个季度的用户增长都超出了企业自身和华尔街的预期，股价也在2018年上半年几乎翻倍（从210美元上涨至411美元）。这也说明，人们对奈飞的预期确实太高了。

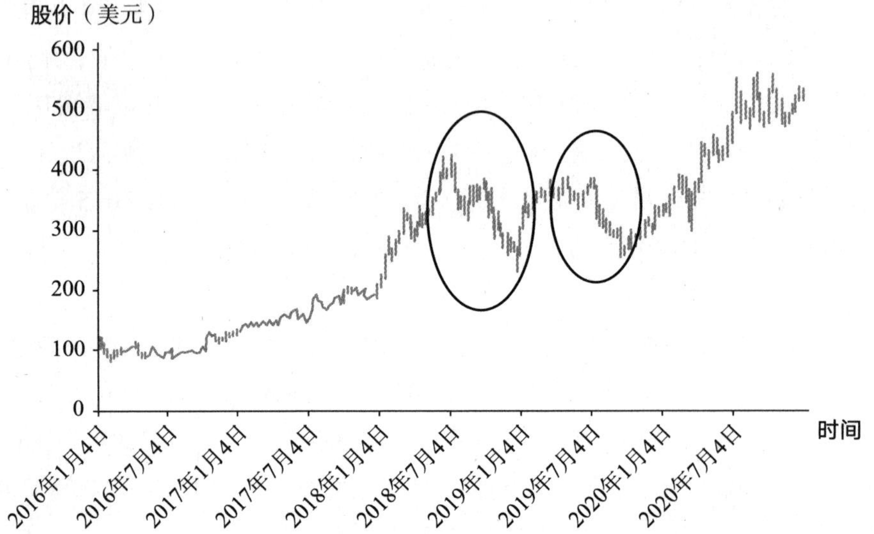

图 2-2　2016 年 1 月至 2020 年 7 月奈飞股价走势

一个季度之后，奈飞的新增用户数又超出了自身和华尔街的预期，股价也随之开始回升。不过，由于第四季度科技股整体出现了调整（事实上，所有股票都在下跌，不只科技股），这一情况暂时压制了奈飞的反弹空间。需要强调的是，2018 年奈飞的新增用户数超过了 2017 年，这意味着全球用户对奈飞流媒体的接受情况仍处于早期阶段。尽管如此，44% 的调整却是真实存在的，并且真的让人很痛苦。

那么，究竟是什么导致了第二季度新增用户数低于预期？原因至少有四个：首先，2018 年夏天举行的世界杯使得欧洲用户增长放缓，因为欧洲人很爱看足球比赛。其次，第二季度奈飞没有推出类似年初《十三个原因》（*13 Reasons Why*）这样的爆款美剧。再次，第二季度通常是奈飞一年中用户增长最慢的一个季度（除了 2020 年），这是因为，在炎热的夏季，流媒体娱乐必须与户外运动争夺用户的时间。最后，预测用户数、收入和利润的增长本身就是一项艰巨的任务。这其实是在预测未来，而你永远不可能每一次都准确预测出未来。

大家不妨把自己想象成在奈飞负责制定企业业绩预期的人。我相信，奈飞管理团队每个季度向华尔街提供的新增用户数据预期，就是他们的内部预测数据。但这可能是一个保守的预测。过去 5 年中，奈飞未能达成自己预期的次数不少，这足以说明这个数字大概率是内部预测数据的中位数（我通过对奈飞业绩的追踪发现，过去 5 年间，奈飞约有 1/3 的时间未能达成收入和用户数预期）。

站在奈飞负责制定企业业绩预期的人员角度预测未来 90 天内全球超过 150 个国家会有多少新增用户，这需要考虑到每个国家的经济状况、新内容（包括奈飞自己的和当地竞争对手的）的吸引力、整个市场对流媒体的接受度，以及天气变化（炎热而漫长的夏季会影响用户数的增长）等众多因素。这几乎是一项不可能完成的任务。所以，我们要懂得换位思考。

不过，我不需要把自己想象成这个人，因为在 2018 年 5 月，我带领一批投资者访问奈飞位于加州洛斯加托斯（Los Gatos）的总部时，我见到了他。这次调研是针对硅谷科技企业联合调研的一部分，每年我都会组织两次被称为“硅谷拉力赛”（Rallies in the Valley）的投资者联合调研。在这次调研中，我们见到了奈飞的用户数据预测小组负责人。该负责人并没有披露当季业绩进展的任何细节[①]，但是回答了一系列关于他和他的团队是如何进行预测的问题。在结束了这次调研后，我和同行的投资者更加相信，奈飞拥

① 基于合规的要求，美国企业在投资者调研中是不能披露任何未披露的运营数据的，只能对过去的公开数据进行解释。——译者注

有一套全面而详细的预测流程，能够准确预测出用户数据。所以，出现实际新增用户数低于预期的概率非常小。但 60 天后还是发生了！

如前文所述，2019 年中的那次近 34% 的跌幅也是巨大的，用户数低于预期再次成为导火索。但这一次调整还有另外一个更重要的原因，那就是有人担心迪士尼的“死亡之星”——迪士尼推出的 Disney+ 流媒体业务会冲击奈飞业务。当时，奈飞股价在一季报和二季报数据公布后都出现了下跌。事实上，第二季度数据公布后，奈飞创下了三年来最大的一次单日跌幅（10%）。相比于奈飞自身和华尔街的预期，奈飞的实际新增用户不只是低于它们，而且是大幅低于它们。更糟糕的是，10 年来奈飞首次出现了美国订阅用户数下滑的情况，3—6 月订阅用户数减少了 13 万。与此同时，国际市场的用户增长也在放缓。

导致 2018 年第二季度新增用户数大幅低于预期的因素，在此次新增用户数低于预期中再次显现身影：缺少新的爆款内容、夏季季节性因素的存在以及在预测全球消费者订阅增长情况时面临的困难（用户可以随时订阅或取消）。但导致此次持续几个月大幅下跌的还有两个新增的短期因素。首先，奈飞在 2018 年初做了一次提价，这是过去 5 年里的第 4 次提价，但这次的提价幅度更大。奈飞首次把基础流媒体服务的价格从 7.99 美元提高到 8.99 美元。其次，迪士尼在 2018 年 4 月中旬宣布，该企业将于当年 11 月 12 日正式推出 Disney+ 流媒体服务。投资者迅速将这两个因素视为 2019 年第二季度的用户增长没能达到预期的重要原因。市场对奈飞基本面的担忧进一步压低了股价。

事实证明，奈飞的提价策略是成功的。迪士尼推出的 Disney+ 服务并没有对奈飞的用户增长产生持续性的负面影响。奈飞的股价在第三季度数据公布后强势上涨，这要归功于海外市场用户增长大幅超出预期。之后暴发的全球性的新冠疫情，也帮助奈飞在 2020 年第一季度和第二季度实现了有史以来最强劲的用户增长。奈飞的股价也创下历史新高，并一直维持到了年底。实际上，考虑到低廉的订阅费，以及每个流媒体服务商都有自己独家的差异化内容，用户也愿意订阅多个流媒体服务。

但所有这一切，我们很难在当时看清楚。是的，奈飞股价的调整为投资者带来了一次极佳的投资机会。但这也正是本书想警示大家的地方：**即便是最好的股票（奈飞股价曾在5年间上涨了375%），也会阶段性让人失望（出现 44% 和 34% 的阶段性调整）。**

如何面对一只单日蒸发 590 亿美元市值的科技股

2016—2020 年，谷歌是全市场表现最稳定的股票之一，它的股价从 2016 年初的 731 美元一路上涨至 2020 年底的 1 735 美元，涨幅在 140% 左右。相比于同期标普 500 指数 93% 的涨幅，谷歌的股价涨幅高出了近 50 个百分点，以非常亮眼的成绩跑赢了大盘。

谷歌稳定的股价应归功于其持续稳定的基本面，除了 2014 年的两个季度和 2019 年的一个季度之外，谷歌实现了连续 50 个季度 20% 以上的收入增速，一直到 2019 年第四季度。这可是 12 年半的时间啊！之后，新冠疫情的暴发终止了这一纪录。但谷歌的历史业绩确实惊艳，特别是对于一家体量如此巨大的企业来说：2019 年，谷歌的收入高达 1 620 亿美元，成为全球收入最高的十大企业之一。企业发展得越大，要维持高增长就越难。10 亿美元收入要增长 20%，就是 2 亿美元的新增收入。1 620 亿美元收入要增长 20%，对应的就是 320 亿美元的新增收入，这比 100 个国家的 GDP 之和还要高。另一个视角是，全球 GDP 增速在大多数年份里都处于 2% ～ 5%，因此，谷歌 20% 的收入增速意味着其增长速度要比全球经济增速快 4 ～ 10 倍。

我已经很清楚地表达了自己的观点：20% 的增速确实很惊艳，谷歌能持续实现这样的增长直到 2019 年第一季度，非常不易。但这也直接导致了谷歌的股价从 4 月 29 日的 1 296 美元调整至 6 月 3 日的 1 039 美元，调整幅度达 20%。通过图 2-3，我们会看到谷歌在股价走势上究竟发生了什么。

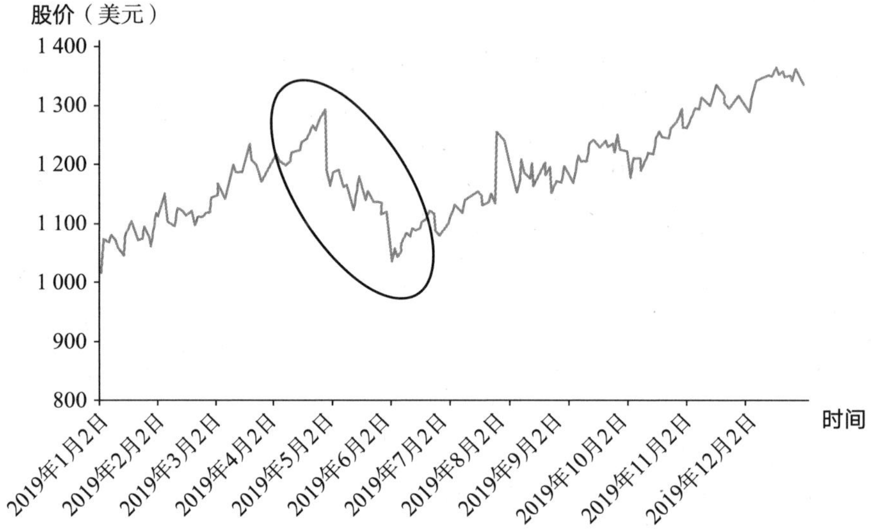

图 2-3　2019 年谷歌股价走势

事实上，直到今天，我都不清楚到底发生了什么。从 2019 年第一季度的每股收益（EPS）数据看，谷歌在 4 年左右的时间里首次出现了低于 20% 的收入增速（确切地说是 19%）。谷歌从未提供过确切的业绩展望，但华尔街认定谷歌的增长将长期保持稳定。所以，当谷歌收入增速低于华尔街预期，从 2018 年第四季度的 23% 下降至 2019 年第一季度的 19% 时，对市场而言，这是一次意外的负面事件。在发布业绩后的第二天，谷歌股价应声下跌，单日跌幅达 7%。关于这一调整，这里有一个简单的数据：谷歌 7% 的单日跌幅相当于市值蒸发了 590 亿美元，这比标普 500 成分股中 75% 的企业市值都大！更形象地来说，这一损失如同跌去了一家通用汽车公司、一家达乐公司（Dollar General）①、一家杜邦公司或者一家美国废物

① 美国最大的低价便利店。——译者注

管理公司（Waste Management）。这可是巨大的市值损失。在接下来的 5 个星期中，谷歌的股价继续调整。

阅读谷歌的业绩公告，你可能会认为一切都正常。业绩公告的第一段话是这样说的："在移动搜索、YouTube、云服务业务的带领下，我们实现了强劲的增长，Alphabet 的收入达 363 亿美元，同比增长了 17%，按固定汇率计算，收入增长了 19%。"兼任 Alphabet 和谷歌首席财务官的露丝·波拉特表示："我们依然专注于那些具有强劲增长潜力的机会。"

这些话中什么都没提到！但是在接下来的几个月里，华尔街和专注于研究谷歌的分析师一直在尝试弄清楚，这家企业到底发生了什么，直到谷歌在二季报的业绩中以 22% 的收入增长快速扭转了股价的调整趋势，并推动股价重回历史高点。之后，股价一直向上攀升，直到新冠疫情的发生。这是一个显而易见的"掉落天使"投资机会。

虽然我能从自己掌握的行业知识中明白一些事情，但是在这件事上，纵然回顾了大量谷歌管理团队的发言和财务趋势分析，我依然不太清楚 2019 年第一季度的业绩下滑是什么原因造成的。在被问到第一季度的业绩时，谷歌管理团队一直在强调，这个业绩在他们的预期之内。当我回顾这一业绩时，发现谷歌其他业务的收入增速，包括云服务业务在内，在第一季度都有所放缓。与此同时，拉丁美洲和欧洲地区的业绩看上去也都略显疲软。但这些都不足以说明为什么谷歌业绩持续高增长的纪录在那个季度终止了。或许只是由捉摸不定的产品变化和客户需求所致吧。我们可能永远不会知道背后真正的原因。

但我们知道的是，谷歌股价在之前的 5 年里一直表现强劲（涨幅高达 140%），但在这个阶段还是出现了明显的调整（6 周时间下跌了 20%）。所以说，即便是最优质的股票也会阶段性让人失望。

股价波动有时和企业基本面没有太大关联

你可以在网上搜索："如果我在谷歌 IPO 时投资了 1 000 美元，今天我能有多少钱？"这是一个有趣的练习。换只股票也是如此。如果你搜索的是亚马逊，你将发现一些链接可以帮助你找到接近正确的答案，或者只须查看亚马逊的股价走势图，并点击"最大值"：183 292%。这是亚马逊自 IPO 以来的累计涨幅（数据截至 2021 年初）。因此，如果你在亚马逊 IPO 时投资了 1 000 美元，你今天会拥有 1 832 920 美元。要是真的做到了这一点，估计你也不愿意读这本书了。

自从 1997 年 5 月 IPO 以来，亚马逊的股价表现极其惊艳。截至 2021 年初，亚马逊取得了 183 292% 的累计涨幅，这个数字是大牛股苹果上市以来涨幅的 2 倍多（苹果自上市以来的累计涨幅为 88 000%），而苹果的上市时间比亚马逊还早了 16 年。虽然亚马逊的涨幅不及微软的 223 000%，但我们要知道，微软的上市时间可是比亚马逊早了 11 年。

亚马逊股价从 20 世纪最后一天的 76.13 美元涨至今天的 3 100 美元，涨了近 40 倍，可以说是一只超级"10 倍股"。这一涨幅是极其惊人的。如果你从头到尾一直持有亚马逊股票，那么你会得到难以想象的收益。但是，要做到这一点，本身也是一件难以想象的事情。因为在 20 世纪的最初几年，亚马逊的基本面前景并不确定。在互联网泡沫破灭期间（2001—2003 年），亚马逊赖以生存的部分业务的收入增速下滑至个位数。这导致了亚马逊的股价从 2000 年初的 76.13 美元暴跌至 2001 年秋天的 6 美元以下（跌幅高达 92%）。

我隐约记得，当时只有一名投资者（他是欧洲的一名基金经理）在那个时点有兴趣买入亚马逊的股票。我已经记不清他的名字了，希望他已经在业务上取得了很大的成功，且早已退休。他当时跟我说，从估值角度看，亚马逊的股价已经比沃尔玛更便宜，如果零售真的会转到线上，那么亚马逊最终将能实现比沃尔玛更快的增长，这意味着亚马逊的交易估值将会更高。这是一个简单的投资观点，事实证明它是正确的。

毫无疑问，自 1997 年上市后，亚马逊在很长一段时期都是一只被高度投机的股票。其中有太多的未知因素。比如，零售业真的会从线下转到线上吗？即便发生了，亚马逊真的能成为市场的“领头羊”吗？这种商业模式真的能赚钱吗？亚马逊的管理团队是否能够解决所有问题？这一切，在当时都不得而知。

当时，还有一些有趣的声音，人们想知道：亚马逊什么时候能变成一只具有合理增速的成长股？什么时候能从一个预示着未来互联网零售趋势的投机品种，成长为未来最大互联网平台之一的成长品种（投资亚马逊依然有风险，但人们不再以投机为目的）？我的答案是 2006—2007 年。因为那时亚马逊推出了云服务 AWS 和电子阅读器 Kindle。当时的我认为，AWS 带来的影响会很有限，但出人意料，AWS 最终成了亚马逊最重要的增长引擎，仅仅这一项业务就已经占据了亚马逊市值的半壁江山。第一代版本的 Kindle 看上去很笨重，尽管如此，通过这一代版本，你还是能感受到亚马逊的想法，那就是让用户可以瞬间获得几乎任何一本书的电子版。这一产品给人带来的体验，就如同几年后奈飞推出的流媒体服务一样震撼。

这两个产品的推出，证明了亚马逊不仅仅是一家线上零售企业，它还可能成长为一个为其他企业提供解决方案的企业，以及生产终端产品的企业。2006—2007 年，亚马逊连续实现了超 10 亿美元的净利润，这证明了该企业的核心业务是能获利的，只是当时的营运利润率还比较低而已。

在本书后面的章节中，我会讲到完整版的亚马逊故事。在这里，我想说的是，从基本面上看，亚马逊是一家具有强大吸引力的企业，多年以来，它都保持了很高的收入增速，并确保企业实现了稳定的利润。这也解释了为什么亚马逊的股价能拥有如此优异的表现：2006—2020 年，亚马逊股价涨幅超过 7 200%。2016—2020 年，亚马逊股价也上涨了 441%，几乎是同期标普 500 指数 93% 涨幅的 5 倍。

但没有什么是永恒的，树不可能长到天上去。即便是最好的股票，也会阶段性让人失望。

2018 年 8 月 31 日至 12 月 21 日，亚马逊的股价从 2 013 美元跌至 1 377 美元（见图 2-4），调整幅度达 32%。这一章中的其他企业（Facebook、谷歌和奈飞）都因采取了具体举措，导致每股收益低于预期，但亚马逊并没有做什么。亚马逊股价的下跌是由全市场的调整（标普 500 指数同期下跌了 17%）以及科技股的普跌（纳斯达克指数同期下跌了 22%）导致的。

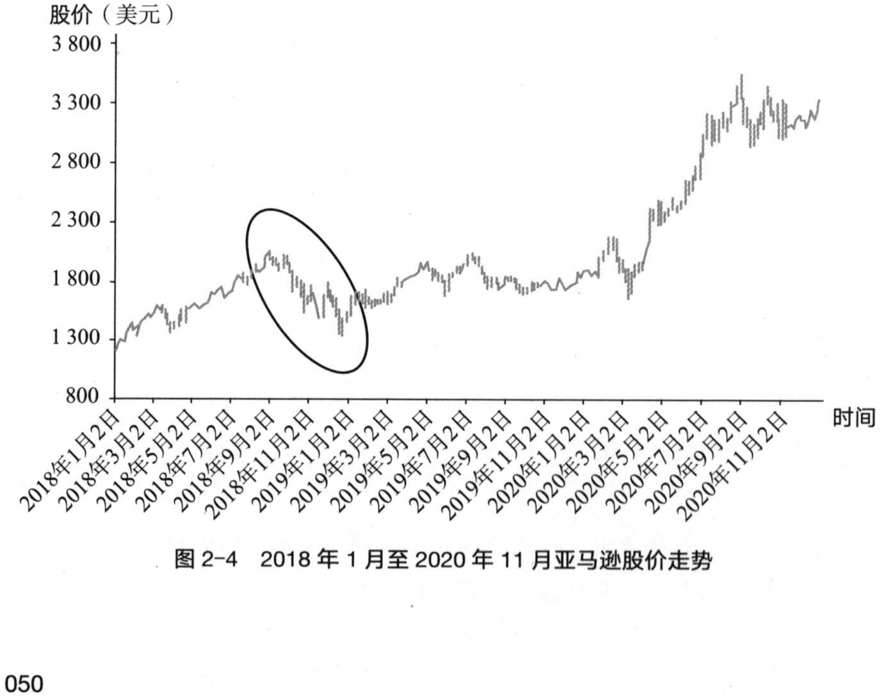

图 2-4　2018 年 1 月至 2020 年 11 月亚马逊股价走势

科技股投资心法
Nothing But Net

市场调整总会发生。2018 年下半年的那波调整是由中美贸易摩擦、全球经济增长放缓以及市场对美联储加息过快的担忧等综合因素造成的。这些因素并不和亚马逊直接相关。但这些因素带来的市场调整最终还是导致亚马逊股价的大跌。这让那些看多亚马逊的人经历了痛苦的考验，也让他们从中学到了一个教训：即便再好的股票也会出现令人失望的时刻。

这里还有一点需要指出：**短期股价的波动有时毫无意义。**2018 年下半年，亚马逊股价在 4 个多月的时间中调整了 32%。记得 7 月中下旬，亚马逊发布了增长势头强劲的第二季度盈利数据，对此，我将分析报告标题定为《规模、利润以及通往万亿美元之路》，万亿美元对应的自然是市值规模。亚马逊是我认为的第一家能率先突破万亿美元市值的企业。当时，基于亚马逊的业务体量和收入规模（年化收入为 2 080 亿美元）、稳定的收入高增长（26%），以及创新高的营运利润率（6%），我相信，亚马逊能在未来 12 个月内达到万亿美元市值。结果，亚马逊只用 35 天就做到了，之后开始了一次 32% 的调整，这意味着在短短 4 个月中，亚马逊的市值就蒸发了 3 200 亿美元，相当于通用汽车公司、达乐公司、杜邦公司、美国废物管理公司的市值总和。

但亚马逊的基本面在那 4 个月中没有发生任何变化。它在第三季度和第四季度的收入增速均稳定在 20% 以上。其营运利润率也稳定在 6% 左右的水平上。这两个季度的财报数据都符合甚至超出了华尔街的预期。从本质上讲，亚马逊的基本面增长前景没有发生任何变化，该股的股价却还是跌去了 1/3。

有时候，股价波动和企业的基本面并没有太大关联，即便最好的企业也是如此。这就是亚马逊的案例想要告诉我们的。除此之外，我们最好忽视股价的短期波动。因为这些股价波动有时毫无意义。我们要着眼长期、赢在长期。

关键启示
Nothing But Net

即便最优质的股票，也无法幸免于企业层面的调整。Facebook、谷歌和奈飞，它们是2015—2020年表现最好的3只股票，然而，它们都在这一期间经历过大幅调整（调整幅度从20%到40%不等）。奈飞在12个月中甚至出现了两次重大调整。尽管在当时，这几只股票的基本面都远好于其他科技股，以及95%的标普500成分股，可这些股票还是经历了重大的回调，之后重新收复失地，继续大幅跑赢市场。

即便是最优质的股票，也无法幸免于市场层面的调整。2018年下半年，由于市场对中美贸易摩擦、全球经济增速放缓及美联储加息过快等情况的担忧，亚马逊的市值蒸发了1/3，尽管这个时候亚马逊的盈利预期或者增长前景没有发生任何变化。所以说，即便是最优质的股票，也要忍耐住严重的回调。血色终将至，因为总有一些原因是不受企业所控制的。

Nothing
But
Net

第3章

不要在财报季做短线交易

多年以来，我最讨厌从投资者那里听到的问题之一，就是“我是否要在财报公布前买入 ×× 股票”。这个问题本身没错，特别是对于那些深度参与了科技股投资的基金经理来说，他们需要一些建议来优化投资组合，从而更好地规避波动和风险。当然，对于一名希望在某只股票上满仓的基金经理而言，或许他们不想一次性买入，也或许他们试图找到完美的切入点，这个问题是有意义的。

但我常常发现，在问题背后，人们实际想问的是：“我是否应该在财报公布前买入某只股票，以便之后以不错的短期收益卖出？”我不太喜欢这个问题，主要基于以下几个原因。

首先，正确判断每股收益往往更多的是基于预期而非基本面。你不仅需要对华尔街的盈利预期有准确判断，还要对整个市场的预期做到心中有数：所谓“超预期”，是否真的超出市场预期？是否足以推动股价上涨？

其次，股价的短期波动很少与基本面的实质性变化相关。即便这些波动发生在和基本面相关的事件中，比如财报季，这些交易也通常和基本面没什么关系。股价在业绩不佳时也可能出现上涨，在业绩强劲时也能出现下跌。过多地专注于短期交易，可能会让你错过更大的投资机会。

再次，对于个人投资者而言，如果你只押注一个季度的业绩，那么你的押注在数据上处于极大的劣势。专业的机构投资者通常会为第三方的数据付费，比如信用卡数据、第三方流量数据、用户调研数据以及专家网络，而个人投资者几乎永远无法负担得起这些资源。所以，对于一家企业可能公布的季度财务业绩以及市场预期，机构投资者通常要比个人投资者清楚得多。

最后，“在财报季进行交易”本来就很难。我还记得，一位资深的对冲基金分析师曾告诉我：“即便你事先告诉我某家企业的盈利数据和业绩预期，我也不知道股价会以什么方式对此做出反应。”

基于以上原因，我强烈建议个人投资者：**不要在财报季做短线交易。**换句话说，不要被短期股价的波动影响。

我特别能理解“每股收益交易”的吸引力。通过猜对苹果、特斯拉、Peloton[①] 在季报发布后市场的反映，投资者可以在 24 小时内获得 10% 的快速收益，这会带来一种即时的财富满足感。但这也可能意味着即时的财务损失。更重要的是，这样做可能让你错失更重要的投资机会。

如表 3-1 所示，自 2015 年 1 月 1 日至 2018 年 12 月 31 日，亚马逊股价从 309 美元上涨至 1502 美元，累计涨幅达到 386%，平均每年涨幅为 96.5%。在此期间，标普 500 指数仅上涨了 22%。在这 4 年中，做多亚马逊是一笔很可观的投资。其间，亚马逊一共发布了 16 次财报。其中有 4 次

① 全球最大的互动健身公司。——译者注

财报发布后，亚马逊股价的单日涨幅达到了 10%。你可以在这 4 次短期的股价暴涨中交易，也可以继续进行长期投资。如果选择长期投资，你能赚到的钱更多。当然，如果你选择在财报季进行交易，也可能会亏钱，因为有 4 个季度，亚马逊股价在财报发布后出现了大跌。

表 3-1　2015 年 4 月至 2019 年 1 月亚马逊财报季股价

财报季	盈利日期	收盘价（美元）	财报发布后当日价格调整幅度（%）	财报发布后 3 日内价格调整幅度（%）
2015 年第一季度	2015 年 4 月 23 日	389.99	14	10
2015 年第二季度	2015 年 7 月 23 日	482.18	10	9
2015 年第三季度	2015 年 10 月 22 日	563.91	6	8
2015 年第四季度	2016 年 1 月 28 日	635.35	−8	−13
2016 年第一季度	2016 年 4 月 28 日	602.00	10	12
2016 年第二季度	2016 年 7 月 28 日	752.61	1	1
2016 年第三季度	2016 年 10 月 27 日	818.36	−5	−4
2016 年第四季度	2017 年 2 月 2 日	839.95	−4	−3
2017 年第一季度	2017 年 4 月 26 日	909.29	1	4
2017 年第二季度	2017 年 7 月 27 日	1 046.00	−2	−5
2017 年第三季度	2017 年 10 月 26 日	972.43	13	14
2017 年第四季度	2018 年 2 月 1 日	1 390.00	3	4
2018 年第一季度	2018 年 4 月 26 日	1 517.96	4	4
2018 年第二季度	2018 年 7 月 26 日	1 808.00	1	−2
2018 年第三季度	2018 年 10 月 25 日	1 782.17	−8	−14
2018 年第四季度	2019 年 1 月 31 日	1 718.73	−5	−3

我希望这个例子和这张表格能让你们明白我的观点：在财报季进行短线交易实在不够明智。

那么，季度财报重要吗？当然重要。对于一家企业而言，每年 4 份季度报告中的财务数据与其年报中的数据高度相关。更准确地说，是 100% 相关。但单单看一个季度的数据，并不能完全支持或否定一个投资想法。作为一名对某只股票给出“买入”建议的分析师来说，我希望这家企业在一年的 4 个季度中，有 3 个季度的财报数据能佐证我的长期观点。在这 3 份财报中，我希望用户指标、收入和利润数据至少符合我和华尔街的预期。在那个实际数据低于预期的季度中，我的工作是评估这一结果是暂时性的，还是长期性的，是否会对我的观点形成冲击。比如，探究企业当季收入低于预期，是因为新产品推出后效果不佳，还是因为季节性因素并没有完全被市场考虑在内（比如节假日的调整）？在我追踪的线上旅游企业 Priceline 和 Expedia 近 25 年的时间里，后者发生得很频繁。

随着时间的推移，我逐渐意识到，尽管每股收益的波动往往很高，但它几乎总是高于基本面的变化。一只股票可能因为业绩低于预期而股价下跌 10%，但是企业的长期业绩预期并没有下跌 10%。股票的波动几乎总是夸大了基本面的变化，但这也带来了投资“掉落天使”的机会。

这一章给我们带来的教训是：**季度业绩很难预测，而财报季前后的交易可能会产生一定的误导。**要专注于长期，忽略短期的股价波动。许多优秀的金融书籍都会建议投资者避免短期交易，要用长期视角投资股票。这也是我的建议。在本书中，我只是把这个建议变得更形象化、更容易记住，也更具可操作性。因为我知道，市场上有太多想要进行短期交易的人。我有许多电话会议纪要可以证明这一点。

对每股收益的判断往往更基于预期

过度关注短期的财报数据，会让你错失更大的投资机会，Snap（前身为 Snapchat）股票的投资者或许对此会有深刻体会：2019 年 4 月 23 日，在 Snap 公布的第一季度财报中，其收入为 3.2 亿美元，比华尔街预期多出 1 400 万美元，高出了 5 个百分点。收入增速也有所加快，从 2018 年第四季度的 36% 上升至 39%。收入增长趋势变得越发强劲。在 EBITDA① 方面，相比于市场预期亏损 1.44 亿美元而言，Snap 在 2019 年第一季度的实际亏损金额为 1.23 亿美元，好于预期。相比于 2018 年第一季度，当季的 EBITDA 亏损金额更是减少了 1 亿美元。因此，Snap 的盈亏趋势也在改善。在用户数据指标方面，该企业的日活用户为 1.9 亿，高于华尔街预期的 1.87 亿。除此之外，日活用户较上一季度增长了 400 万，创下了一年来最大的增幅。综合来看，Snap 不仅在第一季度的业绩数据方面全面超出预期，在基本面方面也显示出了根本性的改善。那么，还会出现什么问题吗？

接下来的一天，Snap 的股价大跌了 6%，并在之后的两个交易日继续下跌，总计下跌了 10%。这是一次相当大的调整。如果你在季度财报发布前买入该股，认为其业绩和基本面都会超出市场预期，那你完全看对了，但持仓会跌去 10%。你大概率会因此感到烦躁，从而决定卖掉股票，锁定亏损。两个月后，你可能再次去看 Snap 的股价，惊讶地发现它飙升了 38%。到了年底，你得知 Snap 的股价已经达到 15.89 美元，一年内暴涨了 174%。这时的你一定会感到无奈和沮丧，因为一次糟糕的季度交易让你错失了一个绝佳的投资机会。顺便说一句，Snap 在 2020 年底以 50 美元收盘，又实现了 198% 的回报。

导致你在 2019 年第一季度购入 Snap 股票的原因可能是，你看到有一名华尔街分析师在 2019 年 4 月 5 日，也就是一季报公布前 3 周，将 Snap 的股票评级上调至“跑赢大盘”。这个分析师就是我。但请先让我给你讲讲 Snap 的完整故事。

2011 年，埃文 · 斯皮格尔（Evan Spiegel）和鲍比 · 墨菲（Bobby

① 指税息折旧及摊销前利润，通常被用以计算企业的经营业绩。——译者注

Murphy）共同创立了Snapchat。2016年，该企业更名为Snap。同年，Snap推出了智能眼镜产品Spectacles。这个产品虽然功能有限，但增加了Snap在创新上的吸引力。在此期间，Snap曾拒绝Facebook（2013年出价30亿美元）和谷歌（2016年出价300亿美元）的收购邀约。在回绝Facebook的30亿美元报价时，斯皮格尔表示："用一些短期利益来交易（他手中的资产）并不是很有趣。"事实证明，这一决定是有远见的。2021年中，Snap的市值超过了1 000亿美元，因此，斯皮格尔所言也是一个相当不错的普适性投资建议。截至2016年底，Snap拥有1.44亿日活用户；年收入达4亿美元，同比增长了590%。Snap真的在一路高歌猛进！

2017年3月2日，Snap在纽交所上市。上市首日，股价暴涨了44%，达26.05美元，市值达330亿美元。这一股价也是Snap在接下来近三年里的股价峰值。在接下来的两年中，Snap的股价下跌了81%，在2018年12月底跌至最低点4.99美元，市值大幅缩水至80亿美元。尽管如此，这一市值还是远高于当年Facebook的30亿美元报价，所以拒绝Facebook的收购看来是正确的。但不得不说，这一市值远低于谷歌当时给出的300亿美元报价，之所以拒绝了谷歌，可能是因为当时的报价看起来并不那么吸引人吧。2020年7月，Snap的股价最终回落到了26美元，即上市第一天的交易价格。到了2020年底，Snap股价飙升至50美元，市值达到了700亿美元。这真是一段过山车般的旅程！

我第一次见到Snap的管理团队，还是在该企业上市前一年。当时，Snap刚招了一位新的首席战略官，名叫伊姆兰·汗（Imran Khan）。我和他早已认识多年。他在摩根大通做互联网分析师时，和我竞争了很多年。我在Snap位于洛杉矶近郊威尼斯海滩的总部和伊姆兰以及Snap新任首席财务官德鲁·沃莱罗（Drew Vollero）见了面。是的，就在威尼斯海滩。事后看来，这里存在第一个问题。我并不是说总部设在威尼斯海滩有什么不对，这是一个有趣、让人兴奋、互动感很强的地方。但Snap总部构建得有些奇怪。比如，正门设置得很隐蔽，没有任何门牌，就只是威尼斯海滩小街上的一扇没有标识的门，门口站着几个戴着安保局式样耳机的守卫。那时，Snap 在威尼斯海滩拥有几栋类似的建筑，都没有任何标识，非常隐秘。看到这样不寻常的企业建筑，你或许会猜想：这家企业的文化或许也和它的建筑类似，存在“功能性障碍”。基于 Snap 上市头两三年的股价波动情况，你的猜测是正确的。

我第一次见到创始人斯皮格尔是在 IPO 前的分析师会议上，这次会议也是在一个没有标识的大楼里举行的。他很年轻，当时的他只有 26 岁，是有史以来最年轻的白手起家的亿万富翁之一。他也很瘦小，穿着紧身牛仔裤和一件普通的黑灰色衬衫，看上去就像一个大学生或者年轻的穷困艺术家。他在会上和分析师做了 45 分钟的问答互动。虽然只是短暂露面，但他表现出了极高的才智和异常的冷静，出色地回应了由华尔街一群“最聪明的大脑”提出的关于企业愿景和战略的一系列尖锐问题。当时，Snap 智能眼镜产品 Spectacles 刚刚推出，正好可以售卖给现场的华尔街分析师。我给当时十几岁的两个儿子各买了一副，他们甚至都从来没有打开过产品盒子，他们可是 Snap 的重度用户啊。这里存在第二个问题。

在 Snap 上市后的第三周，我将该企业纳入了研究范围，给出了“跑赢市场”的评级和 31 美元的目标价，Snap 当时的股价为 22.74 美元。在之后的两年中，我对该企业的评级在“买入”和“持有”之间来回切换，事实证明，我对该股票完全看走了眼，因为 Snap 股价在两年中跌了 81%，2018 年 12 月甚至触及 4.99 美元的最低点。或许从企业上市后的第一份盈利报告中就能看清股价下跌这一趋势。当时，由于收入、EBITDA 低于华尔街的预期，Snap 股价一天内暴跌了 21%。

我在对 Snap 做出首次评级的报告中指出，之所以看好 Snap，是因为它拥有行业领先的增速、对于千禧年一代独特的吸引力（用户调研数据显示，Snap 在年轻用户中非常受欢迎）、相对优秀的产品创新历史，以及巨大的潜在市场空间（接近 1 万亿美元的全球广告市场）。这些观点最终被证明是对的，只不过早了两年。

与此同时，Snap 股价在上市后大幅调整了 81%，这也让我得到了好几个投资教训。

第一，一支优秀而稳定的管理团队极其重要。在此期间，Snap 的首席财务官（两位）、营销副总裁和首席战略官相继离职。管理团队的不稳定，是导致财务数据波动的主要原因之一。

第二，产品创新的重要性不可低估。尽管 Snap 在此期间推出了包括 Snap 地图在内的一系列新产品，但该企业搞砸了它最重要的产品创新：为安卓平台重新设计的应用程序。虽然这个糟糕的设计在经历了几次令用户感到恼火的迭代后最终修正过来，却导致了 2018 年中期 Snap 日活用户的下降，影响了该企业的基本面。

第三，潜在市场空间极为重要。Snap 不得不为安卓平台重新设计应用程序的原因是，其产品在安卓手机上的体验不如在苹果手机上。在一些安卓手机上，用户的感觉是，产品反应较慢，且手机的摄像头无法和 Snap 的应用程序无缝衔接。之所以 Snap 应用程序在安卓手机上的体验没有在苹果手机上那么好，是因为 Snap 在苹果手机平台投入的资源更多。但当 Snap 试图进军全球市场时，这一问题就凸显出来了，因为在美国市场之外，安卓平台的使用者更多。这是安卓的世界，不是苹果的世界（全球有超过 70% 的智能手机使用安卓系统）。所以，除非 Snap 能让自己的应用程序在安卓系统上流畅使用，否则，它的市场空间将极为有限。

第四，股价确实会跟随基本面变化而变化。Snap 股价从 2017 年 3 月的 26.06 美元跌至 2018 年 12 月的 4.99 美元，这一走势基于的是收入增速的持续下降：2017 年第一季度，Snap 的收入同比增长了 286%，但到 2018 年第四季度时，这一增速放缓至 36%。这导致 Snap 的市销率（P/S）估值从 20 倍以上跌至 5 倍以下。收入增速越缓，估值越低。当 Snap 的收入增速在 2019 年第一季度重新加速后，它的市销率估值也相应提高，进而推动股价上涨（见图 3-1）。

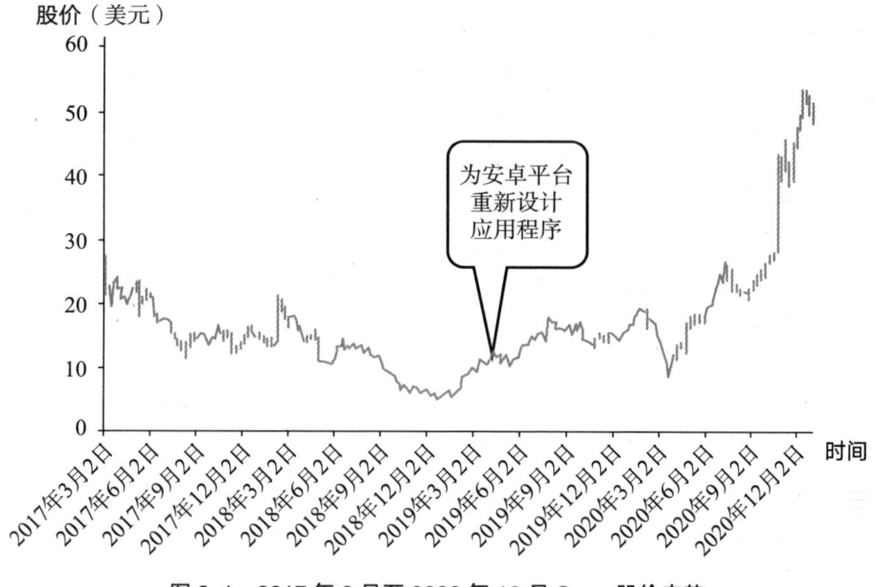

图 3-1　2017 年 3 月至 2020 年 12 月 Snap 股价走势

这就是 Snap 的故事，至少从华尔街视角看就是如此。Snap 最终变成了一个成功的投资工具（一只上涨的股票）。2019 年 4 月 5 日，我将 Snap 的评级上调至“跑赢市场”，原因有以下几点：市场终于看到了 Snap 为安卓平台重新设计应用程序的改进努力；Snap 长期以来的持续高品质的产品创新；Snap 研发者论坛上的正面反馈；以及我认为的 Snap 或许已经迎来了基本面拐点。

在接下来的几年里，Snap 的基本面确实有所改善：收入增长开始提速，毛利率不断增长，自由现金流亏损收窄。最终，我当年看多 Snap 的逻辑都被一一证实了。股价在 2019 年暴涨了 174%，在 2020 年又暴涨了 198%。但它并非每个季度都在上涨。2019 年一季报发布后，尽管基本面在持续改善，盈利也超出市场预期，但 Snap 股价还是跌了 10%。在 2019 年三季报和四季报发布后，Snap 股价也都出现了调整，但 Snap 整体的基本面很好。在财报季进行的短期交易只是长期投资中的零星“噪声”。如果你能不去理会这些“噪声”，那么就能听到来自基本面的“美妙音乐”，并从过去两年科技行业中表现最好的股票之一身上获益颇丰。

科技股投资心法
Nothing But Net

最后，回到一个关键问题：到底是什么触发了 Snap 股价在 2019 年第一季度出现了 10% 的调整？有两个原因。第一个原因，是市场对股价预期的调整。那时，股价自年初以来已经飙升了 107%。市场的预期很高。在华尔街经常玩的盈利游戏中，企业业绩超华尔街预期是必要条件。当时 Snap 的营业收入超华尔街预期 5%，股价却跌了 10%，很明显，市场预期的营业收入要比实际更高。很难确切地知道市场的“预期点”到底设置在什么位置。对于个人投资者来说，这几乎不可能做到。这时，投资者需要认识到的一个简单的法则是，当某只股票的股价在财报发布前涨幅很大时，比如年内已经上涨了 107%，而同期标普 500 指数的涨幅只有 17%，那么可以肯定的是，市场对该股票的盈利预期会很高。而略微超过华尔街的预期，显然不足以支撑股价持续走高。

理解这个问题的第二个原因，或许对你更有帮助。那就是：短期股价的波动可能毫无意义，即使这一波动与基本面因素高度关联。这是因为，短期的股价变动通常是一种扰动。要预测股价在几天内的走势几乎是不可能做到的。盯着短期股价的走势，可能会让你错失一笔长期投资的机会。这就是 2019 年我从 Snap 一季报中得到的最大教训。

不要忽视基本面改善对股票价格潜力的影响

美国宠物电商平台 Chewy 的 2020 年二季报也为我们提供了一个很好的例子，这一案例同样可以说明：如果你在财报季进行短线交易，那么你或许会错失一个很好的投资机会。9 月 10 日，Chewy 发布了其第二季度的财报数据。根据财报，当季营业收入为 17 亿美元，比华尔街的预期多了 6 000 万美元，高出 4 个百分点。收入增长也从第一季度的 46% 加速至第二季度的 47%。这意味着收入增长趋势在变强。需要指出的是，很少有企业能实现 46% 的收入增长，特别是在已经实现 16 亿美元收入的巨大基数下。Chewy 第二季度的毛利率也创出历史新高，同样创新高的还有 EBITDA，且远远超出了华尔街的预期。除此之外，Chewy 新增了 160 万用户，全部用户数达 1 660 万。整体来看，二季报数据全面好于市场预期，基本面和内生增长也非常强劲：更快的收入增长、更高的毛利率、更多的 EBITDA、更大的用户数。那么，还有什么能出问题吗？

现在，你已经知道了答案。股价会出现问题，就如同之前的 Snap 案例一样。在财报发布后的第二个交易日，Chewy 股价大跌 10%，从 59.69 美元跌至 53.81 美元，然后在当月剩下的时间里，一直在 53 美元至 56 美元之间窄幅震荡。如果你基于“赌财报”的考量在财报季买了 Chewy 的股票，那么你一定会感到沮丧。或许你会等上几周，希望市场能意识到 Chewy 的基本面在改善。但什么都没发生。于是，你卖出了手中的 Chewy 股票。在接下来的时间里，你会时不时关注一下该企业的股价，然后会在年底惊讶地发现，Chewy 的股价已经收在 89.89 美元，比 9 月 10 日的收盘价高出了 50%。

到底发生了什么？让我先给你们讲讲 Chewy 的故事吧。哦不，我得先讲 Pets.com 的故事。

Pets.com 是真的糟糕。没有任何人来收拾这家企业和它的股票遗留下来的烂摊子。

2000 年 2 月，Pets.com 以每股 11 美元的价格 IPO 上市，然后，股价立即上涨了 30% 至 14 美元。在 Pets.com 上市时，企业的全部收入才 600 万美元，是的，600 万美元！这是它在上市前实现的全部收入，因为该企业在上市前才运作了 12 个月。该企业在 IPO 中共获得了 8 300 万美元的融资，市值达到 3 亿美元。这就是关于该企业的所有资料。除此之外，Pets.com 唯一给人留下深刻印象的就是那次在超级碗上的广告投放，这一笔 120 万美元的广告投放，让所有美国人都知道了这家企业的袜子玩偶，我还在办公室放了一个，用以警示自己。9 个月之后，Pets.com 的股价跌至 0.19 美元，企业宣告破产。

Pets.com 是互联网泡沫中最具代表性的一个案例。另一个比较具有代表性的案例是在线配送企业 Kozmo。Kozmo 为用户提供的是一小时内免费配送商品的服务，配送对象包括录像带、游戏、DVD、音乐、杂志、书本、食物，等等。Kozmo 做得比 Pets.com 好一些，支撑了三年“才”破产。Pets.com 和 Kozmo 给科技股投资带来了深远的影响，这是因为：（1）它们为依然处在爬坡期的新科技企业树起了一个几乎永久性的“担忧之墙”；（2）它们为 Chewy（2021 年中市值为 400 亿美元）和 DoorDash（2021 年中市值为 600 亿美元）的成功铺平了道路。

回到 Chewy 的故事。2019 年 6 月，该企业以每股 22 美元的价格 IPO 上市。上市首日，股价就暴涨 59% 至 35 美元。之后，股价调整了 35%，在当年 11 月底跌至 23 美元。直到 2020 年 3 月，股价才重新回到 35 美元的位置。是的，市场把它拿来和 Pets.com 做比较的情况非常多。在 Chewy IPO 当天，CNBC 网站上的一篇文章就指出，Chewy 只是一长串未盈利的上市公司（包括共享出行企业优步、图片设计网站 Pinterest、问卷调查企业 Survey Monkey 等）中的一员，一大批未盈利的企业接连上市，这让人联想到了科技股泡沫时的情景。

但是 Chewy 与 Pets.com 在规模和管理团队上是不同的。Pet.com 上市时，过去 12 个月的收入只有 600 万美元；而 Chewy 上市时，过去 12 个月的收入高达 35 亿美元，这可是 Pets.com 的 583 倍。此外，Chewy 的基本面也很优秀，不是指净收入方面（它依然没有盈利），而是指收入和盈利潜力。这才是科技股投资者应该关注的。

简而言之，Chewy 是由瑞安·科恩（Ryan Cohen）和迈克尔·戴（Michael Day）于 2011 年创立的。成立以来，该企业一直在积极谋求发展，为此，还花大力气从亚马逊、PetSmart[①]、全食超市挖来了多位员工和高管。到了 2017 年，该企业的收入已达 20 亿美元，占美国线上宠物食品销售额的 50% 左右。在此期间，该企业还从几位精明的私人投资者那里获得了融资，包括前文提到的 Zulily 创始人马克·瓦登。Chewy 曾经在 2017 年考虑过上市，但最终还是决定以 34 亿美元的价格将自己出售给了 PetSmart，这在当时是电子商务企业有史以来的最大一笔并购。两年后，Chewy 完成了上市。

2017 年，我第一次在 Chewy 位于佛罗里达州达尼亚海滩的总部见到了它的管理团队。这或许与你想象的不同，科技企业总部似乎不应该在这样的地方，尽管 Magic Leap 也在附近。我见了 Chewy 当时的首席财务官（他之前是亚马逊的财务专家，不久后将从 Chewy 离职），以及他的继任者马

① 美国最大的宠物连锁企业。——译者注

里奥·马尔特（Mario Marte）。历时1小时的简短会议让我对Chewy全貌有了大致了解，包括它的市场机遇，以及它是如何和亚马逊竞争的。回到办公室后，我跟同事们说，我相信Chewy会成为一家不错的IPO候选企业。结果，几个月后，Chewy就把自己卖给了PetSmart。

然而，两年后，我再次回到佛罗里达州，与Chewy的高管共进了晚餐，并与整个高管团队进行了一整天的会议。Chewy终于要上市了！在第8章中，我会详细阐述管理团队的重要性。那次的晚餐和会议，让我对Chewy的管理团队有了更深的认识，特别是2017年加入该企业的CEO萨米特·辛格（Sumit Singh）。萨米特给我的感觉是聪明、勤奋，以及非常细致。最后一项特质是最让我震撼的。在接下来两年的一系列电话和会面中，萨米特对Chewy的每一项业务都有很深的理解，比如市场推广、物流、产品计划等，这给我留下了深刻的印象。我经常遇到颇具远见但不善于运营的CEO，有时则相反。毕竟，没有一个完美的CEO模版，它取决于企业和行业的需求。

Chewy的股价直到2020年3月才终于恢复到IPO价格。然后，新冠疫情暴发了。这对Chewy股价而言，无疑是一剂非常强劲的助推剂，9月10日，二季报发布。2020年上半年，Chewy股价上涨了103%。与大部分企业（特别是餐饮、旅游、实体零售以及现场活动领域的企业）都受到了新冠疫情的负面影响不同，宠物需要喂养和照顾，这是一种刚需，和疫情无关。实体零售店需要关闭几周甚至几个月，这就给Chewy带来了巨大的商机。不仅如此，由于人们被迫待在家里，对家庭陪伴的渴望日渐强烈，于是，宠物领养行为显著增加。根据《今日美国》的一篇报道，由于对宠物领养存在着大量需求，社区的宠物领养比例从2019年的64%上升到2020年的73%，而收容所的宠物安乐死比例则下降了43%。

这些都导致了Chewy在第一季度和第二季度中实现了创纪录的用户增长（每个季度的新增用户都超过了150万）、加速的收入增长，以及创纪录的毛利率和 EBITDA 利润率。可是，在二季报发布后，Chewy 股价不涨反跌了 10%（见图 3-2）。

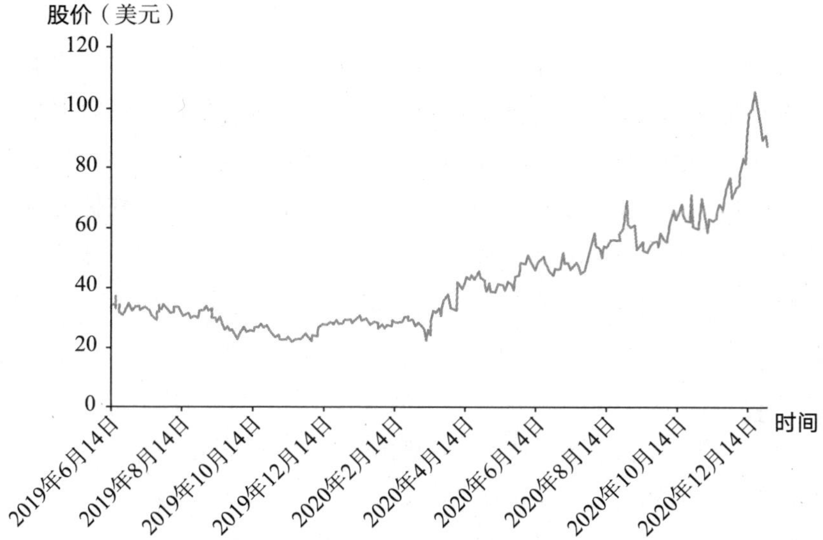

图 3-2　2019 年 6 月至 2020 年 12 月 Chewy 股价走势

为什么会这样？就像 2019 年 Snap 在一季报发布后所经历的那样，都是预期扰动造成的。当股价一年内涨幅达 103% 时，你就应该知道此时的市场对其预期会非常高。低于这一预期时，调整出现的概率就会非常高。我们要为这样的调整做好准备。但也要为基本面变得更强劲后股价持续走强做好准备。这将是下一章的主题：股价在中长期会跟随基本面。

科技股投资心法
Nothing But Net

这一章的核心是，短期的股价波动基本不跟随基本面，但不要因此而忽视基本面改善对股票价格潜力的影响，从 Snap 案例中吸取的一些教训，让我在 Chewy 刚上市时给了它“持有”评级。几个月后的 2020 年 2 月，我将其评级提升为“买入”，并在其上涨了 103% 的过程中一直坚守，即使其股价在财报季出现较大波动。

特殊事件的发生会导致股价脱离基本面

优步的 IPO 是失败的。自 2019 年 5 月 IPO 以来，至少大部分市场参与者都是这么认为的。大家对优步这家上市公司的批评主要集中在其估值上，在过去的几年中，好几位市场评论员都将优步的估值称为“幻想估值”。2018 年，也就是上市前一年，优步的自由现金流为 -20 亿美元。到了 2019 年，自由现金流亏损翻倍，达到了 -49 亿美元。而这一年的净亏损更是超过了 -80 亿美元，市值却高达 750 亿美元。这一章讨论的不是估值给我们带来的教训，也不会讨论为什么传统的估值思维会让投资者错过优步在 2020 年 65% 的涨幅（即便发生了新冠疫情），以及为什么投资者会在接下来的时间继续错过优步股价大涨。这是第 9 章会讲到的内容。

在这一章中，我们关注的核心点是，优步、Snap、Chewy 以及大量其他科技股都在 IPO“暴涨”后经历了剧烈的抛售。优步的 IPO 发行价是每股 45 美元，上市首日就下跌了 7%，每股跌至不足 42 美元。由于市场对优步盈利能力不足的持续担忧，优步的股价不断下跌，直到 2019 年 11 月 6 日，每股跌至 26.94 美元，比 IPO 价格低了 40%。其间，优步在 8 月初发布了二季报盈利数据后，股价调整了 15%，在 11 月 4 日发布三季报盈利数据后，股价又调整了 13%（见图 3-3）。

对于优步的投资者来说，11 月 4 日发布的财报中出现了关键的基本面好转信息。大家都关注的 EBITDA 数据上，第三季度 EBITDA 亏损为 5.85 亿美元，这依然是一个很高的数字，但已经比华尔街的预期好了 30%。你很少能看到一个数字竟可以比华尔街的预期好那么多。除此之外，优步把 2019 年 EBITDA 亏损下调了 2.5 亿美元。这意味着，站在当下来看，优步的预期 EBITDA 亏损将比此前预期的低 2.5 亿美元。另外，该企业还首次正式宣布，将在 2021 年实现 EBITDA 盈利。对于一家一直被盈利担忧困扰的企业来说，这是一个好消息。尽管 EBITDA 反映的并非最终盈利，而是指未计利息、税项、折旧及摊销前的利润。但就像营业收入不是盈利，毛利率也不是盈利一样，所有这些盈利能力指标都与收益挂钩。无论当前还是未来，这些指标中的任何一项的改善都是盈利能力增强的积极信号。所以说，优步第三季度的 EBITDA 数据是一个基本面改善的明显信号。

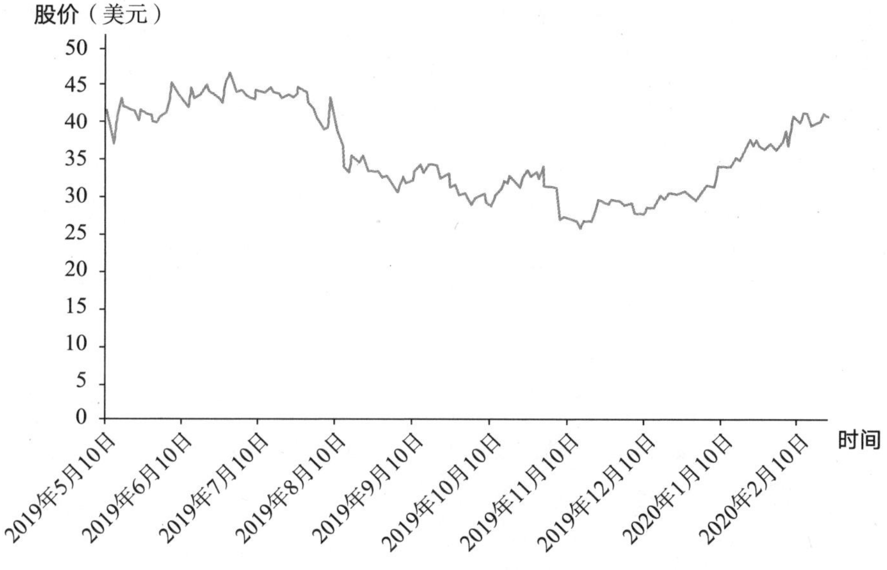

图 3-3　2019 年 5 月至 2020 年 2 月优步股价走势

但优步股价还是在接下来的两天里跌了 13%，这意味着这只股票还存在其他问题。这些问题与基本面无关，与股份锁定到期有关。

11 月 6 日，就在优步发布了第三季度数据的两天后，优步早期的投资者和内部员工的 180 天股份锁定期满，他们可以卖出持有的优步股票了。约 7.5 亿股优步股票不再限售。

科技股投资心法 Nothing But Net

长期以来，股份锁定期制度的存在是为了使上市后的股价保持平稳，防止企业内部员工和投资者在上市没多久后就把股票抛售给新的投资者，从而压低股价。这里体现的是基本的供需理论。限制供给，股价就会坚挺或上涨。这也意味着，一旦限售期结束，股价就可能被压制或下跌。几乎每次都是如此：限售股解禁时会压制股价表现。

而这恰恰是优步股票在 11 月 4 日、5 日、6 日，以及接下来几周所发生的，尽管第三季度的基本面信息比较乐观。不过最终，由于存在利好的盈利信息，优步股价开始强势反弹，截至 2020 年 2 月底，优步股价上涨了 51%。在 2019 年的四季报中，优步的盈利能力正不断增强这一趋势被再次证实。于是，基本面开始驱动股价表现。但是从短期来看，基本面和股价表现可能高度错位，特别是在财报季，市场预期的变化和类似限售股解禁事件，都会对股价产生影响，而这一切都和基本面无关。

关键启示 Nothing But Net

不要在财报季做短线交易。想要在财报季成功地交易，投资者不仅需要准确判断基本面，还需要对短期预期有正确评估。这对个人投资者来说是很难做到的（大部分机构投资者也是如此）。围绕财报季进行的短线交易会有一定的误导性，会让投资者看错长期的基本面和股价走势。2015—2018 年，亚马逊股价上涨了 386%，16 个季度的财报中，有 4 个季度出现了 10% 及以上的单日涨幅，但也有 4 个季度出现了超过 5% 的单日跌幅。持有基本面强劲的股票，忽视其短期的股价波动，可能会带来高额利润。

财报季股价波动主要由市场预期决定。这一时期，尽管基本面已经在改善（如收入增长加速、营运利润率提高），但股价还是会因为相关业绩低于市场预期而下跌。这就是 Snap 股价在

2019 年一季报和 Chewy 股价在 2020 年一季报发布后所发生的事情。影响股价的还有一些特殊事件，比如限售股的解禁，这些都会导致股价脱离基本面，出现短期波动。优步在 2019 年 11 月发生的事情就是如此。不要让这些因素干扰你的长期投资，所以一定要避免短线交易。从股价短期波动过大的角度看，投资者切记不要赌财报。

总之，选定一只基本面强劲的股票，而后做长期持续投资，忽视短期股价波动，这样才能带来高额利润。

Nothing
But
Net

第 4 章

收入比任何事情都重要

一位华尔街资深的科技股分析师曾向我吐露心声："我们真的很幸运，市场是无效的。要不，我们早就失业了。"多年来，我经常会想到这句话，并思考其背后的意义。最后我得出的结论是，这位分析师的观点是错误的。顺便说一句，这位分析师已经不在华尔街工作了，虽然他曾经在 4 家互联网上市公司担任过首席财务官。

25 年来，我跟踪的这个市场对于新信息的反应和现有数据的消化是极其敏捷的，且真正有效。无效的部分在于，市场总会给当下的数据更多权重，而不去管这个数据来源在过去是否可靠。对于这一现象，我认为可以用科学术语"近因偏差"（recency bias）[①] 来解释。市场也总是会对同期所有数据给以相同权重，即使从过去看有些数据比另外一些更有说服力、更可靠，至少我是这样认为的。

① 近因偏差是指人们在判断事物发展趋势时，会认为未来事件将会和近期体验高度类似。它会让我们对未来发展及长期趋势视而不见。——编者注

关于这一点，我能想到的最佳案例是奈飞，以及在过去那么多年来声称能为付费的机构客户精准预测新增用户数的一些第三方服务机构。随着时间的推移，我越来越觉得，这些第三方服务机构预测错误的可能性和预测正确的可能性一样大。我尤其记得，有一家机构名字中带有 Park 一词。每周，当这家机构用冷或热来预测奈飞的新增用户数时，奈飞的股价就会有所反应。奈飞股价跌了 2%？那一定是这家机构给出的预测用户数低于预期。奈飞股价上涨了 3%？那一定是这家机构认为用户数超预期！但这家机构从来没有连续几个季度预测正确过。相反，它的预测时常大幅偏离实际情况。于是，我开始称这家机构为“南方公园”[①]。最终，这家机构停止了用户数预测。我想，一定是机构客户要求退款了。

基本面确实会推动股价发生变化。**作为一名投资者，你一定要关注基本面，尤其是收入和核心用户指标。**这也是本章想要强调的重点。

科技股投资者需要重点关注收入的三大原因

在《彼得·林奇的成功投资》一书中，彼得·林奇建议投资者，要重点关注盈利这一财务指标。而我对科技股投资者的建议是，要重点关注另一个财务指标：收入。

在沃顿商学院撤销我的 MBA 学位之前，我必须承认，盈利确实很重要。自由现金流也同样重要。我从来没有见过任何一名资深投资者在使用收入折现（discounted revenue）模型。他们都在用现金流折现（discounted cash flow）模型，该模型是基于他们对未来的收入和现金流预测，再折现到今天的价值，以此来确定企业合理的估值。

①《南方公园》是美国著名的黑色幽默动画。——译者注

但是如果企业没有收入，又怎能实现盈利和现金流呢？是的，确实有不少企业有收入，但就是无法实现盈利或者现金流。如果它们永远无法实现盈利或者现金流，就无法经营下去。或者说，如果它们从未展现出实现盈利或者现金流的潜力，投资者就根本不会购买它们的股票。但据我所知，没有一家科技股企业在没有收入的情况下，还能实现盈利或者产生现金流。

所以，**收入是实现盈利和现金流的前提。**这就是为什么科技股投资者应该将主要注意力放在收入以及核心用户指标上，其他指标的重要性会因企业的不同而不同。

之所以强调要重点关注收入，还因为股票市场投资者会给通过收入而非其他方式获得盈利的企业更高的估值。简单来说，一家企业可以通过 3 种方式获得盈利，即增加收入、降低运营成本或借助“金融工程”。所谓借助“金融工程”，是指通过出售亏损资产、将利润转移到税率较低的地区以降低缴税额、出售投资收益以获得一次性收入、回购股票、更好地调配资产负债表上的现金和等价物的比例等方式以产生更高的投资收益。

也许这就是“付出越多，回报越大”吧！借助“金融工程”获得盈利其实很简单。有很多顾问都能帮助企业更好地执行税务和资产策略。他们经常在电视上做广告。除此之外，还有许多相对简单的方法可以降低成本，比如裁员（但想要做到科学地裁员真的很不容易）、削减营销费用、减少项目研发资金，等等。但要增加收入并非易事。对于科技企业来说，需要有成功的功能创新和产品创新、扩张到新的市场、增加用户、提高价格（存在一定风险），等等。这就是为什么一旦企业用最难的方式实现了收入增长，就会得到投资者更多的认同（获得更高的估值，无论是在市销率、市盈率，还是在自由现金流方面）。

几乎每个机构投资者对图 4-1 都不会陌生，这是一张反映了预计收入增长与估值关系的图（这里的估值是用企业价值与销售额之比计算而来，和用市销率等方法来计算估值类似，只是在资产负债表上对现金和负债做了调整）。图 4-1 列出了 30 只领先科技股在 2022 年的预计收入增长和估值之间关系的情况。这里面，预计收入增长与估值之间的关系并不完美，但一般来说，收入增长越快，对应的估值越高。因此，eBay 预计其 2022 年收入增长约为 7%，对应的估值为 4 倍。而加拿大电商服务公司 Shopify 预计其 2022 年收入增长约为 40%，对应的估值为 25 倍。图 4-1 传达了一个基本观点：**在所有条件相同的情况下，收入增速越快，估值越高。**

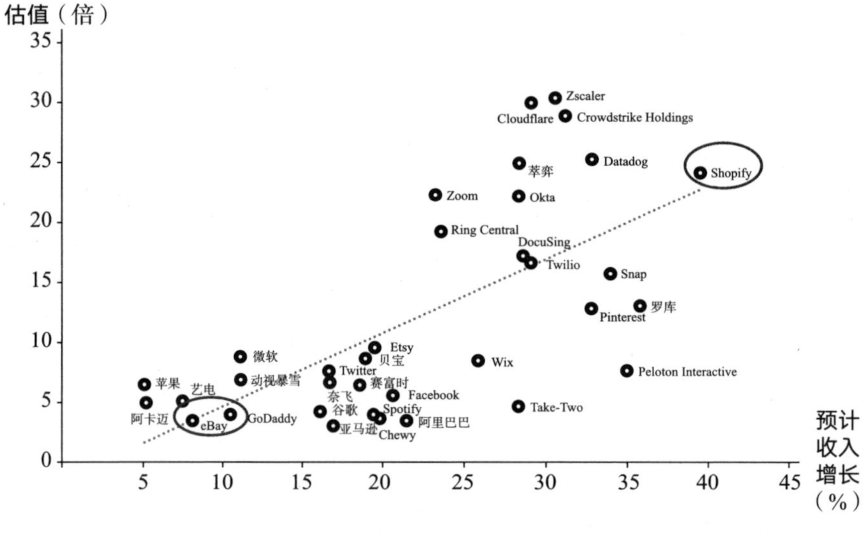

图 4-1　30 只领先科技股 2022 年预计收入增长与估值的关系

> **科技股投资心法**
> Nothing But Net

科技股投资需要不同的思维方式。传统的金融教科书会让投资者将注意力放在盈利、利润最大化、股票回购和分红上。科技股投资者却需要从不同的角度来思考，因为科技股投资者关注的是增长。所以，当企业大幅改善盈利能力时，具有深入思考能力的科技股投资者应该问："难道你不需要对增长进行再投资吗？"当企业开始分红时，

> 具有批判精神的科技股投资者应该问："就这样了吗？难道你对企业业务增长已经没想法了，所以你要退休，把现金退还给投资者？"顺便说一句，这两个动作都没有错，在适当的时候，它们绝对是正确的做法。但真到了那一天，科技股投资者可能已经不再关注这家企业了。

有一个促使盈利增长的常见策略我在上面没有提到，那就是收 / 并购。我会将它纳入"金融工程"范畴，尽管我已经意识到，这显然会贬低了这个术语。一般来说，我认为企业通过推出新产品、促进产品销售增长、扩张市场、提高价格等方式获得的内生性增长，比通过收并购获得的增长更有价值。但我也看到过不少通过收 / 并购创造大量金融价值的案例，这些行为也能在中长期推动股价上涨。在我担任分析师的 25 年中，我见到的最成功的并购案例包括 2002 年 eBay 收购贝宝、2005 年 Priceline 收购 Bookings、2006 年谷歌收购 YouTube，以及 2012 年 Facebook 收购 Instagram。2003 年雅虎对 Overture 的收购也值得一提，Overture 是当时领先的数字媒体企业，在新兴的搜索行业中遥遥领先，这次收购给雅虎带来了巨大优势，然而这一优势在之后与谷歌的竞争中被雅虎挥霍一空。2005 年雅虎对阿里巴巴的投资同样值得一提，尽管这并不是一笔收购。当时，雅虎以 10 亿美元的价格购买了阿里巴巴 30% 的股份。这笔股份在 2020 年底价值高达 2 500 亿美元，所获回报高达 250 倍。

我在这里只强调成功的收购案例。一些糟糕的收购案例会在后文中讲到。但我越来越意识到，内生增长才是科技企业回报股东的主要方式。截至 2021 年 2 月，亚马逊的市值已经高达 1.6 万亿美元（成为全球市值最大的企业之一），尽管它在这一过程中进行了大量收购，但没有哪一家企业对亚马逊市值的贡献超过 10%。亚马逊最大的一笔收购是 2017 年以 140 亿美元收购了全食超市。YouTube 对谷歌来说，也是一笔大买卖，但要说该资产占到了谷歌目前市值 25% 以上的份额，也有点牵强。而 YouTube 的成功主要归功于谷歌对其进行了大量的资本、人才和资源投入，我真的不确定 YouTube 能否光靠自己活下去，特别是在被谷歌收购时它正面临着严峻的法律挑战。

关于为什么科技股投资者需要重点关注收入的第三个原因，实际上也是最重要的一个原因，那就是收入最符合市场的审美观，不只是短期，长期来看也是如此。我有三个例子能证明这一点。第一个例子讲的是早期两个互联网巨头之间的悲惨故事，它们都曾拥有很强的盈利能力（从某种意义上说，是过度盈利了），最终却因没能跟随这个行业中的一些最重要的发展趋势，令几十亿美元的市值灰飞烟灭。它们就是雅虎和 eBay。第二个例子是全球在线旅游龙头 Priceline 的辉煌故事，从收入和股价的同向增长来看，这个故事又相当普通。第三个例子中的这家企业尽管在过去 10 年中从未实现过正向现金流，它却通过收入增长和订阅用户数增长颠覆了整个娱乐行业，最终创造了超过 1 500 亿美元的市值。是的，它就是奈飞。

就这三个例子而言，eBay 和雅虎都错失了长期增长的机会，即便它们在很长一段时间持续保持着稳定的盈利能力，但它们都没能做到收入的稳定增长。Priceline 则与之完全相反，这只股票在长周期中表现惊艳，但这和该企业的持续盈利能力毫无关系（即便该企业也做到了），而是和它在 10 年间维持了更快的收入增速有关（这一增速和收购 Bookings 有关）。与之形成鲜明对比的是奈飞，作为一只表现优异的长期大牛股，这一成绩不是因为它拥有稳定的盈利能力（10 年间，奈飞几乎没有产生过正向现金流），而仅仅是因为它能够始终保持超强的收入增长和用户增长。对于科技股来说，收入比其他任何东西都重要。

阅读本书的部分年轻人可能从来没有用过雅虎或者 eBay。相信我，20 年前和你一样的年轻人，他们可是都会使用雅虎和 eBay 的，因为他们认为这两家企业非常酷！

1998—2003 年，四大互联网企业垄断了整个行业，它们是亚马逊、美国在线、eBay 和雅虎。我敢肯定，如果那时做一次非正式的投资者问卷，大部分人都不会认为亚马逊能成为最大的长期赢家。如果有人告诉投资者，其中一家企业将在 20 年后拥有万亿美元市值，我敢肯定，投资者也绝不会认为这家企业会是亚马逊。当时对亚马逊的质疑声很大，特别是 2000 年之后。

这里有一个令人瞠目结舌的对比：1999 年底，美国在线的市值为 1 930 亿美元，差不多是雅虎（970 亿美元）的 2 倍、亚马逊（340 亿美元）的 6 倍、eBay（80 亿美元）的 24 倍。

20 年后，亚马逊成了这一群体中的“800 磅”[①] 大猩猩。eBay 成了一个“20 磅”猩猩（目前的市值是亚马逊的 1/40）。而美国在线和雅虎则成了仅“2 磅”的孱弱的小猩猩了，它们分别在 2015 年和 2017 年被威瑞森通信公司以 45 亿美元的价格收购，这一价格仅为亚马逊市值的 1/357。

在互联网繁荣时期，一家现已停刊的名为《工业标准》（*The Industry Standard*）的杂志每年都会举办一次科技股论坛。1999 年的论坛在加州一号公路旁的拉古纳比奇市的丽思卡尔顿酒店举行，有好几位大型科技企业的高管做了主题发言。令我印象深刻的一件事是，雅虎的某位高管在圆桌论坛上嘲笑其他发言人，说他们中的一些人所在的企业 20 年后可能将不复存在。预测未来实在太难了。

在这一章中，我想把关注点放在那些最终没能获得成功的企业身上。我希望大家能明白，对于科技股来说，收入比任何事情都重要。eBay 和雅虎之所以错失了实现长期增长的机会，就是因为它们无法维持高速的收入增

① 1 磅≈ 0.4536 千克。——编者注

长，尽管它们的利润率长期以来都很可观。

关注收入，关注核心用户指标

1998年9月24日，eBay以每股18美元的价格上市。上市首日股价就飙升了168%，至47美元，市值达到20亿美元。eBay股价上市第一天就获得大幅上涨的原因是，一位极具影响力的分析师在那天早上给了它“买入”评级。这个人就是我的老板，当时摩根士丹利的互联网分析师玛丽·米克尔。在当时，这是一件极其罕见的事情。因为根据监管规定，相关投行不得在企业IPO上市后的40天内发布首份研究报告。由于摩根士丹利并不是相关的承销投行，所以这一规定对玛丽·米克尔并无约束作用。但是，一名并非来自承销投行的分析师在企业上市的第一天就给出了“买入”评级的做法，这是从未有过的。这件事太令人惊讶了，以至于我的一位在高盛资本市场部（eBay项目的主承销商）工作的朋友一早就给我打来电话，确认我老板做的这件事。他的电话把我吵醒了，因为我为了帮助老板发布那份报告，几乎一晚上都没有睡。

在上市后的15年里，eBay做了5次拆股，调整后的IPO价格为0.32美元。在上市后的6年中，即便科网股泡沫破灭，纳斯达克出现了暴跌，eBay的股价还是逆势暴涨了51倍，在2004年底达到24.48美元，市值也达到320亿美元（见图4-2）。在那段时间，eBay是极少数在这个阶段股价能有如此优异表现的科技企业之一。

股价的超强表现是由超强的基本面驱动的（见表4-1）。2000—2004年，eBay的年平均收入增长超过70%，部分原因应归功于eBay在2002年对贝宝进行的收购。该企业核心用户指标中的商品交易总额（GMV）的年增长速度也接近70%。增长确实有些放缓，但幅度不大，而且盈利能力非常强。2004年，该企业的EBITDA利润率达41%。

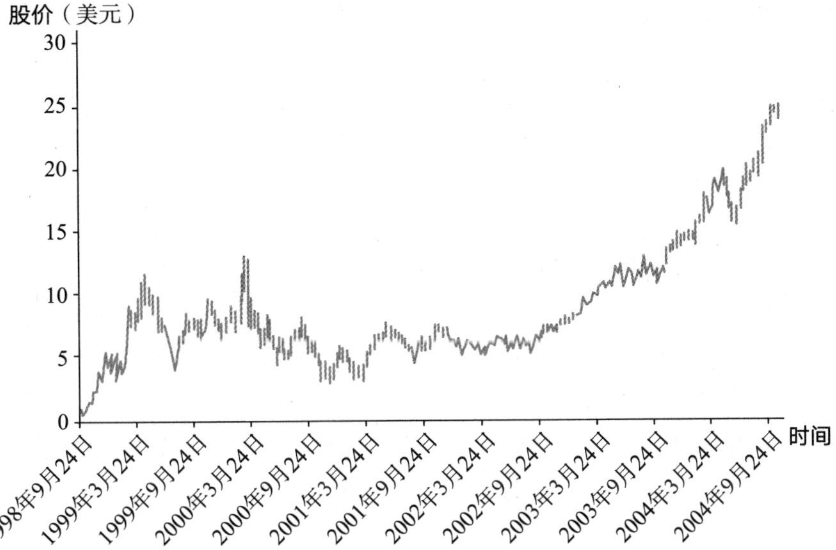

图 4-2　1998 年 9 月至 2004 年 9 月 eBay 股价走势

表 4-1　2000—2004 年 eBay 高扬股价背后的基本面

分项	2000 年	2001 年	2002 年	2003 年	2004 年
交易总额（百万美元）	5 414	9 318	14 868	23 779	34 168
交易总额年度同比增长（%）	93	72	60	60	44
收入（百万美元）	431	749	1 214	2 165	3 271
收入年度同比有机增长（%）	88	74	62	78	51
EBITDA（百万美元）	83	229	436	796	1 330
利润率（%）	19	31	36	37	41

之后，事情发生了变化。2005 年末，eBay 宣布以约 30 亿美元的价格收购了互联网即时通信公司 Skype。这笔收购的协同效应在当时并不明朗，随着时间的推移愈加不明确了。两年后，eBay 被迫对 Skype 资产减记了 14 亿美元。直到后来，人们才开始相信，Skype 由于担心其主营业务增长放缓，于是才孤注一掷地接受了 eBay 的收购。事实就是如此。

GMV 是 eBay 的核心用户指标。eBay 的平台收入或者佣金收入，以及其支付工具贝宝的主要收入，都直接与 GMV 相关。如果 GMV 增长加速，收入增长也会加速，反之亦然。后面发生的事情正是如此。2006 年之前，eBay 的 GMV 增长率每年都在 30% 以上。但是 2006 年，eBay 的 GMV 增长率降至 18%，2007 年降至 13%，2008 年降至 1%，2009 年在全球金融危机中降至 -4%。金融危机之后，eBay 的 GMV 增长有所复苏。2011 年 GMV 增长率为 11%，2012 年为 10%，2013 年为 11%，这是 eBay 在新冠疫情发生前仅有的 3 次两位数增长。随着 GMV 增长放缓，eBay 股价在 2004 年创造的惊人增长结束了，尽管 eBay 在之后的 10 年里依然保持了很高的利润率。**对于科技股来说，收入和核心用户指标比任何事情都重要**（见表 4-2）。

表 4-2　2004—2015 年 eBay 股价走势背后的基本面

年份	交易总额（百万美元）	交易总额年度同比增长（%）	收入（百万美元）	收入年度同比有机增长（%）	EBITDA（百万美元）	利润率（%）
2004	34 168	44	3 271	51	1 330	41
2005	44 299	30	4 552	39	1 833	40
2006	52 473	18	5 970	31	2 290	38
2007	59 353	13	7 672	29	2 914	38
2008	59 650	1	8 541	11	3 200	37
2009	57 207	−4	8 727	2	3 049	35
2010	61 819	8	9 156	5	3 242	35
2011	68 634	11	11 652	27	3 846	33
2012	75 376	10	14 071	21	4 599	33
2013	83 330	11	16 047	14	5 807	36
2014	82 954	0	8 790	−6	3 647	41
2015	81 718	−1	8 592	−2	3 568	42

如图 4-3 所示，eBay 的股价在这 10 年中几乎没有变化。2005 年，eBay 的首个交易日的收盘价是 24.01 美元；2015 年，eBay的首个交易日的收盘价是23.66美元。10 年中，股价根本没涨。与之形成鲜明对比的是，同期，标普 500 指数上涨了 71%，亚马逊上涨了 593%。这里面的重要道理后文我会讲到。在科技股的选择上，市场愿意为高收入增长型企业支付更高溢价（2005—2015 年，亚马逊的收入增长每年都在 20% 以上），而拒绝为收入增速平平甚至没有增速的企业（eBay）支付对价。科技股的收入和核心用户指标要比任何其他数据都重要。

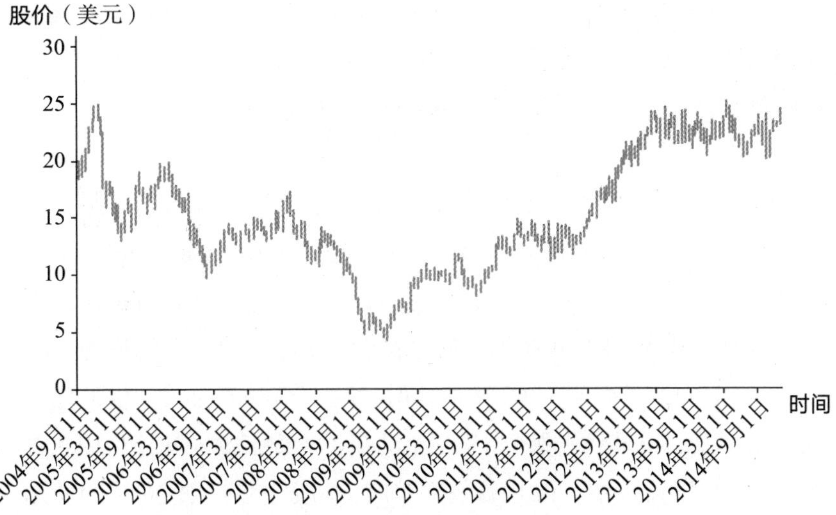

图 4-3　2004 年 9 月至 2014 年 9 月 eBay 股价走势

远离无法实现收入高增长的科技股

接下来我们看看雅虎。雅虎可是第一代互联网帮主。该企业的联合创始人别出心裁，在企业名的末尾加了一个“！”。用感叹号作为企业名称结尾的企业，怎么能不成功呢？！

20 世纪 90 年代，在互联网繁荣时期，雅虎可是最具垄断性的企业之一。1994 年，这家企业由杨致远和大卫·费罗（David Filo）共同创办。两年后，雅虎上市，首日股价就飙升了 150%（顺便说一句，从创立到上市，雅虎仅用了两年，这可是非常惊人的速度）。雅虎很快就进入了全球市场，2016 年底进入英国，以 110 亿美元总价收购了一系列企业，包括 GeoCities 和 Broadcast 在内，全部以股票形式收购。回过头来看，这可能暗示着雅虎管理团队也认为自己的股价有些水分。1999 年 12 月，雅虎被纳入标普 500 成分股，这使得雅虎的股价在当年的第四季度上涨了一倍多，市值接近 1 000 亿美元，市盈率超过 1 000 倍（雅虎的这次“超级暴涨”和特斯拉在 2020 年的经历很像。我在观察中发现，被纳入标普 500 成分股是触发科技股交易的最大催化剂）。2000 年 1 月初，雅虎股价达到了 475 美元的峰值，这意味着该股自上市以来股价涨幅超过了 3 550%。

2000 年 4 月，纳斯达克指数在 2000 年 3 月达到顶峰后不久，由丹尼斯·奎德（Dennis Quaid）和詹姆斯·卡维泽（Jim Caviezel）主演的电影《黑洞频率》（*Frequency*）上映。这是一部很受欢迎的动作片，讲述的是一个连环凶杀案和一段时空穿越的故事。在电影的一个桥段中，生活在 1999 年的主角尝试给他 1969 年的儿时伙伴一个财务建议，告诉他要关注雅虎这家企业。很显然，那个 1969 年的孩子听取了这一建议，因为在电影最后的 1999 年镜头中，他开着一部车牌上写着“1YAHOO”的豪车。雅虎以很少有企业能做到的方式成了时代潮流的一部分。这就是昔日雅虎的影响力。

但雅虎的影响力也到此为止了。16 年之后，威瑞森通信公司以 48 亿美元的价格现金收购了雅虎，这一价格仅仅是雅虎 2000 年初市值的 1/20。就这样，950 亿美元的市值灰飞烟灭（见图 4-4）。股票市场真的疯了吗？不！

在这 16 年间，雅虎的市值损失了 950 亿美元，但谷歌的市值增加了 5 000 亿美元，Facebook 的市值增加了 3 500 亿美元。换句话说，在这 16 年中，资本市场将 8 500 多亿美元的市值分给了两家更好的企业：这两家企业通过出色的产品研发和产品推广，都在 2016 年成了领先的互联网广告平台，就如同 2000 年的雅虎那样。

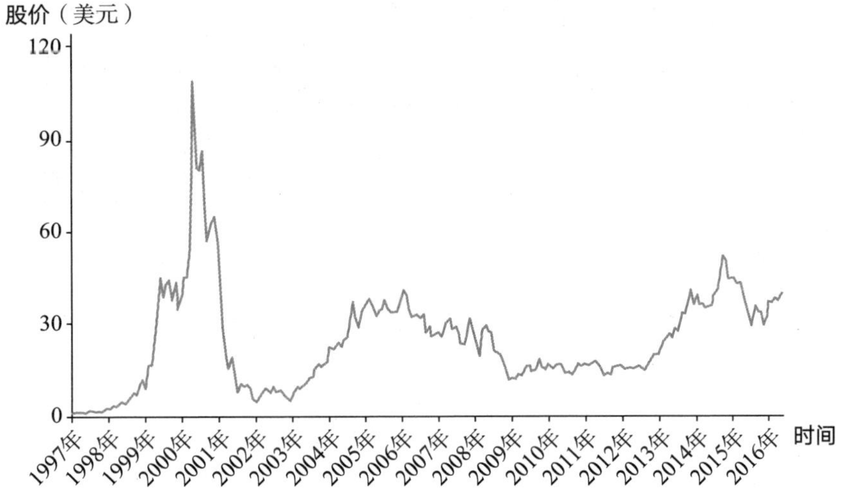

图 4-4　1997—2016 年雅虎股价走势

上述关于雅虎的回顾并没有对该企业的发展史做出详细描述。我已经在本书开头说过，这不是一本关于科技股历史的书。相反，我希望从过去 25 年里的一些最重大的科技股故事中提取出一些选股的教训。对于雅虎来说，有一点是明确的：它从未面临盈利问题。2000—2015 年，雅虎每一年都实现了强劲的 EBITDA 利润率，15 年的平均利润率高达 33%。是的，这些利润率数据也会有波动，但只有一年的利润率非常低。这一年就是 2001 年。当互联网泡沫破灭后，雅虎的收入下降了 35%，降至 7.17 亿美元，而企业的 EBITDA 利润率也下跌至 6%。即便在那一年，雅虎还是产生了 2 100 万美元的自由现金流。其他年份中的大部分时间，雅虎的自由现金流都很强劲。

所以，让科技股投资者远离雅虎的并非其盈利能力，而是其收入在 2006 年之后就难以重现 20% 以上的高速增长。将图 4-4 和表 4-3 中的基本面数据进行对比，就可以清楚地看出这一点。

表 4-3　2000—2015 年雅虎 950 亿美元市值灰飞烟灭背后的基本面

年份	净收入（百万美元）	净收入同比增长（%）	EBITDA（百万美元）	利润率（%）	自由现金流（百万美元）
2000	1 110	88	411	37	415
2001	717	-35	44	6	21
2002	953	33	206	22	251
2003	1 473	55	477	32	311
2004	2 600	77	1 032	40	844
2005	3 696	42	1 557	42	1 302
2006	4 560	23	1 906	42	682
2007	5 113	12	1 927	38	1 317
2008	5 399	6	1 805	33	1 205
2009	4 682	-13	1 691	36	877
2010	4 588	-2	1 710	37	526
2011	4 381	-5	1 655	38	731
2012	4 468	2	1 676	38	-787
2013	4 522	1	1 564	35	857
2014	4 719	4	1 362	29	521
2015	4 934	5	943	19	-2 926

2002—2006 年，雅虎在互联网泡沫破灭后逐渐恢复，并实现了收入的快速增长，其股价也表现强劲，自 2003 年初至 2005 年底共上涨了 383%。

但和 eBay 类似，在接下来的 10 年间，雅虎的股价表现平平，从 2006 年初的 41 美元上涨至 2015 年初的 50 美元，10 年间仅仅涨了约 20% 而已。其间，推动股价上涨的最大因素是潜在的收购（微软最终没能成功收购雅虎），而非基本面中的收入增长。在这 10 年间，雅虎从来没有实现过持续的高速增长。而科技股投资者要的就是持续的高速增长。

驱动企业收入高速增长的两大核心因素

2013 年 4 月 15 日，《巴伦周刊》发表了一篇题为《Priceline 的终点线》（*End of the Line for Priceline*）的封面文章，文中有一幅卡通画，内容是 Pirceline 的推广员威廉・夏特纳（William Shatner，最早扮演《星际迷航》中“柯克船长”的演员）马上就要被香蕉皮滑倒。这篇文章指出，当时的 Priceline 是过去 5 年标普 500 成分股中表现最好的个股，涨幅高达 519%。自 2003 年以来，这只股票的涨幅更是惊人，达 100 倍。

《巴伦周刊》警告说，Priceline 最光辉的岁月已经过去。来自 Expedia、Orbitz 和 Travelocity 的直接竞争，以及来自谷歌的间接竞争，都会挤压该企业的利润率。这本杂志还提到，Priceline 当时向亚洲和拉丁美洲的扩张风险很高，而这些市场本身的利润也都不太高。《巴伦周刊》的结论是，Priceline 股价有 20% 甚至更大的下跌空间。

当时，我是华尔街中看涨 Priceline 的最大多头之一。所以，我觉得有必要写一篇为 Priceline 辩护的报告。某个周日晚上，我的 11 页报告发表了，第二天早上 7 点 15 分，我和机构投资者召开了一次电话会议（美国西部时间为早上 4 点 15 分），我与他们讨论了为什么《巴伦周刊》的观点是错的，并为 Priceline 的股价进行了辩护，重申了我的 900 美元目标价。但没有人认真听。Priceline 的股价在周一下跌了 4%，从 743 美元跌至 711 美元，之后继续向下调整，到了周五，股价跌至 684 美元，跌幅达 8%。

值得称赞的是，那一周，《巴伦周刊》在其线上杂志发表了我的反驳报告。两年后，《巴伦周刊》又发表了一篇后续文章，标题是《Priceline 股票：主导、增长和低估》(*Priceline Stock: Dominant, Growing and Undervalued*)。当时（2015 年 6 月 4 日），Priceline 的股价已经达到 1 186 美元，相比于《巴伦周刊》发表看空封面文章时的股价，涨幅超过 60%。之后，Priceline 股价继续飙升，到 2018 年 3 月，股价上涨了 83%，达到 2 171 美元。所以在 2003 年底到 2018 年初的 14 年中，Priceline 股价涨幅超过 120 倍，表现非常惊艳。当长期担任 Priceline CEO 的杰弗里·博伊德在 2013 年底退休时，我在一个自己参与主持的纽约投资者论坛上给了他一份礼物（这份礼物的价格当然符合美国证监会的监管要求），它是一根钓鱼竿（杰弗里·博伊德很爱钓鱼）。那根钓鱼竿上刻着："致杰弗里·博伊德：恭喜你，100 倍股先生！"

那么，我们从中得到了什么教训呢？ Priceline 的多头看对了什么，而《巴伦周刊》又看错了什么？答案是，要关注收入和核心用户指标。

我们先来看看 Priceline 的股价走势（见图 4-5）。这个走势图可能是我们一生中能看到的最漂亮的一张了。

然后再来看看 Priceline 在这段时间中的基本面情况（见表 4-4）。这张表格展示了 2004—2017 年每年的预订金额、间夜数以及盈利能力等数据。对于像 Priceline 这样的一家在线旅游企业来说，预定金额代表的是用户购买的在线服务总价值，包括机票、酒店、租车等。这不是收入，因为 Priceline 只把旅行服务中收取的佣金作为收入。但是预定金额一直是华尔街对在线旅游企业的收入进行预测时所参考的核心指标。而间夜数则体现了 Priceline 的用户黏性，是核心用户指标，毕竟，预订酒店才是用户在 Priceline 上最常购买的服务。

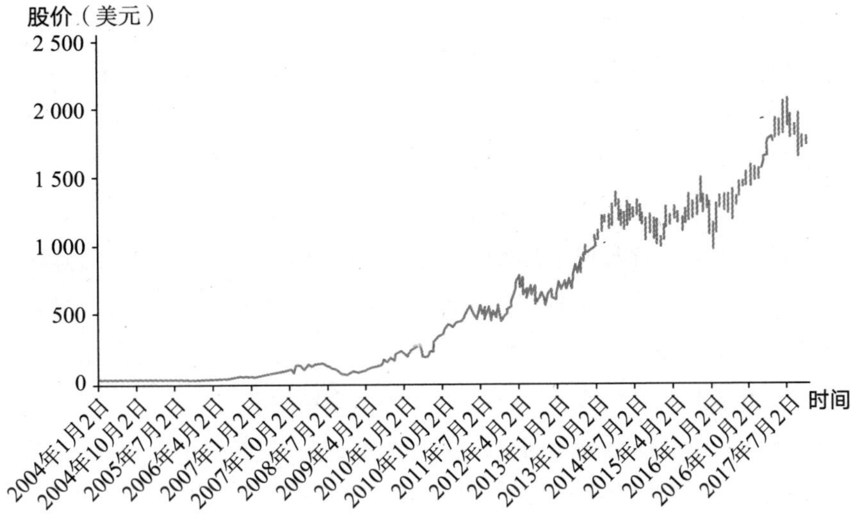

图 4-5　2004 年 1 月至 2017 年 7 月 Priceline 股价走势

表 4-4　2004—2017 年 Priceline 股价百倍涨幅背后的基本面

年份	预定金额（百万美元）	预定金额同比增长（%）	间夜数（千）	间夜数同比增长（%）	EBITDA（百万美元）	利润率（%）
2004	1 676	52	7 771	36	48	5
2005	2 227	33	11 759	51	69	7
2006	3 320	49	18 651	59	109	10
2007	4 829	45	27 777	49	228	16
2008	7 400	53	40 814	47	374	20
2009	9 310	32	60 912	49	553	24
2010	13 646	50	92 752	52	902	29
2011	21 658	53	141 500	53	1 510	35
2012	28 456	37	197 500	40	1 978	38
2013	39 172	38	270 500	37	2 684	40
2014	50 061	29	343 520	27	3 281	39
2015	55 528	24	432 400	26	3 779	41
2016	68 087	25	556 500	29	4 406	41
2017	81 226	19	673 100	21	5 141	41

我们从表 4-4 中能清楚地看到，Priceline 在收入增长以及核心用户指标方面的表现是多么惊人。在 14 年间，Priceline 平均每年的预定增速近 40%。这一数字差不多是全球 GDP 增速的 10 倍，是全球旅行行业增速的 8 倍。这一超级强劲的增速，最终带动了同样强劲的股价增速。

是的，驱动股价实现非凡表现的还有其他两个因素。首先，在这段时间内，Priceline 是一家持续取得高利润的企业，在 14 年的时间里，它的平均 EBITDA 利润率接近 30%。其次，Priceline 的估值始终保持在“合理”的位置。它的估值水平（15 ～ 25 倍）高于整个市场的平均水平（15 ～ 20 倍），但相对于收入增长的百分点而言，这一估值又是持续折价的。比如，它的估值为 20 倍，但每股收入增长在 30 个百分点（30%）以上。这意味着，作为一家科技股，Priceline 在很长一段时间内都是估值经增长调整后最具吸引力的企业之一。因为通常来说，在科技股的投资中，估值往往与增速持平，甚至比增速更高，如 20% 的收入增长通常对应的是 30 倍的估值。

科技股投资心法
Nothing But Net

简而言之，驱动企业收入高速增长的核心因素有两个。我会在稍后的章节中深度剖析这两个因素，因为它们也是我的两个关键教训。第一个因素是巨大的市场空间，Priceline 所处的是一个 1.5 万亿美元产值的全球旅游市场，这意味着，即便经历了这么多年的高速增长，Priceline 在 2017 年依然只占到全球旅游市场 5% 左右的市场份额，该企业依然有可能在未来多年继续保持快速增长。第二个因素是极其优秀的管理团队。并不是每一个管理团队都能做到很出色，但 Priceline 的管理团队显著高于平均水平，我会在第 8 章详细阐述这一点。

这一章的核心要点是，**对于科技股来说，收入比任何事情都重要。**这就是 Priceline 的故事告诉我们的。

但是等一下，我们还没说完。因为有更多的故事和要点想要与你分享。我们会在 2018 年之后 Booking（前身为 Priceline）的股价表现中，看到一些能很好地证明收入增长有多么重要的证据。

还记得吗？我在前面提到过，通过收入的快速增长，Priceline 的股价也给出了成绩不俗的惊艳表现。我们不妨再看看故事的后续发展。如图 4-6 所示，这是该股在 2017—2019 年的表现。从这张图上我们发现，那只超级大牛股已经不复存在了。取而代之的是一个非常平庸的 K 线图，股价 39% 的涨幅和同期标普 500 指数 43% 的涨幅相差无几。

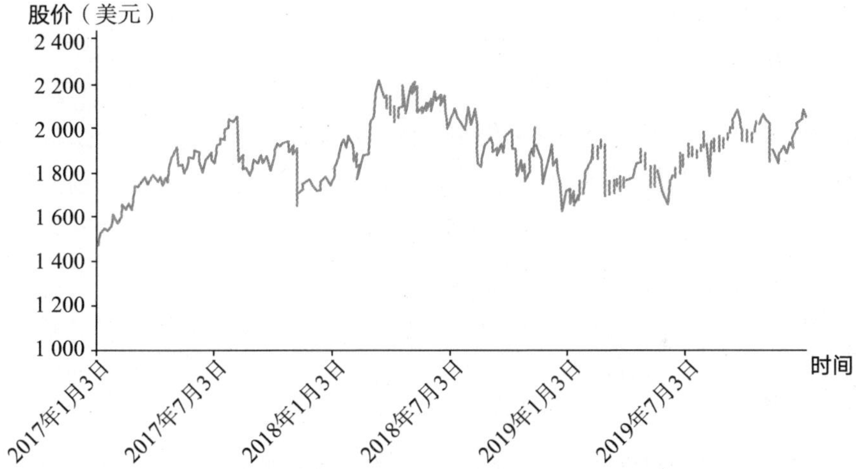

图 4-6　2017 年 1 月至 2019 年 7 月 Priceline 股价走势

我们一起来看看 Priceline 在 2015—2019 年的基本面变化情况（见表 4-5）。在这 5 年间，Priceline 依然维持了异乎寻常的高利润率，每一年的 EBITDA 利润率都在 40% 以上。对于科技股来说，这一点难能可贵。真正发生变化的，在于收入端。我们看到，预定金额的增长在 2019 年放缓至 8%，间夜数的增长也降至 11%。这说明了什么？当企业的高速增长（从我的经验来看，这一增速为 20% 以上）结束时，股价的超强表现也会随之结束。

表 4-5 2015—2019 年 Priceline 股价走势背后的基本面

分项	2015 年	2016 年	2017 年	2018 年	2019 年
预定金额（百万美元）	55 528	68 087	81 226	92 731	96 443
预定金额同比增长（%）	24	25	19	13	8
间夜数（千）	432 400	556 600	673 100	759 600	844 000
间夜数同比增长（%）	26	29	21	13	11
EBITDA（百万美元）	3 779	4 406	5 141	6 045	6 180
利润率（%）	41	41	41	42	41

从 Priceline 的案例中，我们需要明白四点：

第一，当你发现一家企业能保持很长时间（至少五六个季度）的高增长时，那么你就找到了一只非常优秀的股票。你担心已经错失了绝大部分的涨幅？大可不必。你需要从季报中寻找到那些能证明该企业可以持续实现高增长的线索。在 Priceline 的案例中，你可能在 2007 年初就已经注意到这只股票，但看到之前 3 年 40% 的平均收入增长，你可能会认为此刻投资该股票获利空间已经不大。这种想法会让你错失未来 11 年股价的非凡表现！你也可能会在 2011 年初注意到这只股票，看到它已经连续 7 年实现了 40% 以上的收入增长，你会想此刻进入为时已晚。结果，你错过了未来 7 年股价的优异表现。你还可能直到 2015 年初才注意到这只股票，看到它已经连续 11 年实现了 40% 以上的收入增长，然后断定此刻买入已经无利可寻，最终，错过了未来 3 年股价的良好表现。有时，过去的表现是预测未来表现的一个指标。

第二，你要留意收入增长大幅放缓的信号。增长放缓了一半，这是剧烈的变化。比如，你看到一家收入增长长期保持在 30% 以上的企业，在最近的三四个季度中，增长放缓至 15%。这是一个危险信号。确实，15% 的收入增长依然很不错。但对于一家优质企业而言，如果增长已经达到了 30%，突然放缓至 15% 的这种情况通常不会立刻出现，因为这会引发公众对该企业市场份额丢失、市场空间饱和以及管理团队执行不到位等问题的担忧。所有的增长最终都会放缓，这是大数定律告诉我们的。关键是增长放缓的速度。如果短期内（比如三四个季度）下滑了 50%，这里面会存在很大的问题。

第三，如果只是增长放缓至 20% 以下，这并不意味着你将面临“科技股泡沫破灭”或股价大幅调整的情况。从 2017 年的 19% 放缓至 2019 年的 8%，Priceline 的增长确实放缓至 20% 以下，但这用了 3 年的时间，且股价只是和这 3 年里的整个市场表现相一致。当股价在此前 14 年涨了 120 倍后，我将这种情况称为星际大战后的“软着陆”。

第四，当你发现 Priceline 居然长期处于估值水平低于收入增长百分点个数时，那么这只股票就是值得买入的。当你发现一家科技企业的估值低于收入的增长率时，这必然是一家值得投资的企业，比如 30% 的收入增长对应 20 倍的估值。

但是对于能够实现收入高速增长的优秀企业来说，即便没有估值支撑，也依然能为投资者带来让人惊讶的长期回报。下面，我将向大家介绍一家总部位于加州洛斯加托斯的曾经以 DVD 租赁为主业的企业。

实现科技股史上最惊人的持续增长的秘诀

2002 年 5 月，奈飞 IPO 上市，但直到 2020 年才首次实现了实质性的全年正向自由现金流（超过 10 亿美元）。我们不妨略微思考一下：18 年来没能产生实质性的正向自由现金流，股价的涨幅却超过了 420 倍（见图 4-7），这是怎样做到的？

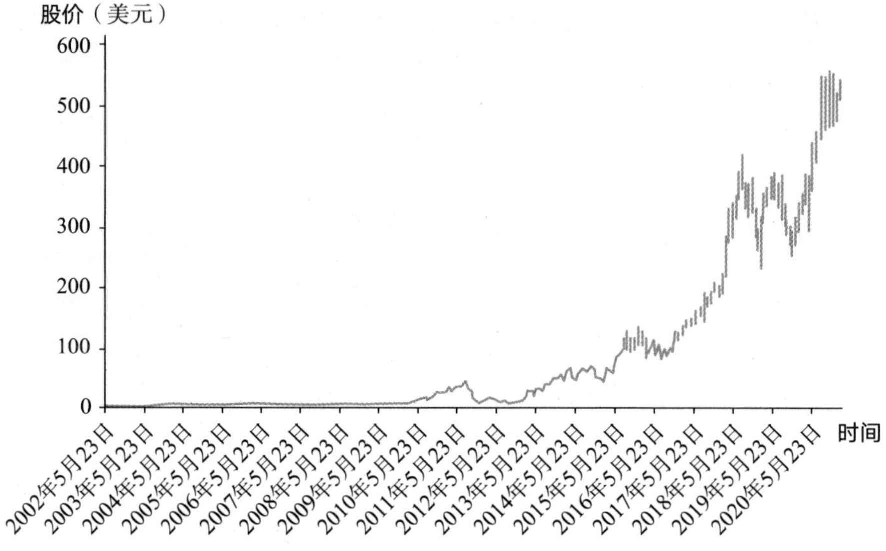

图 4-7　2002 年 5 月至 2020 年 5 月奈飞股价走势

科技股投资心法 Nothing But Net

显然，奈飞股价的飙升和短期的自由现金流预期无关。那和什么有关？答案是收入和付费订阅用户数。奈飞股价的惊人表现是一个完美的案例，它向我们证明了决定科技股股价走势的核心因素究竟是什么：收入增长和核心用户指标。在奈飞的案例中，核心用户指标就是付费订阅用户数——世界各地每月支付给奈飞流媒体服务费用的人数。

在上市后的头 5 年中，奈飞还只是一家 DVD 租赁企业。流媒体业务要初具规模，那是几年后的事了。在很多方面，奈飞都是科技股投资的经典范例。比如，奈飞始终拥有一个巨大的潜在市场空间——全球用户每年用在影视娱乐上的花费超过 4 000 亿美元。在产品研发上，奈飞极其高效。在管理上，运营奈飞的团队是全世界最优秀的管理团队之一，由创始人兼 CEO 里德 · 哈斯廷斯领导，他拥有深厚的专业技能、长远的眼光，以及做一些短期不受欢迎但长期能获益的事情的勇气。

如果没记错的话，我第一次见到哈斯廷斯是在 1998 年下半年，地点是旧金山机场附近的万豪酒店。当时，一个科技初创企业大会正在那里召开，许多初创企业的代表都在向一群投资者兜售他们的商业计划书。我不记得哈斯廷斯的演讲细节了，只记得他所在的房间坐满了人，大家都很关注奈飞的 DVD 业务。当时，奈飞已经被认为是硅谷一家很有潜力的新科技企业。

在之后的 25 年里，我与哈斯廷斯和奈飞管理团队的其他成员进行了数十次会议，其间，也和在奈飞服务了 10 来年的首席财务官巴里·麦卡锡（Barry McCarthy）见了很多次面。最近，一本关于奈飞文化的书将麦卡锡形容为“有些喜怒无常”。我所知道的是，如果一名分析师或投资者问了他一个过于简单或者没有思考过的问题，这种情况时有发生，包括我在内，麦卡锡就会用难以置信的目光看着提问者，或者把头埋在双手里一言不发。

哈斯廷斯有时可能也这样。事实上，我知道他确实会如此。我曾经带着东海岸最大的投资机构之一的 3 位资深投资者去他那里。我们在奈飞的一间会议室（不同的会议室由不同的电影名命名）里见到了他，他正在那里等待着我们。没有联络人，没有助理，只有哈斯廷斯本人。他一开始就说，自己很少参加这样的会议，但他完全明白和聪明、资深的独立投资者见面的价值，或许，他也希望我们能挑战他的想法，或者给他带来新的想法。哈斯廷斯十分热情。然后，一名首席投资组合经理问了一个关于奈飞市场机会的很普通的问题。哈斯廷斯一言不发地看着我们，然后说：“你们从大老远过来参加这个会议，这就是你们能想到的开启会议的最好提问吗？！”

这个会议的其余部分进行得都还不错，那家投资机构最终也持有了很大一笔奈飞的股票，并获得了非常丰厚的投资回报。我认为，对于那名首席投资组合经理来说，出色的投资回报足以弥补那几分钟的尴尬。我想说的是，哈斯廷斯和奈飞管理团队的其他成员是我在过去 25 年中见到的最优秀的管理团队之一。麦卡锡不仅在奈飞做得很出色，在 Spotify 同样如此。在那里担任首席财务官时，他帮助企业成功地完成了 IPO 上市。

回到奈飞的基本面上。在科技企业中，奈飞实现了最令人震撼的持续增长，自 2013 年起，奈飞连续 8 年实现了 20% 以上的收入增长。这一增长实际上还被低估了，因为里面包含的 DVD 租赁业务收入从 2012 年开始就稳步下滑，当时，这项业务收入占总收入的 1/3。相比之下，奈飞的流媒体收入连续 8 年以近 30% 的速度高速增长。

这一增长几乎是史无前例的。要知道，全球的 GDP 通常处于中低个位数增长区间。而过去 20 年，标普 500 成分股的收入增长也仅为 5% ～ 7%。所以，奈飞的核心收入增长是全球500家龙头企业的4～6倍，这太惊人了。

同样惊人的还有订阅用户数的增长。事实上，2012—2020 年奈飞的新增订阅用户数每年都在加速增长，除了 2019 年。2012 年，奈飞的新增订阅用户数为 1 000 万。2020 年，在新冠疫情的影响下，奈飞的新增订阅用户数仅在上半年就创下纪录，接近 3 500 万。

这种几乎前所未有的收入和订阅用户数增速正是驱动奈飞股价一路走高的真正原因，并使其成为过去 10 年间表现最好的一只股票。对于奈飞的股价来说，短期自由现金流并不重要，因为在此期间它的自由现金流逐渐恶化。如表 4-6 所示，2012 年，奈飞的自由现金流为 -6 700 万美元；2016 年，奈飞的自由现金流进一步恶化至 -16.59 亿美元；到了 2019 年，更是恶化到了 -31.62 亿美元。

尽管自由现金流亏损一再创新高，可奈飞的股价仍在不断大幅攀升，这太不寻常了。

表 4-6　2012—2020 年奈飞的基本面情况

年份（年）	总收入（百万美元）	总收入同比增长（%）	流媒体收入（百万美元）	流媒体收入同比增长（%）	新增订阅用户数（百万）	自由现金流（百万美元）
2012	3 609	13	2 472	—	10	-67
2013	4 375	21	3 464	40	11	-22
2014	5 505	26	4 739	37	13	-128
2015	6 780	23	6 134	29	17	-919
2016	8 831	30	8 288	35	19	-1 659
2017	11 693	32	11 242	36	24	-2 013
2018	15 794	35	15 429	37	29	-2 893
2019	20 156	28	19 859	29	28	-3 162
2020	24 996	24	24 757	25	37	1 929

难道奈飞的投资者真的不再重视财务基本面了吗？不是的，他们只是从奈飞的收入和订阅用户数增长趋势中推断出一个结论：奈飞最终会产生大量的自由现金流。此外，他们还能预见到不断提高的营运利润率趋势和GAAP 下的盈利情况，以及企业的获利空间，这些都让他们坚定地选择购买这只估值远高于 50 倍的股票。

对于科技股来说，收入和订阅用户数比任何其他指标都重要。这就是奈飞带给我们的教训。它和 Priceline 的案例强调的内容一样，只不过更强烈了。毕竟，与 Priceline 不同，奈飞在短期内根本没有支撑估值的自由现金流。

对于奈飞一类股票的选择，我总结了三个要点：

第一，和 Priceline 类似，当你找到一家能持续实现高速增长（我认为收入增长至少有五六个季度保持在 20% 以上）的企业时，那么你就可能已经找到了一只未来会有非凡表现的大牛股。你不需要担心错过巨大的涨幅，特别是像奈飞这种以订阅服务为商业模式的企业。

第二，订阅服务商业模式非常出色，因为当这个模式获得成功时，两个优势将凸显出来。一是收入将变得越发透明。由于存在用户黏性的原因，收入将变得可以预知。截至 2017 年底，奈飞拥有 1.1 亿订阅用户数，这意味着，2018 年奈飞能够实现约 119 亿美元的收入（1.1 亿订阅用户数 × 每月 9 美元的订阅费 ×12 个月），这还是在没有额外新增订阅用户数或没有出现第二增长曲线（growth curve initiatives）的基础上。二是营销费用能发挥出杠杆作用，它在收入中的占比将不断下降。因为营销费用主要用在吸引新增用户上。随着订阅用户数群体的忠诚度不断提高，需要的营销费用会相对减少。

第三，股票市场的预期可以是长期的。硅谷的许多资深投资者可能不同意这一说法，但我认为，奈飞和亚马逊的案例能充分证明这一点。如果市场不是用长期眼光看待奈飞未来的自由现金流和订阅用户数，那就不可能在 2020 年出现明显的自由现金流亏损时，还能给出 1 000 亿美元以上的市值。是的，股价会对任何一个短期因素做出反应，但是支撑长期估值的还是基本面。而基本面首先体现在收入和订阅用户数上。它们是推动科技股股价走向的最重要因素。

寻找第二增长曲线

在讲述 Priceline 的案例时，我曾警告过，收入增长放缓可能对股价造成冲击。在这里，我要反过来谈谈收入增长加速对股价的影响。实际上，这对于股价来说，几乎永远是利好因素。简单来说，收入增长加速后，估值会变得更高。相应地，一旦盈利增长加速，市盈率就会扩大。同样，市销率也会扩大。

由于驱动盈利加速增长的因素不同，市盈率调整的幅度也会不同，估值可以很小，也可以很大。这与之前讨论的驱动盈利增长的三大因素——增加收入、降低运营成本、借助“金融工程”有关。最令市场印象深刻的是由增加收入带来的盈利加速增长，因为这是三种方式中最难实现的。而推动盈利实现加速增长的，就是第二增长曲线。

第二增长曲线，指那些为使企业获得新的增长点而采取的措施。这些增长点会让企业的增长曲线继续向上，从而使增长加速。我见过的一些最有力的举措包括提价、区域扩张和新产品的推出。我们仍以奈飞为例。2017 年底至 2018 年初，我们预测到奈飞 2018 年的收入将达 119 亿美元。当时，奈飞采取了 3 项举措，之后收入加速增长，营运利润率扩大，估值变高，股价在 6 个月内飙升了 98%（见图 4-8）。

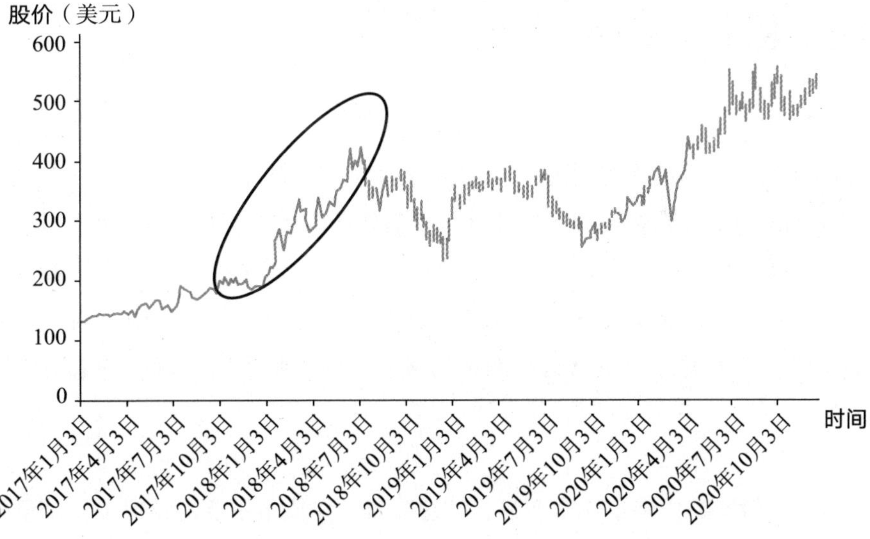

图 4-8　2017 年 1 月至 2020 年 10 月奈飞股价走势

图 4-8 告诉了我们故事的最终结果。对此进行深入剖析后我们发现，

市场对奈飞的估值进行了重估。从 2018 年 1 月 1 日到 2018 年 7 月 1 日，奈飞的估值（企业价值与销售额之比）从 7 倍扩大至近 13 倍（见图 4-9）。

图 4-9　2018 年 1—7 月第二增长曲线对奈飞估值的影响

第二增长曲线对奈飞估值的影响

2018 年初，市场对受到收入加速增长和营运利润率扩大双重影响的奈飞进行了基本面的重新评估（见表 4-7）。收入增长从 2017 年第三季度的 30% 加速至 2018 年第二季度的 40%。流媒体收入增长从 2017 年第三季度的 33% 加速至 2018 年第二季度的 43%，创下了过去 5 年来最大涨幅。营运利润率从 2016 年的 4%、2017 年的 7% 跃升至 2018 年的 12%。收入加速增长带来的好处是营运利润率的提升，因为收入增长背后的成本是固定的。

提价策略的优势也非常明显，这意味着，在成本不变的情况下，单位收入能产生更多收益。这就是提价通常会被认为将产生更多“纯利润”的原因，即提价的部分将直接变成利润。当然，前提是提价策略是成功的，没有导致用户的大量流失。

表 4-7　2017 年第三季度至 2018 年第二季度奈飞的基本面情况

分项	2017 年第三季度	2017 年第四季度	2018 年第一季度	2018 年第二季度
总收入（百万美元）	2 985	3 286	3 701	3 907
总收入同比增长（%）	30	33	40	40
流媒体收入（百万美元）	2 875	3 181	3 602	3 814
流媒体收入同比增长（%）	33	35	43	43
营运利润率（%）	7	7	12	12

思考这些变化的另一种方式，是我所说的“盈利增速光圈”。持续的收入增长和稳定的营运利润率推动了盈利增长。这时，光圈打开了。而后，加速的收入增长和稳定的营运利润率进一步推动了盈利增长，光圈变得更大了。最终，加速的收入增长和进一步提升的营运利润率推动盈利不断增长。这时的盈利增速光圈变得最大。股价会对此做出积极反应。如果你在此之前或者在这个过程中投资，你将获得很可观的回报。

你需要寻找第二增长曲线的原因是，它能帮助企业拉长增长曲线。目标企业是否推出了新产品线或新产品功能？是否要进入一个新的市场？是否要执行一个不错的提价策略？这些问题都是我们需要留意的。

2018 年初，奈飞就已经在相关方面采取了类似措施。2017 年秋季，奈飞对标准计划进行了一次 10% 的提价（从 9.99 美元提价至 10.99 美元），对高级计划进行了 17% 的提价（从 11.99 美元提价至 13.99 美元），基本计划价格不变，依然维持在 7.99 美元。其实，奈飞早在两年前就做了一次类似的提价，且非常成功，新用户的增长并没有放缓，现有用户也没有明显流失。2017 年秋季的提价同样成功。与此同时，奈飞加速推出自制剧，包括《真爱不死》（*Santa Clarita Diet*）、《我本坚强》（*The Unbreakable Kimmy Schmidt*）等。与此同时，还推出了一些新的国际节目，包括丹麦剧《惨雨》（*The Rain*）和巴西剧《3%》。此外，奈飞通过和美国电信运营商 T-Mobile、英国天空电视台（Sky）、美国最大的有线电视运营商康卡斯特（Comcast）

合作，建立起了新的分销渠道。国际化步伐也没停下，奈飞还在向亚洲快速扩张。这些就帮助奈飞形成了第二增长曲线。

所以，投资者要积极寻找第二增长曲线。因为曲线中的相关措施一旦获得成功，它们就能为企业带来收入的加速增长，市场也往往会回报以更高的股价。

在业绩对比中寻找稳定增长

这里有一些专业建议。对于那些寻求持续收入增长趋势的投资者来说，新冠疫情带来了一些挑战。受旅游（如爱彼迎和 Expedia）、共享出行服务（如 Lyft 和优步）和广告收入（如谷歌和 Twitter）影响的企业，其收入在 2020 年几乎都出现了严重的同比下滑。而那些显著受益于居家办公或者居家生活的企业（如亚马逊、Etsy、奈飞、Peloton 和 Zoom）则都出现了加速的收入增长。

这给 2020 年和 2021 年寻找稳定增长的投资者带来了挑战。“新冠疫情的输家”会在 2021 年迎来收入复苏，而“新冠疫情的赢家”则需要警惕收入下滑情况的出现。在这两种情况下，重要的是使短期业绩趋于平稳。新冠疫情是一次黑天鹅事件。应对此类事件，我们应剔除盈利增速趋势中的一次性收益或非正常支出，将这些可能对盈利增长带来的剧烈冲击消灭于无形。

有两种方法可以做到。

一种方法是把两年业绩放在一起看，比如，把任意一年的单季度同比表现和上一年的该季度同比表现相加，然后在一段时间内进行比较，看看是否存在任何重大变化。我们以亚马逊为例。2020 年第一季度，亚马逊的同比收入增长为 26%。然后，新冠疫情发生了，随着大量实体商店的关门，人们对亚马逊等线上零售商的需求激增，这将亚马逊在 2020 年第二季度的同比收入增长推高至 40%，也将大概率导致亚马逊的收入增长在 2021 年第一季度和第二季度出现大幅下滑。我们假设 2021 年亚马逊的收入增长从第一季度的 40% 下滑至第二季度的 24%。看上去似乎降幅较大，但如果从两年的维度看，增长从 66%（26%+40%）变成了 64%（40%+24%）。这意味着亚马逊调整后的收入增长保持着一定的稳定性，这是一个很好的信号。

另一种方法是把亚马逊经历的 2021 年第二季度的增速下滑和 2020 年第二季度的增速上升放在一起考虑。如果下滑的幅度和上一年上升的幅度吻合，那说明亚马逊调整后的增速是稳定的。在上面这个例子中，2021 年，亚马逊增速从第一季度的 40% 下滑至第二季度的 24%，下滑了 16%；但 2020 年，亚马逊增速从第一季度的 26% 增长至第二季度的 40%，增长了 14%。显而易见，两年里的增速一升一降相差无几，因此亚马逊的收入增长依然比较稳定。

永远不要孤立地使用 20% 收入增长“法则”

我将“法则”一词加了引号是有原因的。我想告诫大家，不是只要买入一只收入增长超过 20% 的股票就行了。

综观互联网股票的发展史，我们发现，收入能否实现高速增长是决定股价走势的核心要素。当然，盈利也很重要。但我的经验告诉我，对于科技股来说，由增加收入驱动的盈利增长要比由降低运营成本或借助“金融工程”驱动的盈利增长更重要。原因也很简单。增加收入更难，较高的收入增长更难实现。持续较高的收入增长是最难实现的。

在这一章中，我们看到了收入增长对于 eBay、雅虎、Priceline 以及奈飞的股价表现有多么重要。而亚马逊和谷歌的股价复盘（稍后章节会具体讲这两家企业）同样支撑了这个观点。这两家企业在收入达到 250 亿美元后，依然能在 10 年间始终保持 20% 以上的稳定高增长，这在科技股历史上极为罕见。除它们之外，只有一家企业曾经达到过同样的高度：苹果。这三家企业都是极其出色的长期赢家。Facebook 正走在实现这个里程碑的道路上，所以它的股价表现从长期来看也很出色。

过去二三十年的市场发展表明，能持续实现 20% 以上收入增长是高增长科技股的基本指标。首先，这是极其稀缺的增长速度。这一增速要比标普 500 成分股的收入增速中值快了 3 ～ 4 倍。我们在梳理标普 500 成分股自 1994 年以来的业绩表现后发现，只有 2% 的企业能在 5 年间持续实现 20% 以上的收入增长。也就是说，每年只有 10 只标普 500 成分股能实现这一发展速度，而这些企业被普遍认为是全球最优秀的一批企业。我们再做一个重要区分，即如果只要求单一年份实现 20% 以上的收入增长，那么标普 500 成分股中能达到这一发展速度的比例会增至 15% 左右。但是连续 5 年中每年收入增长都在 20% 以上的企业就只有 2%。

其次，那些能在 5 年中持续实现 20% 以上收入增长的企业，基本上都能跑赢甚至是大幅跑赢那些达不到这一标准的企业。2010—2020 年，年收入增长稳定在 20% 以上的企业，在 11 年中有 8 年时间能跑赢对照企业。我们再把分析范围进一步扩大，1994—2020 年，年收入增速在 20% 以上的企业，在 27 年中，有 15 年跑赢、8 年跑输、4 年跑平对照企业（见表 4-8）。

表 4-8　不同时间维度中年收入增长稳定在 20% 以上的企业持续跑赢对照企业的情况

时期	跑赢	跑输	跑平	跑赢中位数
1994—2020 年	15 年	8 年	4 年	12
占总时间的比重（%）	56	30	15	—
2010—2020 年	8 年	3 年	0 年	52
占总时间的比重（%）	73	27	0	—

注：我们对年收入增长稳定在 20% 以上的企业的定义是，过去 5 年中，每年收入增长都在 20% 以上的企业，对照企业为标普 500 成分股中没能达到这个标准的企业。

当然，我的这个“法则”是加了引号的。持续实现 20% 以上收入增长，这只是高质量、高增长科技股的一个重要驱动因素，对其他因素，我们会在后面章节展开讲述。我想说的是，**永远不要孤立地使用 20% 收入增长“法则”**。

关键启示
Nothing But Net

长期来看，基本面确实能影响股价走势。对于科技股来说，最重要的基本面是收入。但无论是收入还是核心用户指标，只要能帮助企业持续实现 20% 以上的收入增长，这些企业都能为投资者带来长期的高回报，无论其短期盈利情况如何。这就是 20% 收入增长“法则”。我将持续稳定的 20% 以上收入增长称为更优质的收入增速，这一增速通常比标普 500 成分股的收入增速中值快了 3 ～ 4 倍，且很难维持。它通常能反映出巨大的市场空间、成功的产品创新、有吸引力的估值，以及优秀的管理团队。这正是你在挖掘好的长期投资机会时需要寻找的。你要找到能持续五六个季度实现 20% 以上收入增长的企业，历史表现有时也可以作为未来表现的重要指标。

对于那些收入增长严重下滑的企业，比如收入增长在三四个季度里下降了一半，这类企业通常表现糟糕，特别是当这种增速下滑是市场份额丢失、市场饱和或者管理不善错误所致时。如果增速下滑是由类似新冠疫情这样的黑天鹅事件导致，情况就不同了。反过来说，当企业能成功找到第二增长曲线时，收入增长的加速会带来可观的超额收益。对于投资者来说，找到第二增长曲线非常必要，因为它能对股价上涨带来利好。当第二增长曲线与新产品的推出、区域市场的扩张或提价相关时，这些举措会带来收入增长的加速和利润率的提升，盈利增速光圈随之被打开，最终会引发市场调高企业估值。因此，一定要重视寻找第二增长曲线。

成功的科技股投资并不意味着对利润视而不见。没有利润的增长不会创造任何长期价值。过去 20 年间，一大批龙头科技股的发展历程告诉我们，收入增长，特别是较高的收入增长，是提升未来盈利能力的重要指标。对于企业而言，可以通过固定的成本开支产生巨大的杠杆效应提升盈利能力，也可以通过积累的经验或由管理成本的降低、产品的规模效应来提升单位增长的经济性，进而提升盈利能力。

Nothing But Net

第 5 章

产品创新，科技股的最大驱动力

如果说基本面决定了股价的长期表现，而科技股最重要的基本面是收入，那么，又是什么推动收入增长呢？我认为有四个核心因素，即持续的产品创新、巨大的市场空间、良好的用户价值主张，以及优秀的管理团队。在这一章，我们来看看产品创新。

有很多关于产品创新的案例。最具代表性的一个案例是苹果。自 2007 年首次推出 iPhone 手机以来，苹果几乎每年都会推出一款该产品的新版本。另一个不那么典型的案例是特斯拉。自 2008 年推出 Roadster 跑车以来，特斯拉每月都会对其软件系统进行更新。这一章会讲到很多产品创新案例，大多数是成功的，但也有一些不那么成功，借助这些案例，希望大家能体会到产品创新是如何推高收入和股价的。

我还需要指出的一点是，大部分人都可以评估产品创新，因为过去 20 年最伟大的产品创新几乎都是以消费者为导向的。生产者致力于改善现有的消费者体验或创造新的消费者体验，而你作为一名消费者，可以自行判断产品是很棒、一般，还是很糟糕。

如果你体验到一个非常棒或有实质性改进的产品或服务，那么你或许已经找到了一只很棒的股票。至少，你会有一些动力对这只股票做点研究。

这里有一个小例子。我之所以能在2020年初就强烈看多Stitch Fix①，是因为我本人就是该企业的用户。我对这家企业推出的一些新功能和新服务印象深刻，特别是"选择你的颜色"和"选择你的样子"，这项功能让我很容易找到自己感兴趣的衣服。在此基础上，结合股价当时所处的低位，这让我相信该股股价会出现大幅上涨。当然，这里面也有运气成分，Stitch Fix的股价确实从2020年4月的12美元左右一路上涨至年底的70美元，这波上涨受益于新功能的推出、核心用户指标的改善以及收入增长趋势向好等多个因素。

关于大一些的例子，我会提到2006年亚马逊推出云服务（AWS）这件事，要知道，这是进入21世纪以来最让人印象深刻、最具影响力的产品创新之一，能够与iPhone、特斯拉比肩。

过去的创新能够预示未来的表现

多年来，亚马逊推出过许多产品创新，其中不乏失败的案例，如1999年3月推出的与eBay竞争的拍卖平台、2014年推出的与苹果竞争的Fire手机。市场对这两款产品褒贬不一，但都没有获得多少用户的认可，这两次创新最终导致该企业在12个月中减记了1.7亿美元的资产。

但亚马逊也推出过一些比较成功的产品，比如2005年推出的亚马逊Prime会员计划（其全球订阅用户已超2亿）、2007年推出的亚马逊Subscribe & Save产品定期复购功能，以及我个人最喜爱的Kindle电子阅

① 该企业是一家提供个性化服装的电商平台。——译者注

读器，这款 2007 年推出的产品帮助亚马逊对冲了实体书需求下滑的风险。

对于喜爱读书的人来说，Kindle 是一份天赐的礼物。它能在任何时间下载几乎任何一本书，这是一次重大突破。第一代 Kindle 虽然有些臃肿和笨拙，但是它打破了中间环节，缩短了从发现书到阅读它之间的时间。

打破中间环节是互联网和科技领域在过去 20 年里持续创新的关键。当做一件事情变得更快、更便捷、更省钱时，去做这件事情的人就会越来越多。让人们更便捷地接触到 20 世纪 90 年代以来的乡村音乐，人们就会更多地选用 Spotify；通过加快交付速度（毕竟时间就是金钱）来降低购买儿童泳池篮球筐的成本，人们就会更多地选用亚马逊。因此，打破中间环节是胜出的不二法则。

最初的 Kindle 打破了中间环节，其改进潜力也是显而易见的。2008 年初，我在华尔街发布了第一份关于 Kindle 的研究报告，内容包括 Kindle 到底是什么产品、它对亚马逊创新的意义，以及它对亚马逊的利润和损益表有着怎样的影响。我还记得有一个博主把我的分析痛批了一顿，建议我“回到幼儿园”①。感谢这一批评。

当然，对于亚马逊来说，除了电商业务外，最大且最成功的产品创新当属 2006 年推出的 AWS 业务。我经常和专业投资者开玩笑说，亚马逊通过 AWS 这项产品创新获得的收益简直太大了，它的股票代码应该从“AMZN”改成“AWS”。

AWS 业务推出时，创始人贝佐斯公开表示，AWS 业务有朝一日可能会和亚马逊的零售电商业务一样庞大。当时，我认为这句话有些夸大其词。

① 原文是“go back to Kindlegaralen”，Kindle 和 Kindergarten 谐音。——译者注

2006年，亚马逊一年通过其核心零售电商业务获得了超过100亿美元的收入和超过10亿美元的营业利润。没有一项新的“无聊的IT业务”能达到这样的高度。但AWS业务确实在2015年实现了10亿美元的营业利润，并在2016年实现了100亿美元的收入（见图5-1）。到了2020年，AWS业务甚至实现了454亿美元的收入和140亿美元的营业利润，接近亚马逊零售收入的20%，是亚马逊零售营业利润收入的2倍。AWS业务的增长速度远快于亚马逊的零售业务。

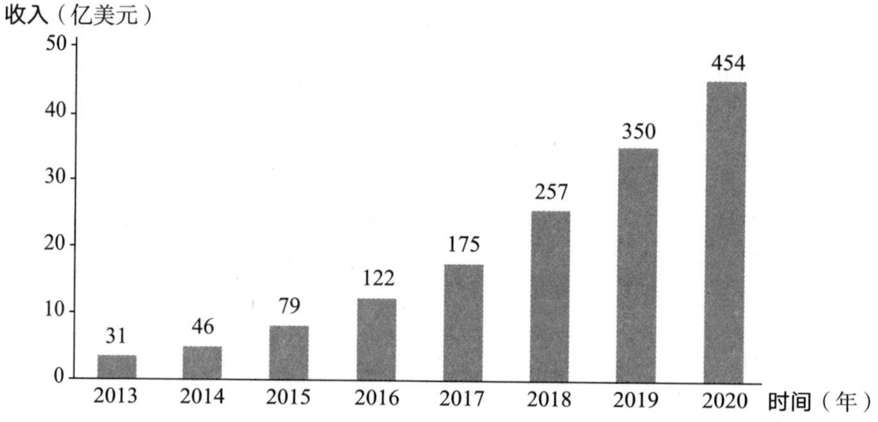

图5-1 2013—2020年AWS业务收入情况

那么，什么是AWS？它为什么具有如此巨大的创新性？亚马逊将AWS描述为“为全球190个国家的数十万家企业提供支持的高度可靠、可扩展、低成本的云服务基础平台”。简而言之，AWS有助于各家企业将IT部门外包出去。所有企业都可以将用于处理和分析数据的服务器、机房、电线、IT人员等服务需求外包给AWS。外包企业可以根据使用情况对IT服务进行付费，而无须支出大量的前期固定成本。

AWS和云计算绝对堪称革新。它们提高了组织扩展的速度和效率，使任何企业都能将其应用程序和软件解决方案“部署”到亚马逊庞大的服务器基础设施上，并向全球的消费者和企业提供服务，而无须大规模投资于自己的基础设施，从而可以节省大量的时间、金钱和运营成本。今天，一些全球性数字企业都在使用 AWS 的服务，比如 Facebook、领英、奈飞、Snap 以及美国中央情报局（CIA）。

我有时会把 AWS 和云计算比喻为“创造 19 岁的机遇”。因为它们能够让任何有伟大商业想法的 19 岁孩子，在不需要投入几千万美元的前期基础设施的情况下，就能够把规模做到覆盖几千万用户。从这个角度看，AWS 和云计算已经成为帮助科技企业提高竞争力和创新力的伟大推动力。

那么，是亚马逊发明了云计算吗？并不是。发明云计算的人叫约瑟夫·卡尔·罗伯内特·利克莱德（Joseph Carl Robnett Licklider），他是在 20 世纪 60 年代与阿帕网（ARPANET）合作时提出了这一概念的。而亚马逊是在 2006 年推出弹性计算云服务产品时“推广”了云计算。我认为，相比“推广”，“商业化”这个词更恰当，相信大多数投资者也会这么想。特别是在 AWS 获得了整个云服务市场超过 50% 的收入，并成为全球第二大软件公司（仅次于微软）之后。

AWS 的发展历程可以简单概括如下：早在 2000 年，亚马逊的工程师就尝试推出一种能让美国连锁折扣店（如塔吉特百货）这样的企业建立线上网站的服务。由于缺乏常见的 Web 基础设施与服务（如数据库、存储器等），他们的这一想法很难实现。而且，由于每个团队都要从零开始构建这些设施和服务，亚马逊内部项目的完成总是超出预期时间。最终，亚马逊人开始意识到，亚马逊自身的需求以及企业客户的需求背后是一个全新的市场机会。

再让我们看看亚马逊作为一只绩优股的各项指标。我认为，这些指标在 2008 年前后就已非常明朗。当时，亚马逊已经连续 6 年实现了 20% 以上的收入增长。与此同时，成功推出的两个完全不同的产品与服务——Kindle

和 AWS，充分地展现出了亚马逊高度的创新能力。你不需要猜测云计算业务能有多大，你只需要明白，这个在线零售巨头已经成功推出了两个完全不同的新业务，而且看起来非常成功，这就足够了。

那时，对于投资者而言，已经有迹象表明，亚马逊的核心业务（在线零售）将是一个优质的收入增长点。除此之外，亚马逊也在积极发展其他业务线。这时候的亚马逊，已经越来越像一家平台型企业，这种企业非常稀缺，因为它能实现多条业务线的增长。至少，亚马逊有力地证明了自己的创新能力。当一个管理团队持续展现出创新力时，你就应该坚定地继续持有这只股票，因为管理团队会在未来继续创新（亚马逊就是如此）。

就我的选股经历而言，我在 2008 年就已经给出了亚马逊“买入”评级，但当时考虑更多的是战术层面，一旦亚马逊突破了我的目标价，我是有可能调整评级的。在那个阶段，亚马逊开始成为我的核心持仓，这意味着只有发生重大的变化才能让我改变评级。由于我越来越尊重亚马逊平台的力量，所以，即便是非常高的估值也没有让我改变评级，尽管估值确实影响了亚马逊在我买入名单中的排名。回顾过去，也许我每年的排名没有完全正确，但我绝对在建议投资者长期持有亚马逊股票方面做对了。看多亚马逊，是我职业生涯中最明智的推荐之一。

通过产品创新打造更加强劲的商业模式

AWS 是关于产品创新为企业带来新增长点的绝佳范例。而流媒体的例子则让我们看到了产品创新是如何颠覆企业的核心收入来源，创造了一个更加强劲的商业模式。这个故事的主角是奈飞。

早在成立初期，奈飞的创始人里德·哈斯廷斯就打算把奈飞打造成一家流媒体服务商。但在 1997 年企业刚刚成立时，技术水平无法为流媒体的发展提供支持。最大的阻碍或许是美国家庭的带宽普及率，直到 2007 年，该项指标才达到 50%。根据美国联邦通信委员会（FCC）的数据，2000 年大约有 280 万户美国家庭可以使用先进的网络服务（网速超过 200 Kbps 的带宽）。今天，流媒体标清视频的推荐速度是 3 Mbps，比 2000 年最先进的网络服务速度快了 15 倍以上。所以，没有人会在 2000 年用流媒体播放《毒品网络》（*Traffic*）、《记忆碎片》（*Memento*）、《光辉岁月》（*Remember the Titans*）或《不死劫》（*Unbreakable*）等电影。因此，直到 2007 年，奈飞仍然专注于 DVD 邮递业务。只不过，从这一年起，他们开始尝试提供流媒体服务。

DVD 邮递业务使奈飞在 2007 年创造了 12 亿美元的收入，拥有了 730 万付费用户和 6 700 万美元的利润。这是一门不错的生意，但不是一门伟大的生意，因为当时已经出现了明显的放缓。奈飞的收入增速从 2006 年的 46% 下降至 2007 年的 21%，并在 2008 年进一步放缓至 13%。另外，值得一提的是，2007 年奈飞首次出现了新增用户放缓的情况。这家企业在 2004 年新增了 110 万、2005 年新增了 150 万、2006 年新增了 210 万用户后，2007 年只新增了 120 万用户。从奈飞的股价交易情况来看，奈飞或许很快就会停止增长：2006 年，股价下跌了 5%（同期标普 500 指数上涨了 14%）；2007 年，股价仅上涨了 3%（同期标普 500 指数上涨了 4%），年底收盘价为 3.80 美元。要知道，今天奈飞的股价远超 500 美元。

所以，流媒体拯救了奈飞，但事情远没有那么简单。首先，奈飞的管理团队必须有勇气拥抱流媒体业务，但这项业务会损害其核心的 DVD 业务的增长。2007 年底，奈飞拥有约 700 万 DVD 订阅用户，如今，这项业务的订阅量不到 200 万。今天，流媒体已经是一项再简单不过的业务，但在 2007 年并非如此。奈飞不得不从支持原来稳定但正在放缓的 DVD 业务转变为对未经市场验证的流媒体业务进行大量投资，其市场空间、单位经济效益、技术的基础建设情况（奈飞流媒体内容的质量和用户的带宽速度相关）

等均处于未知状态。当奈飞首次推出流媒体服务时，它曾警告投资者，这项服务至少需要投入 4 000 万美元，而这一数字几乎相当于 2006 年奈飞的全部利润。由此可见，这是奈飞的一次豪赌。

接下来，奈飞要做的就是如何在这次豪赌中将潜力发挥到极致。它必须开发出一个在内容选择、使用的便捷性和可靠性等方面均具有吸引力的产品。一番努力之下，业务终于取得了进展，尽管最初提供的电影和电视剧等资源只有 1 000 部（而 DVD 业务提供的内容多达 70 000 部），且只能在最新版的 Windows 系统和 Internet Explorer 浏览器上使用，非常受限。那么，奈飞在这次豪赌中真的竭尽全力了吗？这一次下注，是否得到了满意的回报？当然！

经过一番起伏，奈飞成了全球领先的流媒体龙头企业。自 2009 年以来的 10 多年里，奈飞的收入增长始终保持在 20% 以上；2009—2019 年，奈飞的新增订阅用户每年都在加速增长，只有 2011 年和 2012 年例外。那是因为，在这期间奈飞大规模提价，并把 DVD 业务改名为 Qwikster 后完全剥离出去（见表 5-1）。不过，这也这使得奈飞的收入和新增订阅用户在接下来长达 12 个月的时间里长期受阻。哈佛商学院原本打算对 Qwikster 灾难进行案例研究，但《周六夜现场》（*Saturday Night Live*）栏目用有史以来最伟大的企业恶搞短剧抢在了他们前面。奈飞的流媒体服务是如此成功，以至于全球最伟大的娱乐企业迪士尼也在其流媒体业务 Disney+ 上借鉴了它的商业模式。奈飞成了这 10 年中表现最好的股票，没有之一。

表 5-1　2005—2015 年奈飞的基本面情况

年份	总收入（百万美元）	总收入同比增长（%）	总订阅用户（百万）	新增订阅用户（百万）
2005	628	36	4	2
2006	997	46	6	2

续表

年份	总收入（百万美元）	总收入同比增长（%）	总订阅用户（百万）	新增订阅用户（百万）
2007	1 205	21	7	1
2008	1 365	13	9	2
2009	1 670	22	12	3
2010	2 163	29	20	8
2011	3 205	48	26	6
2012	3 609	13	35	9
2013	4 375	21	44	9
2014	5 505	26	57	13
2015	6 780	23	75	17

流媒体这一成功的产品创新，振兴了奈飞的基本面和股价。奈飞向用户提供了更好的观看视频体验，内容也十分丰富——全球超过 10 000 部电影或电视剧，越来越多的奈飞独家精品内容牢牢地锁住了一部分用户。与此同时，奈飞的基础套餐每月定价长期维持在 7.99 美元，直到 2019 年才提高到 8.99 美元，但依然是十分便宜的价格。在美国的大部分城镇，8.99 美元甚至都不够看一部电影。所以，以将近一张电影票的价格，奈飞能让你一个月里每天追两部剧后，还有 10 000 部电影可供选择。

流媒体也给奈飞的基本面和股价带来了另一层巨大优势。这一创新有助于奈飞进入国际市场，这大幅拓宽了它的潜在市场空间。之前，作为一家 DVD 租赁企业，奈飞始终无法在美国以外的市场进行成功扩张。而现在，当流媒体在美国市场崛起后，奈飞很快就进入了全球市场，比如 2010 年进入北美洲的加拿大、2011 年进入拉丁美洲、2012 年进入欧洲。奈飞发现，国际市场用户的接受度甚至比美国市场更高。今天，奈飞 60% 的订阅用户都来自美国之外。

科技股投资心法
Nothing But Net

作为一名分析师，在过去 10 年里，我始终给予奈飞“买入”评级。这是一个不错的评级建议。以下三个因素让我长期看多奈飞：稳定且持续的收入高增长，通过流媒体展现出的产品创新力，每个季度的用户调研反馈出的超高用户满意度。从选股的视角来说，个人投资者可以看到前两个因素。关于第三个因素——用户满意度方面，个人投资者可以通过自己的印象很容易地感受到奈飞服务的价值和质量。关于这项调研，每月只须支付 7.99 美元，你就可以直观感受到奈飞对娱乐行业的变革和改善，还可以观看奈飞提供的大量新剧，包括不少高质量的自制剧（如《纸牌屋》）。除此之外，奈飞还提供了个性化检索功能。你不需要懂流媒体的运作机制，只需要通过体验形成一个直观的结论：流媒体会被大众接受，奈飞未来会成为流媒体领域里的龙头。所以说，成功的产品创新是伟大企业的重要指标。

持续成功的产品创新是推动股价不断上涨的关键因素

2017 年 11 月 17 日，Stitch Fix 以 15 美元 / 股的发行价完成了 IPO。截至 2021 年初，Stitch Fix 的股价涨幅达 291%，轻松击败了市场同期 46% 的涨幅。但是，如果你认为 Stitch Fix 是这三年中表现很好的大牛股，你就错了。

如果你搜索“Stitch Fix 的 IPO”，你会看到的结果之一是“跌破发行价”。这是因为其股价在上市第二天就跌破了 15 美元 / 股的发行价，至 14.85 美元 / 股。当然，也就只跌破了一天。在未来的两年半中，它的股价都在 15 美元之上，大部分时间股价处在 20 ～ 30 美元的区间（见图 5-2）。

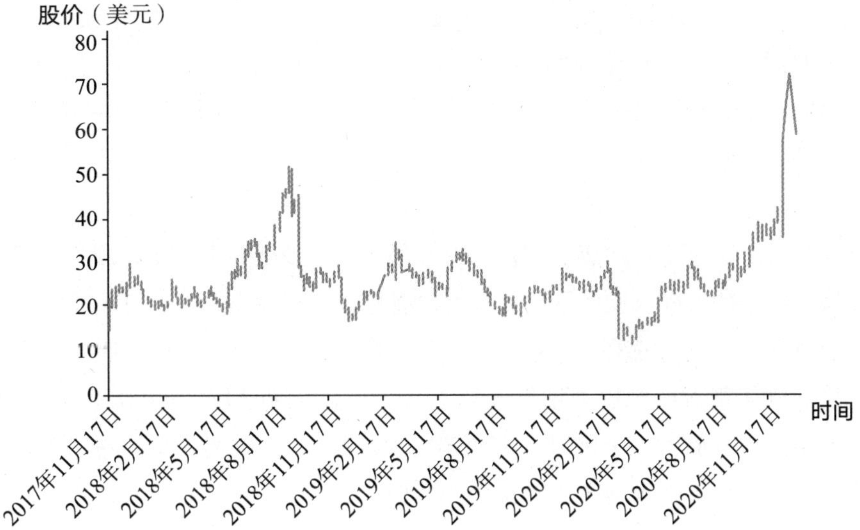

图 5-2　2017 年 11 月至 2020 年 11 月 Stitch Fix 股价走势

然后，新冠疫情暴发了。Stitch Fix 的股价从 2020 年 2 月 21 日的 29.37 美元，跌至 4 月 2 日的 11.47 美元，跌幅高达 67%，调整幅度远超标普 500 指数的 24%。

两个因素导致了 Stitch Fix 的股价大跌。首先，该企业的 6 个配送中心里有 3 个发生了新冠疫情，运力一度降至原来的 30%。其次，由于居家生活所限，高端时尚服装对人们的吸引力下降，用户已经没有“为成功而着装”的需求，有的只是穿给配偶、孩子以及少数邻居的家居生活需求。在 2020 年第一季度的财报中，Stitch Fix 打破了连续 14 个季度保持 20% 以上收入增速的纪录。这一季度，收入增速同比下滑了 9%。

这里，我们可以简单了解一下 Stitch Fix 的发展史。2011 年，卡特里娜 · 雷克（Katrina Lake）创立了 Stitch Fix。该企业通过提供个性化的服装和搭配服务，向用户收取一次性的造型费。用户需要填写一份在线文件，然后由造型师运用算法，帮用户挑选 5 件商品。用户可以自行决定接收商品的时间，这一点正体现出该企业名称中的“Fix”。收到商品后，用户有 3 天时间决定是保留还是退货。用户还可以选择服务的频次，比如两周一次、一月一次或两月一次。

我成了这家企业的忠实用户。对我来说，这项服务很不错，因为它帮我拓展了自己的时尚衣橱，既方便（可以直接快递到我家）又省心（我不需要再走进服装店费心选择）。这只股票看上去会成为一只大牛股，因为该企业已经达到了很大的规模（年收入为 10 亿美元，活跃用户为 200 万），拥有了一定的盈利能力（上市时已有两年实现盈利），最重要的是，它还实现了可观的高增长（收入增速持续在 20% 以上）。

因此，我在 2017 年 12 月给出了“买入”评级，目标价定为 29 美元，之后，要做的就只是等待股价表现。我一等再等，股价岿然不动。好吧，其实在 2018 年跌了 34%，在 2019 年又涨了 50%，年底收于 26 美元，这也正是 2018 年初的价格。所以，这两年股价并没有上涨，尽管这两年企业的收入实现了高增长。

科技股投资心法
Nothing But Net

到底哪里出了差错？答案是核心用户指标。自 2018 年初开始的 6 个季度中，有 5 个季度的新增用户数都在下降。比如 2017 年第二季度，Stitch Fix 的新增用户为 12 万。但到了 2018 年第二季度，Stitch Fix 的新增用户仅为 5.4 万。收入在持续增长，新增用户却并非如此（见表 5-2），这就是问题所在。最终，不断下滑的新增用户数拖累了收入增速，这就是市场对该企业的看法。除非出现第二增长曲线或者重大的产品创新，否则根本无法扭转市场的看法。而这些恰好就出现了。

表 5-2　从 2017 年四季报至 2019 年四季报看 Stitch Fix 的基本面

季度财报	总收入（百万美元）	总收入同比增长（%）	活跃用户数（千）	新增活跃用户数（千）
2017 年四季报	296	24	2 508	112
2018 年一季报	317	29	2 688	180
2018 年二季报	318	23	2 742	54
2018 年三季报	366	24	2 930	188
2018 年四季报	370	25	2 961	31
2019 年一季报	409	29	3 133	172
2019 年二季报	432	36	3 236	103
2019 年三季报	445	21	3 416	180
2019 年四季报	452	22	3 465	49

2019 年初，Stitch Fix 培育了两条第二增长曲线，一条是业务拓展到了英国，另一条是推出了儿童商品。这两条业务线都需要时间，尤其是英国业务，在拓展的第一年，一度面临不少挑战。但这两条业务线都提高了市场对该企业的长期增长预期，也为企业拓宽了潜在市场空间。与此同时，它们的出现还改变了 Stitch Fix 的核心产品布局，该企业推出了一系列提高个性化的服务。新的功能让用户可以直接从 Stitch Fix 这里购买产品，而不必等到下一次服务时间。

Stitch Fix 的应用程序和电子邮件会根据用户过往的购买习惯向用户做商品推荐。推荐的商品可能刚好能搭配上你买过的商品（比如一件衬衫配之前买的长裤），可能和你过去买的商品类型相似（比如同一条裤子，不同的颜色），也可能是你已经购买的商品的替代品。为了这次创新，卡特里娜和她的团队做了很长时间的准备。我曾向她抱怨，好不容易买到一条喜欢的牛仔裤，但 Stitch Fix 并没有向我提供简单购买备用裤子的方法。卡特里娜当时跟我说："我们已经在做改善了。"

这些个性化的创新慢慢开始奏效。2020 年第二季度，企业新增活跃用户 104 000 人，略高于上年同期。到了 2020 年第三季度，企业新增活跃用户就飙升至 241 000 人，比之前任何一个季度都多。这一数据的改善和新冠疫情无关。当时，感染新冠病毒的人数不断增多，许多美国人又回到了居家生活的状态。这一数据的改善实际上是企业产品创新的结果，这些创新提高了推送的成功率、用户的留存率和整体的满意度。之后，收入增长重新加速。2020 年下半年，Stitch Fix 股价大涨了 136%。

然而，Stitch Fix 的基本面和股价都还不稳定。2021 年，企业发布了令人失望的第一季度数据后，股价下跌超过 20%。Stitch Fix 将其归咎于发货时间的延误。在将直接购买功能推广至所有用户之前，Stitch Fix 还需要进一步完善相关功能。从 Stitch Fix 的案例我们可以看到，**成功的产品创新始终是影响基本面和股价走势的关键要素，而持续成功的产品创新则是推动股价不断上涨的关键动力。**

产品创新会对企业基本面和股价产生重要影响

在 2019 年初的一条博文中，Spotify 创始人兼 CEO 丹尼尔 · 埃克（Daniel Ek）宣布：音频，而不仅仅是音乐，将成为“Spotify 的未来”。他指出，Spotify 已经是全球使用量最大的应用程序之一，但他看到了“超越音乐市场的新机会”。Spotify 对播客市场产生了兴趣，丹尼尔 · 埃克还在博客中宣布，Spotify 收购了两家博客企业 Gilmet 和 Anchor。与此同时，Spotify 的首席财务官巴里 · 麦卡锡也对外宣布，Spotify 将在 2019 年投入 4 亿～ 5 亿美元，用于播客领域的收购。

对于 Spotify 而言，该企业主要是通过并购的方式实现了产品创新。除了 2019 年的几次并购外，Spotify 还花了 1 亿美元高价请来了著名的播客创作者乔 · 罗根（Joe Rogan）。与此同时，Spotify 还请来了比尔 · 西蒙斯（Bill Simmons）、米歇尔 · 奥巴马（Michelle Obama）和艾米 · 舒默（Amy

Schumer)。Spotify 为此总共花费了近 10 亿美元。这是什么概念？ 10 亿美元比 Spotify 在 2016—2019 年产生的自由现金流总和还多。是的，这是一次豪赌，有点类似奈飞在流媒体上的投入。

这是一种传统意义上的产品创新吗？不是。但从 Spotify 的用户体验来看，它确实是。支付 9.99 美元一个月的基础会员费，Spotify 的用户就能获得大量没有广告的音乐，以及一大批涵盖了喜剧、新闻、政治、名人等各种主题的高质量播客节目。对于 Spotify 的大部分付费用户来说，以同样的花费获得了更多服务，用户体验自然得到了提升。

这个产品创新成功了吗？是的，但我们先简单回顾一下该企业的发展史。

2006 年，丹尼尔·埃克和马丁·劳伦佐（Martin Lorentzon）在瑞典的斯德哥尔摩成立了 Spotify。2009 年，Spotify 进入英国市场；2011 年，又进入了美国市场。目前，除了极少数的几个国家外，该企业的业务遍布全球各地。2011 年，Spotify 拥有 100 万付费用户。到了 2020 年底，这一数字超过了 1.5 亿，月活用户数在 3.5 亿左右。Spotify 采用的是免费增值商业模式，这意味着它既提供免费的广告流媒体音乐服务，也提供付费订阅的无广告模式。目前，Spotify 已成为全球最大的音乐服务平台，其用户数几乎是第二名的 2 倍。

2018 年 4 月 3 日，Spotify IPO 上市，发行价为 132 美元。我在当年 3 月底就写了首份评级报告，给出了“买入”评级和 220 美元的目标价（和传统 IPO 不同，由于 Spotify 选择的是直接上市，所以研究报告发布的规则也不一样）。我将这份报告的标题定为《我发现了警长》(*I Spot the Sheriff*)，听起来有点傻。看多 Spotify 的理由也很简单：音乐将流媒体化，而流媒体将全球化。Spotify 是该领域的龙头，有可持续的竞争优势。而且，Spotify 的商业模式在走上坡路，估值也合理。我的目标价暗示了上涨空间接近 70%。

然而，在此后的两年里，Spotify 的股价几乎没有什么反应，这一点和前文所说的 Stitch Fix 很像（见图 5-3）。从 2018 年 4 月 132 美元的 IPO 发行价，到 2019 年 4 月初的 140 美元，再到 2020 年 4 月初的 132 美元，Spotify 的股价基本上两年没动。这意味着 Spotify 小幅跑赢了同期下跌了 4% 的标普 500 指数，这要归功于 2020 年 2 月底开始的新冠疫情。即便 Spotify 连续 4 年实现了 30% 以上的收入增长，即便在这 4 年间企业的月活用户也在增长，2016 年新增 3 200 万，2017 年新增 3 600 万，2018 年新增 4 800 万，2019 年新增 6 400 万，但 Spotify 的股价始终没有上涨。

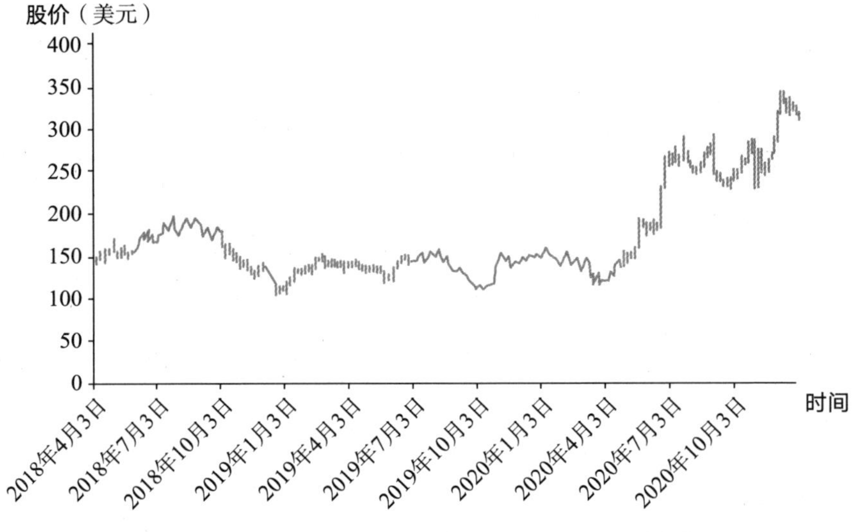

图 5-3 2018 年 4 月至 2020 年 10 月 Spotify 股价走势

> **科技股投资心法**
> **Nothing But Net**
>
> 导致股价承压的是较低的毛利率。一方面，受到大型唱片公司的制约，Spotify 的每用户平均收入（APRU）呈下滑趋势；另一方面，在经济欠发达的亚洲，Spotify 的用户增长较快，但这里的定价相对较低，尽管如此，还是有一部分用户切换到了价格更低的家庭和学生计划。在解锁这只股票的过程中，播客产品创新发挥了巨大作用。

虽然 Spotify 早在 2019 年初就在播客业务上进行了大量投入，但直到 2020 年才初见成效，真正体现在核心用户指标上。2020 年前三个季度，Spotify 的付费用户留存率更高了，月活用户的增长也呈现加速趋势，股价也有所反应，2020 年 6 月，在突破了 2018 年的前期历史高点后，继续大幅上涨。最终，2020 年，Spotify 的股价上涨了 109%。虽然有一部分科技股确实受益于新冠疫情，比如 Zoom、奈飞和亚马逊，但 Spotify 并不在列，这家企业并没有因为新冠疫情而出现用户大幅增长的情况。但是通过推出极具吸引力的播客节目，核心用户指标明显得到了改善。

Spotify 的故事不仅仅是在告诉你，该企业通过对播客的大规模投入以及产品创新解锁了股价表现，对于投资者而言，它还有其他启示。首先，Spotify 对播客的投资时机把握得很好。我已经做了 8 年的互联网用户问卷调查，2020 年，美国家庭收听播客的数量增长首次超过了 50%。其次，播客帮助企业更好地分散了收入来源，通过更多的广告端收入，企业的毛利率有所提高，毕竟，来自播客端的广告收入是不需要和唱片公司分成的。最后，播客业务提高了 Spotify 服务的价值，这让企业有理由对其产品和服务进行适当提价。

我第一次体验到播客的美妙之处是在观看美剧《切尔诺贝利》（*Chernobyl*）时。这部剧在 2020 年初获得了金球奖最佳迷你剧奖。引人入胜的 5 集电视剧让你看过之后意犹未尽。当发现有一个关于这部剧的 5 小时播客节目时，我一头扎了进去。在 2019 年 11 月的 Spotify 投资者会议上，我和即将离任的首席财务官巴里·麦卡锡，以及即将上任的首席财务官保罗·沃格尔（Paul Vogel）共同出席了此次会议。在问答环节中，我们一改往日常态，我与大家交流了一些心得，就是想让观众们知道，播客是如何颠覆了旧有的游戏规则的。《切尔诺贝利》为我带来的美好的播客体验让我上调了 Spotify 在我心中的买入优先级。

这是另一个能够说明产品创新会对企业的基本面和股价产生重要影响的典型案例，即使创新来自并购。保持眼观六路，耳听八方，你会看到其他相似的机会。

为什么 Spotify 能打败潘多拉音乐

2021 年 3 月，Spotify 的市值突破了 500 亿美元。2019 年 2 月，潘多拉音乐被美国卫星广播公司（SiriusXM）以 35 亿美元的价格收购。两相比较之下我们发现，Spotify 的市值几乎是两年前被收购的潘多拉音乐的 15 倍。在商业角逐中，Spotify 大获全胜，这给我们带来的投资经验是什么？

Spotify 和潘多拉音乐在许多方面都很相似。比如，它们都是流媒体音乐的开拓者。潘多拉音乐在 2000 年成立，而 Spotify 在 2006 年成立。它们都面临着在一个供应商过于集中的行业中获得经济效益的挑战。彼时，三大唱片公司环球音乐、索尼音乐、华纳音乐拥有绝大多数的音乐版权。它们还面临着来自三家平台型互联网巨头——苹果、谷歌和亚马逊的竞争。除此之外，它们的商业模式都融合了广告模式和付费模式，只不过，潘多拉音乐的广告收入占比更大，Spotify 的付费用户收入占比更大。

Spotify 和潘多拉音乐也在几个方面存在很大差异，这些差异或许能解释为什么 Spotify 最终能胜出。首先，Spotify 在产品创新上做得更好，而这也是本章的核心要点。我做的大量调研显示，用户更喜欢Spotify的功能。现实的背后是，Spotify 比潘多拉音乐投入了更多的研发费用。2016—2018 年，Spotify 的研发费用是潘多拉音乐的 3 倍多（Spotify 投入了 11 亿美元，潘多拉音乐投入了3.5亿美元）。其次，Spotify比潘多拉音乐更具全球思维。潘多拉音乐曾短暂拓展到澳大利亚和新西兰市场，但它仍是一家主要立足于美国市场的企业。Spotify 则进入了除少数几个国家外的几乎所有国家。这意味着 Spotify 拥有一个更大的潜在市场空间，可以取得更好的规模效应。

最后，Spotify 的管理团队更加稳定。联合创始人之一的丹尼尔·埃克一直和企业走在一起。而潘多拉音乐在 2013—2017 年的 5 年间更换了 5 位不同的 CEO。

这就是 Spotify 最终胜出的原因。这也说明，**持续的产品创新、巨大的潜在市场空间、优秀的管理团队都是企业成功的关键因素。**而这些也恰恰是我们需要寻找的。

被产品创新不足拖累的微笑曲线

展开 Twitter 上市以来的 K 线图，你会看到一个“笑脸”（见图 5-4），但你不会笑。你会看到，Twitter 的股价从左边开始，先跌了 3 年，又涨了 3 年，在 2020 年下半年时回到了 2014 年初的位置。股价走势略微有些扭曲，但看上去确实是一个“笑脸”。

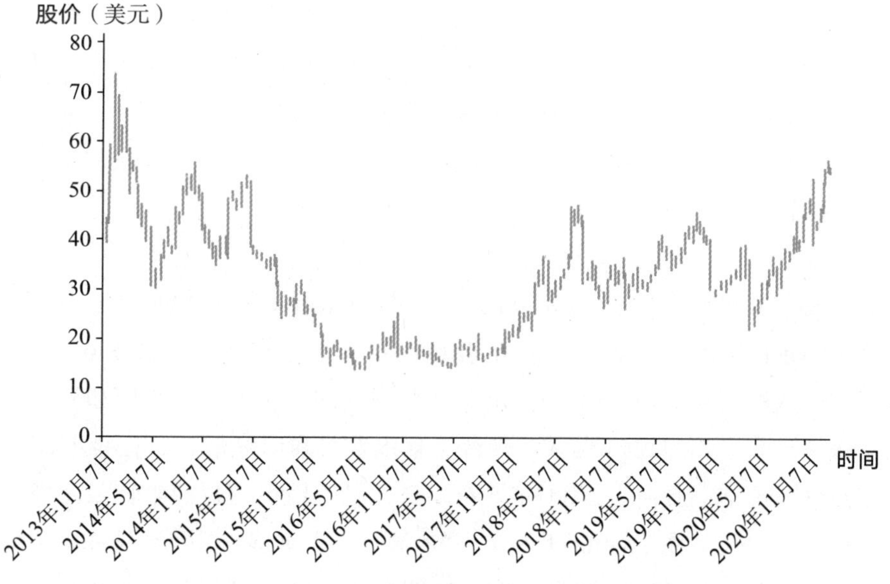

图 5-4　2013 年 11 月至 2020 年 11 月 Twitter 股价走势

我们可以从多个角度对这个“笑脸”进行解读，但无论怎样，那些上市后就买入了该股的长期投资者并没有获得成功，那些上市一年后、两年后买入的投资者也是如此。如同大多数股票一样，Twitter 的股价也总是存在波段机会。在 2016—2017 年股价只有十几美元的时候买入 Twitter，然后在 2018 年中卖掉，或者持有到 2020 年下半年互联网股票反弹的时候再卖掉，投资者都会获得超越市场的回报。但在这个股价走势图中，最值得注意的是，这是一个会令投资者亏钱的 IPO，上市后的 4 年间股价一直在 IPO 价格之下，直到 2020 年下半年才有像样的反弹。这里有几个关键因素影响了股价走势，其中一个与不成功的产品创新有关。在剖析因素之前，我们先简单回顾一下 Twitter 的 IPO 历史。

2013 年 11 月 7 日，Twitter IPO 上市，发行价为 26 美元，股价在上市当天就大涨了 73%，以近 46 美元的价格收盘。股价继续攀升，两个月后，最终达到了未来 7 年里的历史高点——69 美元。2015 年 5 月初，低于预期的第一季度业绩发布后，股价跌至 38 美元，在接下来的几年里，除了 2018 年中和 2019 年中短暂触碰过 46 美元外，大部分时间都在 40 美元以下徘徊。2016—2017 年，Twitter 股价的表现“糟糕透了”，绝大多数时间都低于 26 美元的发行价。2020 年底收盘时，股价终于站上了 54 美元，比首个交易日的收盘价 46 美元仅仅高了 20%，这可是用了 7 年多的时间才获得的收益啊。这里面肯定有值得借鉴的教训。

我们先简单了解一下 Twitter 的发展史。Twitter 是在 2006 年 3 月由杰克·多尔西、诺亚·格拉斯（Noah Glass）、比兹·斯通（Biz Stone）和埃文·威廉姆斯（Evan Williams）共同创立的。它是一个微博和社交网络服务平台，用户可以在这一平台上自由发布和回复信息。有些 Twitter 信息非常有名。比如，2011 年 5 月 1 日，巴基斯坦用户苏哈比·阿塔尔（Sohaib Athar）在 Twitter 上写道：“凌晨一点，军事直升机盘旋在阿伯塔巴德（Abbottabad）上方。”他第一时间在 Twitter 上直播了抓捕本·拉登的行动过程。脱口秀主持人艾伦·德杰尼勒斯（Ellen DeGeneres）也活跃在 Twitter 上，他发布的一张 2014 年奥斯卡颁奖典礼上的布拉德·皮特（Brad Pitt）、梅丽尔·斯特里普（Meryl Streep）、布莱德利·库珀（Bradley Cooper）等人的合照，获得了 310 万的转发量。也有推文在 2011 年 3 月警告过日本公民，说这个国家将发生一场 8.9 级地震，不久之后，灾难就发生了。美国前总统特朗普任职期间，也曾连续 4 年使用 Twitter 管理国家，包括在该平台发布一些免职高级官员的信息。

Twitter 也推动了时代潮流的发展，今天依然如此。从基本面角度看，Twitter 拥有 2 亿多用户；企业曾连续 6 年产生了可观的正向自由现金流；收入体量在上市后几乎翻了 2 倍，从 2014 年的 14 亿美元上涨至 2021 年 40 多亿美元。即便如此，Twitter 股价的走势还是让人大失所望。

Twitter 股价不尽如人意，一部分原因与收入相关。和 Snap 上市后的前两年情况有些类似，Twitter 的收入增速也在持续放缓，从 2013 年第四季度的 116% 放缓至 2016 年第二季度的 20%，这也导致了企业估值从 17 倍降至 5 倍。2016 年第二季度之后，收入增速继续恶化。只有 2018 年的收入增速超过了 20%，这还是因为 2017 年出现了令人震惊的 3% 的收入下滑。直到 2020 年第四季度，收入增速才反弹至 28%。2017 年收入下滑的走势之所以令人震惊，是因为 Twitter 作为一家处在成长性行业中的企业，线上广告收入的环比增长始终保持在 15% 以上，该企业在全球市场有着较高的知名度，用户基数庞大。

2016—2020 年，在包括谷歌、Facebook、Snap 和 Pinterest 在内的众多大型互联网平台企业中，Twitter 的基本面数据最弱。并不是说在利润方面有多差，而是在投资者最关注的收入增长方面很差。在这个阶段，虽然 Twitter 的市场推广费大力向互联网倾斜，但 Twitter 的基本面数据仍然很差。

科技股投资心法
Nothing But Net

很难说具体是哪个原因使Twitter的股价在2014—2019年持续面临着巨大的上涨压力，但糟糕的产品创新至少要承担一部分责任。还应承担一部分责任的可能是企业不寻常的管理架构。这些因素都让我在这7年中把Twitter的评级始终维持在“持有”和“卖出”之间，只有在其上市后6个月内错误地给出过“买入”评级。

关于“糟糕的产品创新”，我指的是Twitter给了广告商发布和管理广告活动的工具。Twitter之所以这样做，一部分原因是Twitter允许用户匿名。比如，我的Twitter账号可能是@toptechstockpicker（当然，这并不是真实的账号），但我的Facebook账号则是我本名马克·马哈尼，里面有我大量的背景信息。Twitter早期的想法是，对于用户而言，使用Facebook通常是出于工作需要，而使用Twitter则是兴趣使然，人们愿意关注他们感兴趣的博主。但这只会让广告商拿到有限的用户信息。直到2019年底，Twitter才向用户提供了关注特定话题的功能（比如风险投资、奥斯卡盛典、马里兰大学男子篮球）。

在2021年2月25日的分析师见面日上，Twitter的管理团队意识到了产品研发的问题。CEO杰克·多尔西特别提到，企业在产品创新上存在跟不上节奏的情况：

> 我们承认，我们创新不足，这是使我们在行动速度方面招致批评的关键因素。如果我们不能把代码写得更快，我们就不能快速更新迭代。每一个版本的推出都伴随着巨大的期待和高昂的成本。几年前，我们至少需要6～12个月才能为用户提供一个新功能或新产品。今天，虽然我们的情况有所好转，但我们还是希望能把迭代速度降到几周之内。

除了创新不足之外，Twitter 的另一个问题是用户数远远小于 Facebook 和谷歌，这让它无法在使用频次上和它们抗衡，而这又是广告商非常看重的。Snap 对年轻人的吸引力很大，Pinterest 则天然地带有商业属性，用户可以根据自身所需，在 Pinterest 上寻找和房屋装修相关的内容。而 Twitter 拥有的只是一大群匿名用户，以及不少粗暴、负面的评论（直到最终被迫清理）。这些问题都要求 Twitter 进行必要的产品创新，然而，Twitter 并没有做到。

我想到了两个例了。第一个例子是，Twitter 在发布了让人失望的 2019 年第三季度业绩后，由于收入和营业利润都大幅低于华尔街预期，股价在一天之内就暴跌了 20%。管理团队把收入问题归结为产品缺陷，是产品缺陷影响了 Twitter 和广告商分享数据。第二个例子是，Twitter 在发布了 2020 年第三季度业绩后，股价单日又暴跌了 20%。对于华尔街来说，Twitter 最大的负面信息是用户增长大幅放缓，该企业原本计划推出的广告改善产品也被推迟到 2021 年，这让寄希望于 Twitter 能实现加速成长的投资者感到失望。由于 Twitter 本身就面临广告业务上的诸多挑战，它必须在产品创新上做到完美才能扭转这一看法，可是它并没有做到。

我们很难不将 Twitter 的产品、基本面、股价表现与 Snap 进行对比（见表 5-3、表 5-4）。虽然 Snap 的早期产品也是一团糟（特别是在和安卓系统的整合上），但在过去几年中，Snap 推出了一系列极具创新性的用户和广告商功能，这为其带来了更多用户，以及更高的广告收入。这就是 Snap 股价没有经历微笑曲线的原因。

表 5-3　2017—2020 年 Twitter 基本面对比

Twitter	2017 年	2018 年	2019 年	2020 年
广告收入（百万美元）	2 100	2 617	2 993	3 207
广告收入同比增长（%）	-6	24	14	7
日活用户（百万）	115	126	152	192
日活用户同比增长（%）	—	9	21	27

表 5-4 2017—2020 年 Snap 基本面对比

Snap	2017 年	2018 年	2019 年	2020 年
总收入（百万美元）	825	1 180	1 716	2 506
总收入同比增长（%）	104	43	45	46
日活用户（百万）	176	188	205	245
日活用户同比增长（%）	22	7	9	19

在产品创新方面，Snap 真的比 Twitter 好很多吗？很难说。我相信，这个问题对于个人投资者甚至是专业投资者来说，都很难下定论。但关于 Snap 的产品创新，有一点是我们可以看到的：Facebook 的产品中参考了 Snap 的大量新功能。从类似于 Snap 的地理位置功能、自拍功能，到产品中围绕照相机镜头开发的相关功能，很多例子都可以证明 Facebook 在跟随 Snap 的脚步。关于这一点，有大量的公开报道。对此，Snap 的 CEO 埃文·斯皮格尔根本不在乎，他曾公开戏称，Facebook 的模仿“对我太太产生的困扰超过了对我”。对此，投资者可以从中得到的启发是，当一家企业的竞争对手在抄袭它的产品时，大概率能说明，这家企业具有比较强的产品创新能力。

Twitter 在产品创新上的曲折经历，或许和非比寻常的管理团队架构有关，Twitter 的 CEO 杰克·多尔西同时也是移动支付公司 Square 的创始人和 CEO。今天，有一些成功的身兼两家企业 CEO 的例子，比如极具创新精神的特斯拉创始人马斯克。多尔西的另一家企业 Square 也在公开市场上获得了巨大的成功。我认为，多尔西应该因创立了两家成功的企业而得到充分的赞扬。他是我们这个年代最优秀的企业家之一。

我还记得 2015 年中在 Square 上市前的分析师会议上和多尔西的一次谈话。我问他如何平衡同时在两家企业担任 CEO 时的时间分配问题。他直视着我，热情地把手放在我的肩上，说道：“我在时间利用上效率极高。”我笑着走开，心想："我也超级会管理时间，作为一名华尔街分析师，不仅要抚养四个儿子，还要追奈飞的最新美剧，但我并不认为自己能同时管理两家标普 500 成分股企业。"我依然认为，一个 CEO 在企业只出现了一半时间，可能是导致 Twitter 在进行产品创新时会面临各种挑战的重要原因之一，尽管如此，我还是很钦佩多尔西的成功和自信。

一家企业的产品创新或许同时存在着优势与不足，但这并不代表会一直如此。在 2021 年初，Twitter 展现出了产品创新上的进步，它重建了广告服务器，推出了一系列实用的新功能，比如阅后即焚的 Fleets、实时音频聊天的 Spaces，以及更多主题订阅产品。如果这些产品创新符合市场需求，就会改变基本面，最终推高股价。

关键启示
Nothing But Net

产品创新很重要。成功的产品创新是基本面主要推动因素之一，特别是对于收入增长而言，而这又推动了股价走势。成功的产品创新能带来新的收入来源（如亚马逊的云计算业务），取代现有的收入来源（如奈飞的流媒体业务取代了 DVD 业务），并增强现有的收入能力和提高核心用户指标数据（如 Spotify 的播客业务和 Stitch Fix 的直接购买功能）。成功的产品创新是股价长期上涨的重要驱动力。

产品创新是能够识别的。包括我在内，很少有投资者能够在早期就意识到云计算的革命性，以及其提供的巨大的市场空间。但在 AWS 推出后，云计算确实成了全球最大的趋势。投资者需要明白的是，云计算对于一家此前只是在线上卖书的企业来说将是一个多么大的机会，亚马逊这家企业又是多么具有创新力。对奈飞做尽职调查的成本只有 7.99 美元。今天，许多有趣的产品创新都是由消费者驱动的，正是因为需求的存在，一家家企业应运而生。像爱彼迎、DoorDash、Lyft 和优步，这些企业 10 年前几乎都不存在。作为一名消费者，你可以体验一下它们的服务，如果真的很喜欢，那么，或许这是一个不错的投资机会。如果你看到一家企业的创意不断被其他企业模仿，那么这家企业大概率具有很强的创新力。

产品创新是一种持续的能力。如果一家企业或一个管理团队实现过一两项成功的产品创新，那么，这或许意味着它能持续产生更多的创新。当一家企业像亚马逊一样“发明”了在线购物、云计算和 Kindle 阅读器后，那么它大概率也会在其他领域实现创新（比如广告收入、Echo 设备或无人店）。因为它已经建立了相应的文化、流程或管理模式。如果奈飞能成功在流媒体上进行创新，那么它也一定会在自制剧和本地化语言的原创内容上获得成功。有时，过去的成功能预示出未来的表现。

Nothing
But
Net

第 6 章

市场空间越大越好

潜在市场空间是驱动企业收入增长的第二个关键因素，是影响基本面的最重要的因素之一。而基本面又是驱动股价的重要因素之一。

在金融学中，有一个概念叫大数定律。这个概念对应的是统计学和概率学理论，它指出：随着规模的不断扩大，企业增长率会不可避免地放缓。这句话很有道理，但也不总是如此。

我们来做一个思维实验。假设你有两家企业，企业 A 一年有 100 亿美元的收入；企业 B 一年有 1 000 亿美元的收入。在其他条件相同的情况下，哪家企业会成长得更快？根据大数定律，我们得出的答案是企业 A。但如果企业 A 是在一个 500 亿美元的市场中竞争，而企业 B 是在一个 1 万亿美元的市场中竞争呢？企业 A 已经占到了市场份额的 20%，而企业 B 只占到了 10%。你可能已经明白了。或许你会说，“在其他条件相同的情况下”这句话是有误导性的。

实际上，这里的关键点在于：虽然规模会影响增长潜力，但市场空间对增长潜力的影响更大。这就是为什么作为企业 B 一类的谷歌能在 10 年中始终保持 20% 以上的高速增长，尽管它的收入规模已经超过了 1 000 亿美元。

市场空间在投资中是一个极为重要的考虑因素，因为它会对收入增速产生影响。这是我在过去多年中学到的最重要的一课。是的，市场空间越大越好。

专业投资者对此深有感触。也正因如此，几乎每一个上市或即将上市的企业都会在投资者路演中首先介绍其市场空间的预测值。通常，路演展示的内容如下：

1. 我们面临 ××× 亿美元的庞大市场空间。
2. 我们是这个 ××× 亿美元的庞大市场空间中的“领头羊”。
3. 这是我们获取更大市场份额的策略概要。
4. 我们的技术储备完全能支撑我们在 ××× 亿美元的市场空间中获得高增长。
5. 我们的管理团队经验丰富，会把战略执行到位，以帮助我们在 ××× 亿美元的市场空间中获胜。

所以，市场空间是分析一家企业发展情况的重要指标。市场空间越大，对这只股票持乐观态度的分析师和投资者就越多。我也见到过市场空间被误解或被低估的例子。对于投资者来说，了解一家企业的市场空间，是对潜在投资进行调研的重要组成部分。**更大的市场空间将会创造更多的收入增长机会，并带来显著的规模效应。**

拥有巨大市场空间的企业往往会进行全球化布局

2004 年，谷歌的招股说明书是以创始人谢尔盖 · 布林和拉里 · 佩奇的一封公开信开始的。这封公开信的前两句话写道：“谷歌不是一家传统的企业，我们不打算成为其中之一。”

谷歌在很大程度上兑现了这一承诺。创始人还在信中提到了“不作恶”和“让世界变得更美好”这一发展理念。谷歌总部始终营造着一种大学校园般的创造性和挑战性氛围，既充满了创意，又无惧挑战。

它的首个分析师见面日并非由首席财务官乔治·雷耶斯（George Reyes）主持，而是由行政总厨查理·艾尔斯（Charlie Ayers）主持。我在活动次日早上发布的投资者报告中批评了这一点，此举招来了谷歌投资者关系负责人里斯·拜尔（Lise Buyer，现在是我的好朋友）的激烈回应：“你希望我们的首席财务官说什么呢？你知道，我们从来不讨论短期的财务目标。”我的回答是：“我不知道。那么能说说长期财务目标吗？”

谷歌的与众不同之处在于，保持长期的投资视野。它从来不向华尔街提供季度财务预期数据。管理团队更愿意做的是在不同的季度使用不同的搜索算法，即使这样做会导致最终数据低于华尔街的预测。这种长期的投资视野对谷歌的投资者来说是一个重要的积极因素。

谷歌的另一个与众不同之处在于，它从来没有尝试过说明、测算或量化其市场空间。翻开谷歌 2004 年的招股说明书，你会发现对此只字未提。而几乎所有的在线广告企业，都会提到全球广告市场规模。比如，2019 年 Pinterest 在招股说明书中就提到了其全球广告市场规模有 8 260 亿美元。

我不知道为什么谷歌在招股说明书中没有提到企业的潜在市场空间。我的猜测是，要么是管理团队认为没这个必要（当时谷歌的 IPO 特别火爆），要么是真的不知道该如何确定市场规模。对于一家向全世界提供信息服务的企业来说，市场到底有多大呢？或者说，对于能在全球任何地方把广告放在目标客户眼前的广告商来说，这项服务的价值又有多大？几乎从一开始，巨大的市场空间就为谷歌带来了很高的收入增长，并持续多年推动股价不断上涨。

谷歌简史

1998 年，拉里·佩奇和谢尔盖·布林共同创立了谷歌，那时，他们都还在斯坦福大学攻读博士学位。他们的目标相当大胆——能为世界上任何地方的任何人即时提供其所需信息。他们通过一种自主研发的 PageRank 算法系统实现了这一目标，该系统能根据链接的数量和质量对所有网页进行排序。这简直是魔法！

在招股说明书中，创始人宣称，谷歌将努力为用户提供“优质的商业信息”。其优势在于，谷歌有大约 1/3 的搜索都和商业内容有关，比如，如何找到飞往休斯敦的最便宜的航班、去哪里购买棒球接球手的手套、如何聘请一位优秀的医疗事故律师，等等。市场上有大量广告商愿意为这些搜索付费。

为什么谷歌总能拥有如此巨大的潜在市场空间，以及为什么能长期实现收入高增长呢？这里有两个关键点。

首先，谷歌大幅降低了人们获取信息的成本。它让任何信息的检索都变得相对简单。进入互联网时代后，谷歌让人们可以轻而易举地获得任何所需信息，而且还免费。想象一下，你每天要搜索多少次。时间一长，谷歌让“事实记忆”变得不再必要。既然能通过搜索找到答案，为什么还要记忆呢？谷歌和它的视频工具 YouTube，已经成为我们这个时代最伟大的学习工具之一了。

其次，谷歌创造了历史上最伟大的广告和营销工具之一。对于广告主而言，只有当有人点击了你的广告或者访问了你的网页，你才需要付费。这意味着没有一分钱会浪费在“展示效果”上。人们走过美国时代广场时，真的会注意到你的广告牌吗？谁知道呢？现在，至少有人会通过点击你的搜索广告访问你的网页，或许他们并没有购买你的产品或服务，但至少你知道市场推广费去了哪里。你知道这些费用为你的业务引来了流量。这也意味着，你能精确计算在谷歌搜索上投放广告的投资回报率（ROI）。更令人称赞的是，你也可以通过谷歌获得你想要的任何 ROI。

关于这一点，算法机制是这样运作的。假设你在加州索诺玛（Sonoma）县拥有一家精品酒店，你想提高业务量，让更多人选择你的酒店。你可以在谷歌上竞价搜索关键词“索诺玛县的精品酒店”，并为每一次网站链接点击支付 3 美元。只有当有人在谷歌上搜索“索诺玛县的精品酒店”时，你的搜索广告才会被展示出来。假设访问网站并实际下单预订的比例为 10%，即转化率为 10%；平均每个客户住两晚，每间房每晚的均价为 150 美元。这样，你以 30 美元的成本，获得了 300 美元的收入，扣除营销费用后，收入为 270 美元。所以，这次市场推广的 ROI 为 1∶9。

这个例子有两个很棒的地方。首先，通过谷歌搜索，你可以算出自己的 ROI。在这一点上，它比基于印象的广告模式透明多了。其次，你可以自行调整 ROI。比如，想要更多人入住，你可以对“索诺玛县的精品酒店”的搜索提高竞价，来提高搜索结果中你的广告排位，从而带来更多的点击量。如果把单次点击量价格提高到 6 美元，在同样的转化率和房间价格的情况下，那么你将获得 240 美元的收入，即 1∶4 的 ROI。或者，你想要提高 ROI，那么此时，单次点击量的竞价降至 2 美元，就会实现 1∶14 的 ROI。你的广告在搜索结果中的排名越靠后，你能得到的流量也就越少。但你能自行决定 ROI 的高低，这就是谷歌的独特魅力。这一点非常符合市场推广者的需要，以至于蜂拥而来的他们让谷歌成了全球最大的广告平台。是的，如今全球 15% 的广告开支都会进入谷歌的腰包，此前可没有任何一家企业能拥有这样的地位。

有一位业内专家很早就发现了谷歌的颠覆性，他就是曾在哥伦比亚广播公司和天狼星广播公司担任过 CEO 的梅尔·卡尔马津（Mel Karmazin）。在作家肯·奥莱塔（Ken Auletta）的著作《GOOGLE 大未来》（*Googled: The End of the World as We Know it*）中，他讲述了卡尔马津早期访问谷歌总部的故事。当谷歌高管团队讲解完他们的商业模式后，卡尔马津大为震惊："你们是在操控魔法。"谷歌向所有广告商提供了优质的市场推广渠道、更好的衡量、更好的分析、更多的控制和更好的结果。

关于这一点，美国著名零售业高管约翰·沃纳梅克（John Wanamaker）说过一句名言："我花在广告上的钱有一半被浪费了，但问题是，我不知道是哪一半。"谷歌所做的，就是让你看到每一分营销费用花在了哪里、带来了多少流量和多少销售额、多大比例的广告支出被浪费了。这确实堪称魔法。

这些信息让我们感知到了谷歌的颠覆性，以及占据更大市场的潜力。粗略计算一下，其潜在市场空间可能接近 1 万亿美元。你很难遇到一个空间体量如此之大的企业。可一旦真的遇到了，你需要对这笔投资做额外的功课，这就是谷歌给我们上的重要一课。

跑赢市场 43 倍

2004 年 8 月 19 日，谷歌以 85 美元的发行价上市（2014 年谷歌做过一次 2∶1 的拆股，该价格相当于拆股后的 42.50 美元），市值约为 240 亿美元。谷歌在上市的过程中发生了一些小风波，如创始人在《花花公子》（*Playboy*）杂志访谈时进行了有选择性的披露等情况，但谷歌上市后，股价走势就再也没回头。以拆股后的价格算，到了 2004 年底，谷歌股价增长了一倍多，达到了 96 美元；2005 年底，股价更是达到了 207 美元，市值超过 900 亿美元（见图 6-1）。如果你在谷歌上市时买入该股，那么仅用 16 个月的时间，你的钱就几乎增长了 1.5 倍！

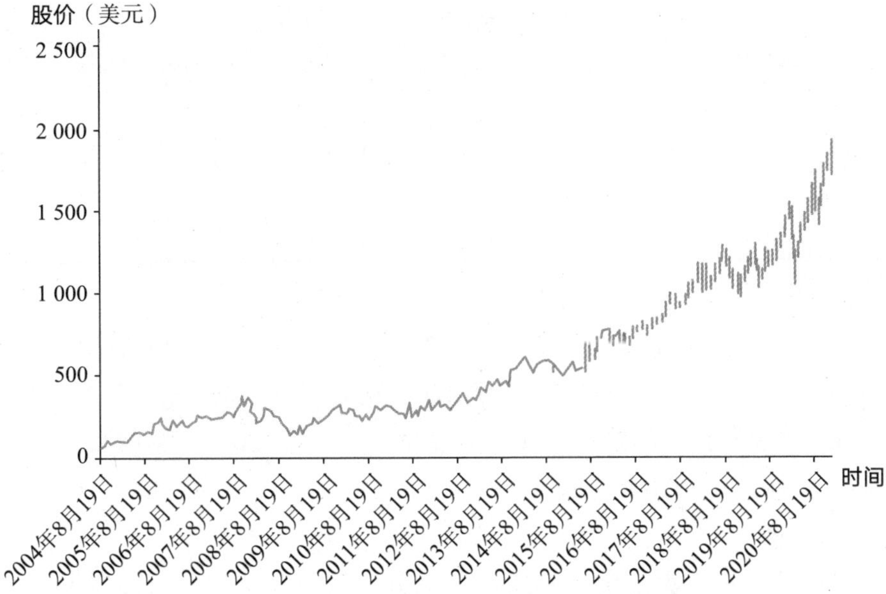

图 6-1　2004 年 8 月至 2020 年 8 月谷歌股价走势

我不确定投资者是否意识到谷歌在近 17 年的上市交易中表现出了强劲势头。它的股价涨幅超过了 4 000%，超过同期标普 500 指数的 17 倍多。可以说，谷歌在很长的一段时间中持续跑赢市场。

科技股投资心法
Nothing But Net

股价表现可以通过很多种方式来衡量。选择买入和卖出时点这一方式几乎能用于观察所有股票。但在我看来，还有几个更加直接的衡量方式。谷歌上市后的前 16 年中，有 10 年的股价表现优于标普 500 指数。在三个 5 年周期中（2005—2010 年、2010—2015 年、2015—2020 年），谷歌均跑赢了标普 500 指数，其中 2005—2010 年跑赢了 43 倍，2010—2015 年跑赢了 2 倍，2015—2020 年跑赢了 3 倍（见表 6-1）。

表 6-1 谷歌稳定的超额收益

回报周期	谷歌股价涨幅（%）	标普 500 指数涨幅（%）	跑赢市场（倍）
IPO—2020 年	4 024	224	16
2005—2010 年	201	5	43
2010—2015 年	148	80	2
2015—2020 年	229	83	3

跑赢市场 43 倍当然比跑赢 2 倍、3 倍更令人印象深刻。但不管怎样说，谷歌在不同时期均战胜了市场。如果仅看绝对收益，这也是我们投资的终极目标，谷歌的股价在 2005—2010 年上涨了 201%，2010—2015 年上涨了 148%，2015—2020 年上涨了 229%。

我们再把谷歌 2005—2020 年的表现以每三年为一个时间段（比如 2005—2007 年、2006—2008 年）进行划分比较（见表 6-2）。从中可以看到，谷歌在 14 个时间段中，有 12 个时间段跑赢标普 500 指数，唯一大幅跑输的是 2010—2012 年这个时间段。如果以每 2 年为一个时间段进行划分，在 15 个时间段中有 14 个跑赢标普 500 指数，只有 2010—2011 年这个时间段跑输了标普 500 指数（见表 6-3）。从中不难得出结论，多年以来，谷歌为投资者带来了持续而丰厚的超额收益。

表 6-2 2005—2020 年谷歌与标普 500 指数 3 年期回报对比

年份	谷歌股价涨幅（%）	标普 500 指数涨幅（%）	跑赢市场情况（%）
2005—2007	250	22	228
2006—2008	-27	-29	2
2007—2009	33	-21	54
2008—2010	-14	-13	-1
2009—2011	109	35	74
2010—2012	13	26	-13

续表

年份	谷歌股价涨幅（%）	标普 500 指数涨幅（%）	跑赢市场情况（%）
2011—2013	88	45	43
2012—2014	62	61	1
2013—2015	116	40	76
2014—2016	42	22	20
2015—2017	98	30	68
2016—2018	37	25	13
2017—2019	67	43	24
2018—2020	66	39	27

表 6-3　2005—2020 年谷歌与标普 500 指数 2 年期回报对比

年份	谷歌股价涨幅（%）	标普 500 指数涨幅（%）	跑赢市场情况（%）
2005—2006	133	18	115
2006—2007	64	16	48
2007—2008	-34	-36	2
2008—2009	-11	-23	12
2009—2010	92	35	57
2010—2011	3	11	-8
2011—2012	19	12	6
2012—2013	72	45	27
2013—2014	47	41	7
2014—2015	39	12	28
2015—2016	49	9	40
2016—2017	38	33	5
2017—2018	31	11	19
2018—2019	27	20	7
2019—2020	71	50	21

为什么谷歌能带来持续而丰厚的超额收益呢？因为谷歌的基本面一直表现出色。我认为最具说服力的一点是谷歌的收入增长曲线。2010—2019年，谷歌平均收入增速为23%，这可是连续40个季度！在这40个季度中，收入增速的中位数也是23%，只有6个季度低于20%（其中3个季度为19%，2个季度为18%，1个季度为17%），其他均在23%以上。除此之外，谷歌在2010年时收入就已经达到250亿美元，即便在今天的标普500成分股中，也只有1/5的企业能比这个收入体量大。

很少有企业在如此大的体量下还能做到高速增长。事实上，只有另外两家企业做到了，它们是苹果和亚马逊。连微软都没做到，它在2001年达到了250亿美元的收入体量，之后10年的平均收入增速为11%。英特尔也没做到，它在1997年达到了250亿美元的收入体量，之后10年的平均收入增速为5%。客户关系管理软件服务提供商Salesforce.com连250亿美元的收入都没达到。苹果在2007年达到了250亿美元的收入体量，之后10年的平均收入增速为27%。亚马逊在2009年达到了250亿美元的收入体量，之后10年的平均收入增速为28%（见表6-4）。

表6-4 五大巨头收入达250亿美元的年份及其之后10年平均收入增速对比

企业	收入达到250亿美元的年份	之后10年的平均收入增速（%）
亚马逊	2009	28
苹果	2007	27
谷歌	2009	23
微软	2001	11
英特尔	1997	5

这样的增长很少见，我将其称为“拉动谷歌”，即在达到250亿美元收入体量后的10年间持续实现20%以上的收入增速。尽管这个标准很高，历史上只有3家企业做到了，但我还是会用这个标准来讨论那些收入达到

了一定体量（如在 10 亿美元以上）后，还能保持 20% 以上收入增速的企业。

谷歌的潜在市场空间

谷歌亮丽的数据背后有许多驱动因素。首先，谷歌是一家高度创新的企业。有超过一半的搜索引擎在谷歌成立之前就已经存在了，比如，AltaVista、Excite、LookSmart、WebCrawler、Lycos、雅虎。在谷歌成立后，又出现了不少新的企业，比如，Overture、Ask Jeeves、Inktomi、MSN Search、DuckDuckGo。但我们通过最显著的衡量指标用户数可以看到，谷歌最受欢迎。谷歌在全球搜索引擎里的市场份额高达 70%，在一些市场中更是超过了 90%。其次，谷歌在发展中不断强化自身的创新能力，目前，谷歌每年在创新研发等方面的投资接近 500 亿美元，很少有企业能做到这一点。最后，谷歌的执行力很强，无论是原有部门，还是并购来的企业，特别是 YouTube 和 DoubleClick，这两笔收购极大地提升了谷歌在广告商中的影响力。

但我相信，市场空间才是帮助谷歌实现高增长的决定性因素。如果雅虎有谷歌这样的创新能力和效率，那么它也能在很长时间中维持超高增速，也能实现“拉动谷歌”那样的增长。Facebook，作为另一家互联网领域中拥有着很强的创新能力的企业，也实现了像谷歌那样的增长曲线，在达到 250 亿美元收入体量后的 10 年中同样保持了超过 20% 的复合收入增长。这是因为，Facebook 面对的市场空间太大了，差不多有 1 万亿美元的体量。

1 万亿美元是一个巨大的数字，也是一个难以想象的数字。我记得，Pinterest 在 2019 年上市的招股说明书中提到，全球广告行业的体量在 8 260 亿美元左右。后来，我在研究报告中也尝试测算出全球广告市场的体量，我将其分为品牌广告（约 4 500 亿美元）、直销广告（约 3 000 亿美元）和促销支出（约 3 000 亿美元）。这就是我所说的 1 万亿美元市场的由来。

我的测算可能很高，但也可能很低。即便保守估计，这 1 万亿美元依然是一个巨大的市场。

科技股投资心法
Nothing But Net

作为一名投资者，你需要找到那家拥有巨大的潜在市场空间的企业，通常来说，这家企业往往会进行全球化布局，因为仅靠单一市场很难达到如此大的规模。作为一个投资小技巧，我更愿意选择那些进行了全球化布局的企业，因为这会让它们获得更大的市场空间。谷歌的竞争优势在于几乎能在全球所有的市场中获得成功。自上市以来，谷歌的国际业务收入占比至少为 40%。

通过消除摩擦，谷歌进一步提升了自己在市场中所占的份额。互联网企业通过提供更有效的产品和服务，可以进一步打开市场空间，让产品更好地在新市场推广和销售。对于谷歌而言，它为使用者带来了更强大的自助服务工具，让个人和企业都能够更轻松地在互联网平台投放广告。谷歌如果没有让广告服务变得超级简单，是无法做到在全球拥有近 1 000 万广告商用户的。

此外，智能手机和语言终端的创新，也让谷歌的搜索变得更方便、更高频。回首过往，很难想象当年会有那么多人在争论智能手机对投资谷歌会有多大影响。

2010 年前后，一个悲观的声音认为，谷歌在商业变现上很难做到像 PC 搜索那样高，因为屏幕变小了，搜索更随意、更场景化了。但人们忽略了这一点，智能手机的出现会消除摩擦，用户可以随时随地搜索任何感兴趣的内容。而更多的搜索意味着更多的引流、更大的市场空间。更大的市场空间意味着谷歌有更强的收入增速潜能，再叠加上一开始就盈利的商业模式，这让谷歌成了长期表现优异的大牛股。

我在职业生涯中的最大错误

我当年对谷歌的看法是正确的吗？很难说。我是华尔街最早撰文分析谷歌的分析师。当时，分析报告的标题是《用寻常的角度看待非比寻常的IPO》。2004年4月29日，在谷歌发布了招股说明书的那个晚上，我写了这份报告。当时，我在美国技术研究公司担任互联网分析师。我在谷歌上市的第二天就发布了首份研究报告，给出了“持有”评级，目标价为110美元（拆股前价格）。我预测，谷歌会成为互联网企业的“贝塔之王”。我的意思是，谷歌的股价会有很高的波动，即便从具有很高波动性的互联网行业的角度来看也是如此。从结果上看，我是对的，尽管谷歌只是在上市后的前3年呈现出股价走势向上的较大幅度波动。

然后，就出现了我分析师生涯中最大的错误，我在谷歌发布了第一份财报后将评级下调至“卖出”。我认为，在财报发布前的50%涨幅过大，相比之下，我认为雅虎的基本面更好。

科技股投资心法
Nothing But Net

回头去看，我犯了3个错误：我过于关注短期股价表现，我对某只股票的预判不够客观（我更喜欢雅虎是因为我更了解这家企业），我低估了谷歌对行业的颠覆性以及其潜在的市场机会。

在我当时看来，谷歌的业绩根本达不到市场预期。结果出乎我的意料，2004年10月21日，谷歌发布的财报中，收入超出华尔街预期10%，每股收益超出华尔街预期20%。第二天，谷歌股价跳升了15%，之后不断上涨，一直到2005年。在此期间，我需要面对当时最具影响力的财经新闻电视节目《库德洛和克莱默》（*Kuldow & Cramer*）的拷问。因为在谷歌发布财报的那个晚上，大约在每股收益报告发布1小时后，盘后股价开始飙升，而这档节目正好邀请来两位嘉宾，一位是看多谷歌的分析师乔丹·罗汉（Jordan

Rohan），另一位则是看空谷歌的分析师，也就是我。

拉里·库德洛（Larry Kuldow）首先介绍了他的“老朋友”罗汉，问他为什么那么有先见之明，很早就看多谷歌。然后，吉姆·克莱默（Jim Cramer）转过来介绍我，并问我有什么要为自己说的。一个人很难会忘记这样的场景。我该怎么办呢？我提前准备了一系列可能问到的问题。我知道，我必须认错，我也是这样做的。我说：“好吧，很明显，这个人（也就是我）应该被关进分析师的小黑屋……”后面的访谈基本上按部就班，但我最后还是用坦率维护了自己小小的尊严。直播结束后，克莱默赞扬了我敢于认错的勇气。好家伙，这可是一个大错误。

这就是我看错谷歌的部分。至于看对谷歌的部分，是我在几个月后把评级上调到“买入”，然后在未来 16 年间一直维持着“买入”评级，除了 2011 年拉里·佩奇从埃里克·施密特手里接过 CEO 一职的那段时期，我短暂地将评级调整到“持有”。一只像谷歌这样拥有巨大的市场空间、漂亮的收入增长曲线、极强的创新能力和盈利能力的股票，你要长期持有。

企业使命往往会暗示市场空间有多大

作为两家上市不久的新企业，优步和 DoorDash 在市场空间的挖掘和拓展方面的做法很值得科技股投资者来学习。

先说优步，这家企业的股票是我在 2020 年最看好的股票之一。我曾在 2020 年初鼓励科技股投资者把 U（“Uber”的缩写）加入四大龙头科技股“FANG”的队列，组成新的“FANGU”股票，由此可见，我当时多么看好优步。后来，由于新冠疫情的暴发，优步股价在 2 月 18 日到 3 月 18 日这一个月的时间里暴跌了 63%，后来又逐步收复失地，最终以 65% 的涨幅结束了这一年跌宕起伏的调整，轻松跑赢市场。

优步在 2020 年 4 月 11 日发布招股说明书后，市场反响热烈。对于这份文件提供的信息，投资者展开了热烈讨论。图 6-2 展示了招股说明书中提到的关键市场空间，内容包括总可寻址市场（TAM）和可服务的可寻址市场（SAM）。优步把可服务的可寻址市场细分为当前可服务的可寻址市场（已经进入的 57 个国家）和短期可服务的可寻址市场（计划进入的 6 个国家）。这里唯一缺少的是“直接可触达的市场”（DAM），这是我自创的一个词。

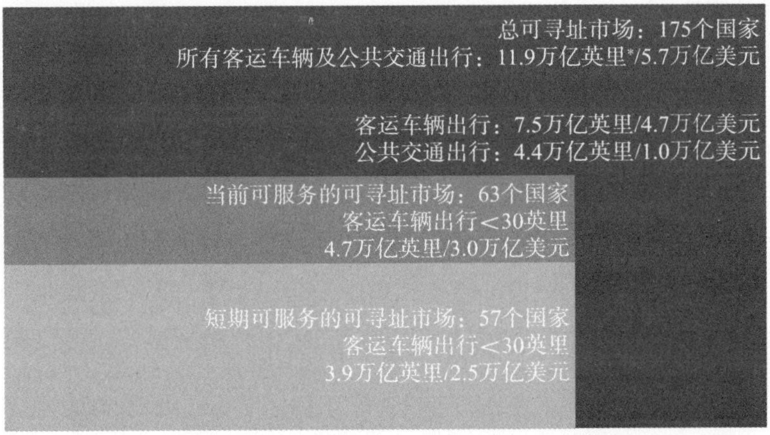

图 6-2　优步招股说明书中的关键市场空间

注：*1 英里≈ 1.6 公里。

资料来源：优步 S-1、美国联邦公路管理局、国际公路联合会、经合组织国际运输论坛展望。

优步宣称，自己拥有 5.7 万亿美元的总可寻址市场。这是一个巨大的市场空间。优步测算的方法是根据每个国家的政府和行业数据，它把所有的汽车里程数和公共交通里程数加总，然后乘以私家车每英里花费的成本（约 0.65 美元）和公共交通每英里花费的成本（约 0.25 美元）。其中，唯一不确定的是数据质量情况，尽管数据来源很可靠。

透过数据我们看到的是，优步希望自己能替代所有的出行方式。这就是总可寻址市场如此庞大的原因。这种测算市场空间的方式现实吗？2014 年，优步在旧金山等城市的出租车和豪华轿车的预订量已是当地的数倍，这表明该服务已经成为许多出行需求的替代选择。或许，优步的梦想真的可以实现。

科技股投资心法
Nothing But Net

但大部分投资者真正要关注的有 5 点。第一，无论从哪个角度看，优步面临的都是一个巨大的市场空间。就算所有的测算都被夸大了 5 倍，它依然面临一个万亿美元的市场。第二，优步的几条核心业务线都有着巨大的市场空间。比如优步的外卖业务 Uber Eats 大约对应了 2.8 万亿美元的全球市场空间；优步的货运业务 Uber Freight 大约对应了 1 万亿美元的全球市场空间。第三，前两点说明优步是一家平台型企业，有许多收入来源，这点从新冠疫情对其产生的影响也能看到，虽然新冠疫情打击了优步的出行业务，却利好优步的外卖业务。第四，优步已经是一个全球化平台，其业务遍及 60 个国家和地区，海外业务收入占总收入的 40%。第五，通过消除摩擦和扩大用户使用场景，多年来，优步持续挖掘出更多的潜在市场空间。

关于第五点，优步上市时，业内出现过激烈讨论。讨论的一方是纽约大学商学院教授、出版过关于估值定价模型著作的阿斯瓦思·达莫达兰（Aswath Damodaran），另一方是优步的早期投资者、科技领域经验最为丰富的风险投资家之一的比尔·格利（Bill Gurley）。当时，达莫达兰尝试用城市出租车业务视角对优步进行估值，认为该企业的价值不超过 60 亿美元。格利则认为，达莫达兰的分析或许严重低估了优步的市场空间，实际数据可能是达莫达兰所给数据的 25 倍多，因为达莫达兰没有考虑到其他的出行场景，如公共交通替代、租车替代、城郊出行替代，甚至私家汽车替代等。值得称赞的是，达莫达兰公开感谢了格利，表示是格利帮自己看清了优步的市场机会。

有意思的是，7 年后，就连格利的分析也比优步的市场空间低了 25 倍。格利的分析并没有包含优步的外卖业务或货运业务，而这两块业务的总和几乎和优步的出行业务一样大。格利没有考虑到这两块业务，是因为在 2014 年之前，连优步的管理团队都没有想过开辟这些业务线。这就是平台型企业美妙的地方。它们打造了巨大的用户平台，然后，越来越多的业务线在平台上生长起来。格利几乎比其他投资者都更聪明、更有经验，尽管他在估值时也大大低估了优步的市场空间，但至少他在估值前使用过优步的服务，不像达莫达兰，在没有用过优步应用程序的时候就贸然给出了自己对优步的估值。我真心建议投资者，请在对企业下结论之前先用一下它们的应用程序。

新冠疫情严重影响了优步的发展。全球的出行业务几乎在整个 2020 年陷入停滞，优步的出行收入下降了 40%，全年总收入下降了 10%，锐减至 130 亿美元左右。要待疫情结束后全面恢复可能还需要一些时间，但优步很可能在 2022 年就达到了 250 亿美元的收入体量。基于优步巨大的市场空间，在未来的很多年里，该企业持有这一体量的同时仍有可能继续保持高增长。优步或许也能成为一只像谷歌那样的大牛股，成为科技股投资者的坚定选择。

再来看看 DoorDash。2000 年 12 月，DoorDash IPO 上市，股价在首个交易日就暴涨了 86%。DoorDash 获得了大量投资者的关注，因为在上市时，它已经是家喻户晓的品牌（拥有超过 1 800 万用户）。这也是一只受益于新冠疫情的股票，2020 年，该企业的收入出现了 200% 以上的增长。

在 DoorDash 的招股说明书中，有这样一句话："我们的使命是发展和赋能地方经济。"对于用户来说，DoorDash 只是一家外卖企业，向用户提供墨西哥菜、小凯撒比萨等。发展和赋能地方经济，听上去可做的事情要比外卖业务广泛得多。DoorDash 也真的想为全面发展布局。

毫无疑问，作为核心业务的外卖服务确实拥有巨大的市场空间。2019年，美国人在食品和饮料上的开支接近1.5万亿美元，其中，餐厅用餐大约为6 000亿美元，约50%为非堂食。这意味着，外卖业务有3 000亿美元的市场。而新冠疫情的暴发又培养了大家在家吃饭的习惯，而DoorDash、Uber Eats和Grubhub等平台提供的快速、多样化、便捷性的服务，进一步强化了这一习惯。所以，这里提到的50%的比例未来可能会不断提高。DoorDash在招股说明书中提到，根据美国餐饮协会的研究，与两年前相比，全美有58%的成年人和70%的千禧年一代在今天更愿意使用外卖服务，这项研究是在新冠疫情暴发前进行的。

所以说，DoorDash的外卖业务市场空间很大。该企业能否拥有一个万亿美元级别的市场空间，取决于两个因素。首先，DoorDash能否成功进入全球市场。在上市时，DoorDash只在澳大利亚和加拿大有国际业务。这对于投资者来说，是一个很大的不确定性。而优步已经在全球进行了很大的业务布局，这让投资者看到，该企业将有可能实现更持续的收入增长。所以，成功的全球扩张能力是解锁DoorDash增长潜力的关键。

其次，DoorDash要能证明真的可以发展和赋能地方经济。这意味着，DoorDash需要从餐饮向杂货店、便利店以及其他专业零售市场等多个业务线扩张。对于外卖业务市场空间到底有多大，一个重要的决定因素是，消费者究竟愿不愿意为了30分钟即可享用的外卖便利性支付5～10美元？根据目前的情况来看，答案是肯定的。但其他相关业务（如杂货店、便利店等），消费者是否会买单，答案就不那么清楚了。而这才是决定DoorDash市场空间大小的关键。一旦在这些领域获得成功，DoorDash的市场空间无疑会得到扩张，甚至仅仅在美国本土市场就会超过1万亿美元。

专业投资者会通过大量的用户调查问卷以及分析信用卡中的数据来回答这个问题。普通投资者就没有这样的资源了。他们只能依靠自己的逻辑、直觉和经验。通过观察，我发现了社区的 7-11 便利店也增加了外卖业务（相关食品和服务由 DoorDash 提供），且真的有人会买。可能这些订单中的某一单，正是我 13 岁的儿子在应用程序上自行下的。

DoorDash 和其他类似企业能否从餐饮的外卖业务扩张到其他商品的外卖业务，是非常重要的观察指标，因为这决定了像 DoorDash、优步、Lyft 这样的企业是否真的会有万亿美元的市场空间。市场空间越大，收入增速的预期就越大，股价上涨的潜能也越大。

DoorDash 给我们带来的启示是：仔细阅读企业招股说明书中的使命部分，这通常能暗示企业的市场会有多大。

在测算市场空间时，逻辑性和创造性必不可少

为了帮助投资者理解市场空间，Spotify 根据一些行业数据，在招股说明书中提供了两个关键数据。第一，全球音乐产业在 2016 年的收入是 160 亿美元。第二，全球电台广告收入是 280 亿美元。加起来，就是 440 亿美元的市场空间。

这 440 亿美元的全球市场空间很坚实，但并不大。Spotify 作为一家同时拥有订阅用户收入和广告收入的企业，也一直在进行全球布局，美国市场上的收入只占总收入中很小的比例。但这里面有两个问题。首先，Spotify 上市时，预计 2018 年的收入为 60 亿美元，这意味着 Spotify 已经占到了全球市场 10% 以上的份额。其次，在这么小的市场空间之下，也许 Spotify 永远无法成长为谷歌那样的大企业。如果它要实现 250 亿美元的收入规模，该企业至少要占到 50% 以上的市场空间。然后再以每年 20% 的速度增长，4 年后，整个市场就都是它的了。这些都意味着 Spotify 很快会遇到发展瓶颈，也就是说，收入增速将大幅下滑。

科技股投资心法
Nothing But Net

现在，极少有企业能变成谷歌那样的牛股（再次重申，只有3家企业做到过）。没有多少企业会真的有万亿美元的市场空间。不过这也没什么问题，小一些的市场空间也能带来持续多年的高增长，只是不能在一个很大的体量上。我常常在想，将注意力放在一些市场份额还很小的企业上是不是明智之举。但如果有可能，你真的要找那些在巨大的市场空间下长大的企业，因为它们能真正享受到规模效应带来的好处。所以，最完美的组合是，找到那家在巨大的市场空间下所占市场份额较小的企业。紧随其后的是，较大的市场空间下所占市场份额中等的企业。之后才是市场空间一般且所占市场份额较小的企业。尽管最终的份额和市场空间体量会发生变化，但这个法则还是能提供一些帮助。

回到我在讲述 Priceline 案例时提到的观点。一直到 2014 年，这家企业已经保持了连续 10 年的 30% 以上的收入增速，究其原因，就是在万亿美元市场空间的全球旅游业务中，该企业最初只占到了很小的市场份额。即便如此，在 2012 年收入达到 250 亿美元的体量后，也“仅仅”维持了 5 年 20% 的增速。所以 Priceline 相当于半个谷歌那样的牛股。但小市场份额和大市场空间的组合，极大地提高了它的收入增长机会。一直到 2019 年，Priceline 才真正占领了两位数的市场份额。所以，我们要寻找小市场份额和大市场空间的组合。

那时候，我准备对 Spotify 进行首次深入分析。我认为，研判这家企业的市场空间需要用更有创意的方式去看，而不只是简单地加总全球音乐行业收入和电台广告收入。这是因为，这些收入来源都已经过气了。全球音乐行业收入包括实体产品的销售收入和数字产品的销售收入，实体产品销售是指 CD、黑胶唱片、卡带的售卖，而数字产品销售包括永久性下载。在过去几年中，这些产品都在慢慢消亡，一些新的产品取代了它们。其中，很重要的一个产品就是智能手机。

为了追踪这个趋势，在之后几年里，我和专业的机构投资者做了大量的问卷调查，但真正让我们意识到 Spotify 市场空间到底有多大的是，我们发现，音乐应用程序成了所有智能手机都在下载的重要选项之一。我会问客户一个问题：如果你随机从全球用户那里抽样 1 000 部智能手机，有多少部手机会在屏幕第一页显示音乐应用程序？我不知道真实的数字，但我强烈认为，至少有 90% 都是如此。

你可以做一个简单的“最常下载的应用程序”搜索，然后你会发现，基本上在所有国家中，Spotify 的排名都在前 20 之列。你可能也已经意识到，几乎所有智能手机都预装了某种音乐应用程序。显然，今天的全球音乐市场和之前的磁带时代完全不同。智能手机大幅降低了沉浸在音乐娱乐中的成本，用户可以通过终端随时随地听音乐。

我和我的团队想到了一个更好地测算潜在市场空间的方法。大量的研究数据显示，在未来几年，全球会有超过 30 亿智能手机用户（这一数字还不包括中国）。假设一半是接受广告的免费用户，另一半是付费订阅用户，我们的分析结果如表 6-5 所示。

表 6-5　对 Spotify 市场空间的“智能分析”

可寻址市场	每月每用户平均收入（美元）	智能手机用户数（亿）	市场空间体量（亿美元）
接受广告的免费用户	1	15	180
付费订阅用户	6	15	1 080
总市场空间	—	—	1 260

这个假设很简单，或许过于简单了。但我觉得，这个假设比用传统市场的测算方式更靠谱，也更能反映Spotify和其他流媒体音乐平台的实际价值。据 Spotify 和潘多拉音乐的披露，它们的免费用户带来的每月每用户平均收入约为 1 美元。Spotify 的付费订阅用户带来的每月每用户平均收入约为 6 美元。我们从 Spotify 的招股说明书中可以看到，其用户构成上，差不多一半为免费用户，另一半为付费订阅用户。所以，我们把全球 30 亿智能手机用户也划分为一半的免费用户和一半的付费用户，然后乘以他们各自的每月每用户平均收入，得出了 1 260 亿美元的潜在市场空间。这一结果几乎是传统市场测算方式的 3 倍。

那么，我们对市场空间的判断更准确吗？如果你回想一下消费者对流媒体音乐的使用场景就会发现，我们的判断至少更有逻辑性。而且，Spotify 已经连续 3 年保持了 20% 以上的收入增速，这也能说明 Spotify 的真实市场空间要比最初设想的更大。还有一点也很重要。从这个框架结构我们能看到，Spotify 或许会在很多年里都能维持很高的用户增速。截至 2020 年底，Spotify 有 3.5 亿全球用户。如果 30 亿智能手机用户对应的真是 Spotify 的市场空间，那么该企业在未来 10 年实现用户数翻倍，甚至翻三四倍都是有可能的。这意味着 Spotify 在长期内拥有巨大的潜在收入增长空间。

从这个案例能看到，市场空间是重要的考量因素。有时候，对市场空间的判断需要更具创造力，特别是对那些颠覆传统行业的企业来说。

用智能手机测算市场空间的方式，对于许多主要的应用程序都适用，特别是在那些颠覆传统市场的领域。以奈飞及其流媒体为例。目前，奈飞在整个市场中有超过 2 亿付费用户，每人每月需要支付给奈飞 11 美元的订阅费。假设一个账户有 2 ～ 3 人在使用，那么奈飞的全球用户就约有 5 亿人。这听上去像是一个天文数字，一个 10 年内都不会翻倍的数字。但实际上，目前全球有 30 亿智能手机用户，根据 Apptopia 的数据，奈飞是 2020 年全球下载量最大的 10 款应用程序之一，今天的年轻人更愿意用手机作为主要屏幕观看视频……当你意识到这些时，或许你会同意，奈飞在可见的未来还能保持高速增长（见表 6-6）。

表 6-6　2020 年全球下载量最大的 10 款应用程序

排名	应用程序名称	排名	应用程序名称
1	抖音	6	Messenger
2	WhatsApp	7	Snapchat
3	Facebook	8	Telegram
4	Instagram	9	谷歌会议
5	Zoom	10	奈飞

资料来源：Apptopia。

因此，在对市场空间进行测算时，我们需要的是逻辑性和创造性。

规模效应能为企业带来的四大好处

在这一章中，我多次提到了规模效应的好处。巨大的市场空间可以带来潜在的收入高增长，带来规模效应，让企业受益。那么，具体有哪些好处呢？真正的经济学家会给出更好、更深的解释，但以下四点结论均来自我过去 25 年中对具有规模效应和缺乏规模效应企业的观察和对比。

第一点，规模效应能带来更好的用户体验。学习或体验曲线效应和生产商品的经验以及生产效率相关。简单来说，一个人做某件事情越多，就做得越好。2012 年，我参加了一次搜索引擎广告的展览，其间遇到了几位来自 Expedia 的员工，他们在学习，想知道行业领袖 Booking 是如何在搜索和广告上做得如此高效的。实际上，答案是 Booking 在搜索广告的开支上远超 Expedia。Booking 在这个领域做得比 Expedia 更久，投入也更大，那么多年的经验让员工知道如何做才能让市场推广更有效，这也是在线旅游企业最重要的收入增长渠道。

第二点，规模效应能带来单位经济优势。经济学中有固定成本和浮动成本之分。固定成本是恒定的，和产量多大无关。浮动成本和产量的大小相关。在实践中，我认为“阶梯式固定成本”比“固定成本”表达得更准确。像亚马逊、Facebook、谷歌这样的企业，随着长期的增长，它们最大的“固定成本”（管理费用、法律费用等）也会随着收入体量的增加而上升，但是上升速度要大幅低于收入增速。所以这些企业有能力运用杠杆，降低运营开支在收入中的比重。成本增速放缓，有时也能带来利润的扩张，时而幅度大，时而幅度小，但真的能做到。比如，亚马逊的固定成本开支在 2017 年是 32 亿美元，在收入中的占比为 1.8%；2020 年，固定成本开支为 56 亿美元，在收入中的占比为 1.6%。正如每一位专业投资者所知，成本在收入的占比上，再小的下降都会有价值。

第三点，规模效应能为企业筑高竞争“护城河”。有时，足够大的规模体量会让对手难以竞争，或者使竞争变得更昂贵。奈飞就是一个很好的例子。假设你回到 2016 年，看到流媒体趋势，也希望创办一家企业和奈飞竞争。那一年，奈飞在内容上的开支达到 70 亿美元，市场推广上的开支达到 10 亿美元。所以，和奈飞竞争的成本为 80 亿美元。如果你想等上三四年再看。那么在 2020 年，奈飞在内容上的开支超过 120 亿美元，在市场推广上的开支超过 20 亿美元。所以，“干掉奈飞”的成本超过了 140 亿美元。很少有企业能担负得起如此大的开支。规模也能创造飞轮效应，让奈飞变得更难竞争。这是因为，在不断成长壮大中，奈飞的全球订阅用户越多，收入就越多，就越能让自己购买更多的内容，吸引更多的订阅用户，带来更多的收入……这就是为什么我认为，里德·哈斯廷斯和奈飞的管理团队积极构建流媒体业务是明智之举，他们甚至为此不惜大幅提价来引导自己的 DVD 用户转变消费习惯。因为他们深刻意识到，规模效应能带来飞轮效应和提高竞争优势。

第四点，规模效应能帮助企业实现网络效应。所谓网络效应，是指一个产品或服务的使用者越多，他们获得的价值就越大。这有点像“越多越好”。该理念在互联网投资中被广泛使用。但坦率地说，这是规模效应带来的最起码的好处。我是通过看多 eBay 股价，经历了惨痛的教训学到这一点的。我持有了 eBay 股票很长时间，即使该企业从 2006 年起收入增长水平就已经不高了。我当时认为，网络效应的优势在高增长结束后会依然有效。因为越多的人在 eBay 上购物，就会创造越大的卖家市场，从而吸引来更多的买家，进而又会出现更多的卖家，如此循环下去。但亚马逊通过更好的用户价值主张和更强大的执行力，削弱了 eBay 的网络效应优势。Facebook 作为一个社交软件工具，本应享受到极强的网络效应优势，但 Instagram 还是崛起了，并和 Facebook 相抗衡，以至于 Facebook 最终不得不收购了这家企业。拥有类似情况的还有 Snap、TikTok，未来还会有更多其他企业也会面临这一情况。即便网络效应的价值经常被夸大，但确实有一定作用，比如优步就是一个很好的例子。在任何地区，优步的司机越多，给乘客带来的服务价值就越大（等待时间更短），吸引到的乘客也越多；而更多的乘客又会对司机形成更大的吸引力（等待接单的时间更短），如此循环下去。

所以说，市场空间越大，企业享受到的规模效应就越大。这就是市场空间之所以很重要的原因。

关键启示
Nothing But Net

市场空间很重要。市场空间越大，企业获得高增长的机会就越大，这也是科技股和成长股的核心驱动因素。除此之外，许多其他因素也很重要，比如产品创新能力、客户获得的服务价值、管理团队的能力等。但巨大的市场空间确实有利于收入的持续增长。一个万亿美元的市场空间（类似于谷歌的全球广告市场）通常能为大规模收入增长创造机会。尽管万亿美元市场空间很少见，但还是要努力找到有可能成为谷歌那样的高增长企业。关于选股，这里有一个重要法则，一家企业如果市场份额很小，但市场空间很大，那么它就是科技股投资者需要挖掘的完美对象。

市场空间能扩张。通过消除摩擦、增加新的使用场景等方式，市场空间可以变得更大。这就是 Lyft 和优步在过去多年间所做的事情。降低价格、增加平台的司机数量、减少等待时间、让支付车费和小费变得无缝衔接，这一系列举措帮助优步大幅增加了共享出行的使用场景。通过消除摩擦，优步等企业既增加了用户使用场景，也扩张了共享出行的市场空间。这里，有两点能帮助企业扩大市场空间，即扩张到新的地区和创造新的收入来源。2021 年初，DoorDash 就成功做到了这两点。这两点的长期成功，会对市场空间产生很大的影响，帮助企业挖掘出更大的增长潜力，从而在股市中获得成功。

有时，市场空间很难测算，特别是在一个传统行业被颠覆时。这就需要用创新的方式进行评估，而这正是从 Spotify 案例中所体现出来的。虽然 Spotify 也在两个被大家熟知的市场（音乐唱片业和电台广告）中展开竞争，但它的做法可能意味着企业的市场空间比大家最初预想的都要大。全球 30 亿智能手机用户的出现，对于大部分拥有媒体属性的企业来说，这都意味着企业可以拓展出更大的市场空间。摩擦成本也被消除了。现在，人们几乎可以 24 小时不间断地使用媒体。因此，最能满足人们需求的企业将面临更多的市场机会、拥有更大的成长空间。

巨大的市场空间可以带来规模效应。这里有 4 个具体的好处：用户体验、单位经济优势、竞争护城河以及网络效应。有了规模，就有了学习的机会，可以更好地运营企业；有了规模，就可以更有效地降低运营成本；有了规模，对于新进入的竞争者而言，竞争成本更高；有了规模，就更容易形成强大的网络效应。规模不仅重要，有时，它还是企业最终胜出的决定性因素。所以说，巨大的市场空间能给具有规模效应的企业带来更多的机会。

Nothing But Net

第 7 章

用户导向，而不是投资者导向

2011 年夏天，当时我还是花旗银行的首席互联网分析师，我组织了一次对硅谷互联网龙头企业的实地调研。每年，我都会组织两三次这样的调研，每次邀请 20 ～ 30 位公开市场中优秀的科技股投资者。在这一次的调研中，我们访问了 eBay，并见到了时任 CEO 的约翰·多纳霍（John Donahoe）。后来，多纳霍成了耐克的 CEO。

那一次，多纳霍给了我们充分的时间，对投资者关心的问题做了详细而周到的解答。在 1 个小时的会议期间，当多纳霍回答一位投资者关于 eBay 商业物流的问题时，他突然停下来，转向自己的团队说："你们知道，亚马逊已经在做当日达了。这是不可避免的潮流。"

在这次调研的 5 年前，亚马逊就推出了 Prime 会员业务，为上百万件商品提供确保两日内送达的服务。在这次调研 5 年后，亚马逊确实在美国最大的几个市场推出了当日送达服务，并在未来几年进一步推广了这项业务。

所以，多纳霍是对的。他预见了亚马逊的未来。我想，他也一定意识到当日达服务需要一笔巨额投入，毕竟，这需要在全美建立物流配送系统。我不知道当时的多纳霍是否已经意识到，这些投资将会给亚马逊带来如此巨大的长期竞争优势，以及亚马逊股份的持有人会从这些投资中获得巨大的收益，尽管短期内亚马逊仍会在盈利和现金流上承受很大压力。

亚马逊和 eBay 之间的竞争故事，也发生在其他几个关键垂直领域，包括外卖平台、在线汽车销售和在线房地产业务。那些商业模式糟糕（低利润、高投入），但用户价值主张更具吸引力的企业，打败了那个商业模式亮眼（高利润、低投入）但用户价值主张吸引力较低的企业。

接下来，我来讲讲这个故事。

用户导向是企业实现弯道超车的关键因素

2021 年初，亚马逊的市值是 eBay 的 40 倍。2020 年，亚马逊的收入比 eBay 多 30 倍，自由现金流比 eBay 多 10 倍。今天，大部分投资者都已经很清楚，这两家企业哪一家发展得更好了。但是 10 年前、15 年前、20 年前，很少有投资者能料到，二者之间的竞争会发展成今天这样的局面。

如图 7-1 所示，在圈出的位置上，亚马逊的市值首次超越了 eBay。这是过去 20 年来科技股领域出现的最富戏剧性的后来者居上的故事之一。我认为，面对这一弯道超车，今天的投资者需要进行一些深刻的思考。

毫无疑问，在互联网时代的第一个 10 年，eBay 明显是赢家。当时的在线零售之王是 eBay，而非亚马逊。至少在 2008 年以前都是如此。以下三点解释了这一情况。

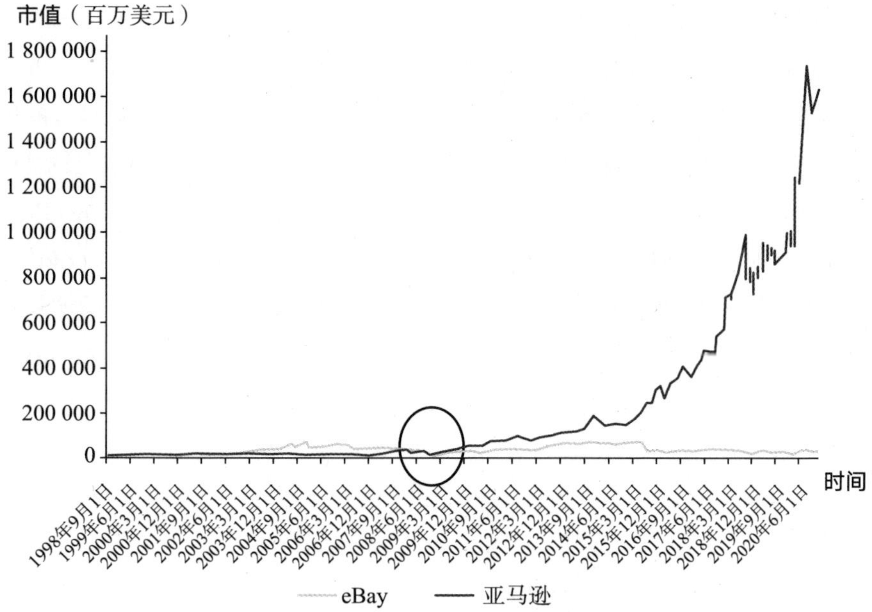

图 7-1　1998 年 9 月至 2020 年 6 月亚马逊和 eBay 的市值走势

第一，2008 年之前，eBay 的市值更大（见图 7-2）。虽然亚马逊在科网股泡沫时期短暂出现过（1998 年 9 月—2000 年 3 月）市值更大的情况，但亚马逊的市值几乎从未达到 eBay 的 2 倍以上。在此期间，亚马逊的市值曾在 1999 年 11 月达到过 290 亿美元的高点（之后要花 7 年时间才能收复失地），而当时 eBay 的市值为 210 亿美元，相差不大。从 2000 年年中开始的 8 年间，一直都是 eBay 的市值更大：2001 年底，eBay 的市值约为亚马逊的 6 倍（130 亿美元 VS.20 亿美元）；2004 年底，eBay 的市值约为亚马逊的 5 倍（650 亿美元 VS.140 亿美元）；2006 年底，eBay 的市值约为亚马逊的 4 倍（550 亿美元 VS.150 亿美元）；2007 年初，eBay 的市值约为亚马逊的 3 倍（440 亿美元 VS.160 亿美元）。

第二，在很长一段时间里，eBay 的用户数和在线零售总额都更大，直到 2008 年（见图 7-3）。比如，2003 年底，亚马逊有 3 900 万用户，eBay

有 4 100 万用户；2005 年底，亚马逊有 5 500 万用户，eBay 有 7 200 万用户；2007 年底，亚马逊有 7 600 万用户，eBay 有 8 500 万用户。直到 2008 年底，两者的用户数才持平（均达到了 8 800 万）。之后，亚马逊的用户数持续超越 eBay。我们再看看在线零售总额。eBay 公布了商品交易总额（GMV），亚马逊却没有。但通过大量的公开信息能大致猜到亚马逊 GMV 的水平。即便在 2008 年，eBay 的 GMV 都还是亚马逊的 2 倍（约 600 亿美元 VS. 约 300 亿美元）。在这一指标上，亚马逊直到 2011 年之后才超越 eBay。那一年，两家企业的 GMV 都在 700 亿美元左右。在那之前，eBay 是当之无愧的在线零售之王。

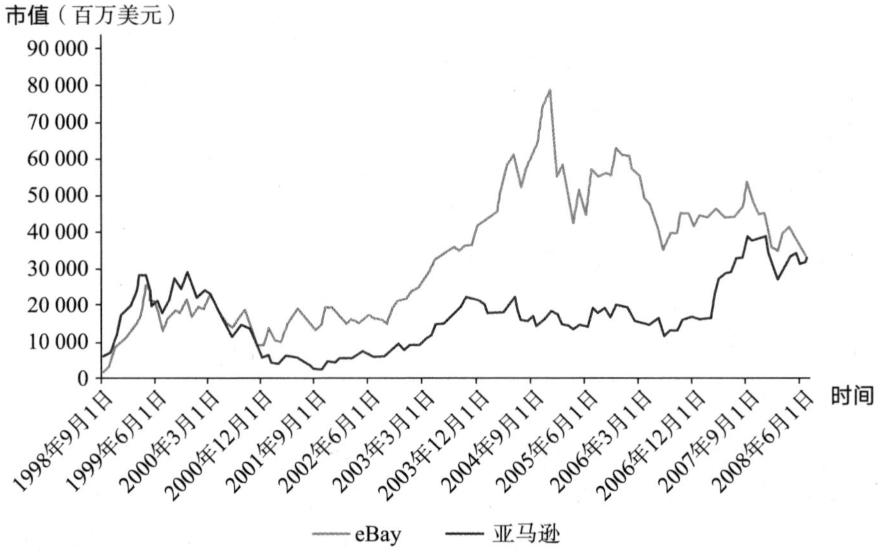

图 7-2 1998 年 9 月至 2008 年 6 月 eBay 和亚马逊的市值走势

第三，从投资者认同感的角度来看，eBay 也是互联网时代第一个 10 年的在线零售之王。除了市值方面有所体现外，用心观察《巴伦周刊》上的相关文章，我们也能感知一二。这本杂志是道琼斯旗下的财经杂志，在金融领域一直很有影响力。2000 年 3 月 20 日，该杂志发表了封面文章《烧钱》（*Burning up*），这篇文章成功预测了科网股泡沫的破灭，这让《巴伦周刊》在互联网领域变得更有影响力了。这篇文章的前两句这样写道："互联网泡沫将何时破灭？对于许多互联网新贵来说，这种令人不快的泡沫爆裂声大概率会在今年底前响起。"实际上，这篇封面文章发表在纳斯达克指数见顶一周后，即 78% 的大调整即将开始前，这也让《巴伦周刊》在科技股投资者中赢得了极大的信任。

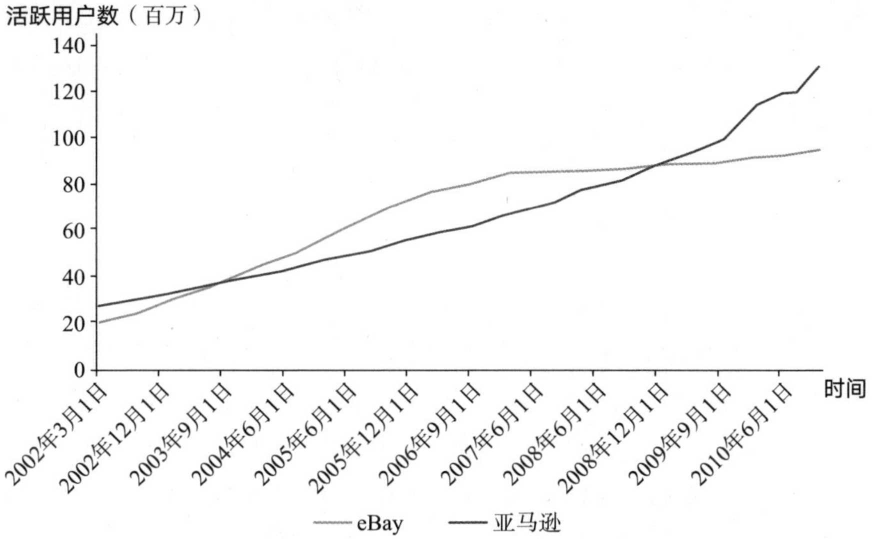

图 7-3　2002 年 3 月至 2010 年 6 月 eBay 与亚马逊的活跃用户数

1999 年 5 月，《巴伦周刊》在封面文章《亚马逊炸弹》（*Amazon. bomb*）中就已经对亚马逊下了残酷的结论："对于贝佐斯而言，不幸的是，亚马逊已经进入一个新的阶段，投资者已经不会再仅凭他的个人魅力就对该企业充满信心了，管理者要正视投资者提出的难题，比如，亚马逊什么时候才能真正盈利？"作者在这篇文章中继续写道："亚马逊看起来越来越像是那种每笔销售都亏钱，但依旧试图通过增加销售来弥补亏损的愚蠢商人。"这真是一记痛击。《巴伦周刊》看空了亚马逊很多年，它在那篇《烧钱》的封面文章中提到，亚马逊的现金只够支撑 10 个月了。

而对于 eBay,《巴伦周刊》则有不同的看法。2005 年 6 月,《巴伦周刊》发表了一篇关于 eBay 的封面文章，标题是《击中报价》(*Hit That Bid*)。该杂志认为，eBay“已经成了全球最重要的电商公司”。这篇文章提到，eBay 的股价在 2005 年已经调整了 35%，但在《巴伦周刊》看来，该企业有强劲的增长前景，因此，该杂志建议投资者买入 eBay 股票：“eBay 股票是你能找到最便宜的了。”文章中,《巴伦周刊》还提到了 eBay 的商业模式多么有吸引力，提到了 eBay 有很高的毛利率和营运利润率，并指出 eBay 不需要像亚马逊那样进行基础建设投入。这是 eBay 自上市以来就一直很吸引人的一个方面，它是一个和亚马逊类似的电商，却有着好得多的财务模型。

为什么亚马逊能赶超 eBay

我知道上述论述中的不合理之处是什么，但试图对一系列事实做出解释，而后从中吸取教训，也有一定的风险。不管怎样，我们需要看到，这里有几个清晰的事实。多年以来，eBay 都是明显强于亚马逊的在线零售平台，其市值也远超亚马逊。然而，这一情况突然被逆转。这是科技领域在过去 20 年中发生的最富戏剧性的一次弯道超车。我们从基本面和估值角度来看看，亚马逊为什么能打败 eBay。这一分析是基于我在 25 年中对这两家企业进行的持续观察，我分析了它们的每一份季报（差不多有 200 份），对两家企业写了超过 500 份研究报告。

第一，亚马逊在产品创新上优于 eBay。我们只需想一下 AWS 这个在过去 20 年最重要的三大技术创新之一（与 iPhone、特斯拉汽车并列）就可以了。今天，AWS 的市值可能是 eBay 的 20 倍。但亚马逊在其他领域也展现出了极强的创新能力，比如 Kindle 阅读器、Alexa 智能音箱、Prime 会员计划、先进的物流系统、无人商店等。投资者会选择极具创新能力的企业，亚马逊就是这样一家企业。

第二，相比 eBay，亚马逊拥有更长期的投资视野。亚马逊的长期视野是有据可查的。1997 年，创始人在第一封致股东信中就提到："为了成为长期市场领导者，我们会进行持续投入，而不会过于看重短期的盈利或者华尔街的反应。"第一封致股东信中的第一个关键词是"长期"，在他们看来，"一切都关乎长期"。eBay 的管理团队也重视长期发展，但没有亚马逊那么成功、那么坚持。大家可以看到，亚马逊的高管薪酬总是和年度表现挂钩，而 eBay 的高管薪酬在 2008 年之前都是和季度表现挂钩。这些年中，我在和这两家企业的管理团队交流时，感觉亚马逊比 eBay 更重视长期的市场预期。而 eBay 对数字和预期的管理要比亚马逊强很多。

第三，亚马逊有一个更优秀的管理团队，至少是一个更稳定的团队。2020 年 2 月，据《西雅图时报》的一篇文章介绍，亚马逊高管团队（包括 20 名左右的高管人员）的平均任期为 16 年。这对于任何一家企业而言都是极其罕见的，对于科技企业来说尤甚。亚马逊自上市以来，一直到 2021 年，只有 1 名 CEO；与之相比，eBay 同期则有 4 名。

第四，亚马逊有更大的市场空间。尽管 eBay 确实在季节性零售方面做出了一些努力，但它几乎总是优先考虑那些市场的尾部——难以找到的产品周期早期商品（如豆豆公仔、卷心菜娃娃、第一代 Xbox 游戏机、第一代 iPod、天鹅绒运动套装）和难以找到的产品周期末尾商品（如复古服装、可收藏的棒球卡片、二手汽车零部件）。这就意味着亚马逊总是面向一个更大的市场空间，因为全球零售市场规模超过 20 万亿美元；而 eBay 的目标市场只是其中的一小部分，可能连 1 万亿美元都不到。所以，亚马逊能实现比 eBay 更长久的高增长，因为亚马逊拥有更大的增长空间。

第五，亚马逊从一开始就坚持用户导向。在亚马逊的第一封致股东信中，第一个关键词是"长期"，第二个关键词就是"痴迷于用户"。亚马逊有大量关于用户的准则，其中，我听到最多的一句话是："我们从用户需求出发，然后倒推工作。”而 eBay 的问题是，该企业过于关注卖家。很长一段时间以来，eBay 的专注点从小卖家转变到大卖家，然后又折了回来。它聚焦的客户始终是卖家，而亚马逊聚焦的则是买家。这最终导致两家企业呈现出巨大的差异。

亚马逊 Prime 会员之战

最能说明亚马逊为什么能打败 eBay 和其他零售企业的事件，是 2005 年 2 月 2 日亚马逊 Prime 会员计划的推出。当天收盘后，亚马逊本该公布 2004 年第四季度业绩。然而，那一天早些时候，亚马逊在网站首页发布了一封来自贝佐斯的公开信。在那封信里面，贝佐斯很兴奋地宣布了 Prime 会员计划——一项年费为 79 美元的快递服务。贝佐斯表示，希望 Prime 会员计划能给亚马逊带来更多的用户，但也预计，该计划“短期内对于亚马逊而言（可能）会很昂贵”。

当时，我在美国科技研究公司担任互联网分析师，在看完亚马逊的这封信后，我得出的结论是：亚马逊在当晚发布财报时大概率会比较保守。当一家企业的 CEO 公布了某个新项目，并承认这个项目“短期会很昂贵”时，这通常是短期盈利下调的一个很好的指标。当时，我和 CNBC 电视台长期追踪亚马逊发展动态的记者科里·约翰逊（Cory Johnson）讨论了这一问题，并把我的预测告诉了他。之后，这一切确实发生了。

亚马逊对 2005 年第一季度和全年的展望均低于华尔街预期。此外，亚马逊预计 2005 年的开支将翻倍。Prime 会员计划对于亚马逊而言确实很昂贵，它拖了亚马逊业绩的后腿。自 2001 年以来，亚马逊的营运利润率不断提高，2004 年更是创下新纪录，达到了 6.4%。但之后的很多年，这个数字一直低于这一水平，直到 2021 年初才再次回到这一水平。同时，Prime 会员计划也拉低了亚马逊的盈利能力，因此，投资者并不喜欢它。

Prime 会员计划推出的当天下午，亚马逊股价盘后大跌了15%，这导致在之后的几个月里，亚马逊的股价始终面临着上涨的压力。科里·约翰逊在他的CNBC节目中不禁感叹："马克·马哈尼又看对了！"是的，我确实看对了，但只是短期的交易。那时，我对亚马逊的股票持谨慎态度，给出的只是"持有"评级。

我仍然认为，直到2008年左右，亚马逊才真正证明了自己是一只长期牛股。在这之前，亚马逊能够展示的只有其零售业务实现了持续的高增长，并成功推出了全新的业务（如AWS和Kindle）。在Prime会员计划中，亚马逊证明了自己愿意为了用户利益做长期的产品创新，即便这会招致投资者短期内的不满。对于平均每月下单两次的用户而言，使用3个月的Prime会员计划就能赚回会员年费；而对于平均每月下单两次的亚马逊投资者来说，Prime会员计划在发布后的几分钟内就给投资者的投资组合造成了15%的损失。

后来，Prime会员计划成功了吗？当然！我个人认为，Prime会员计划是互联网历史上，甚至可能是所有行业历史上最好的用户忠诚度计划。该计划的订阅量在2018年达到了1亿，并于2020年初达到了1.5亿。根据我在过去10年中做的大量用户问卷调查，亚马逊Prime会员计划是最具黏性、最高频、最忠诚、用户开支最大的电商产品。Prime会员计划也是解锁亚马逊收入高增长的关键。调查也显示，亚马逊的配送速度是其最吸引人的特点之一。

Prime会员计划的推出和成功符合亚马逊逆袭故事的许多要素。这是一个极具创新性的产品，当时没有任何一家互联网电商提供过类似的快递订阅服务；这是一个长期导向的产品，短期内虽然要付出昂贵代价，但通过提高用户忠诚度，该产品最终为企业带来了长期、巨大的利润；这是一个专注于用户需求的产品，Prime会员计划帮助用户节省了大量的快递费用。然而，投资者对此反应消极，这导致股价出现了下跌；而消费者对此反应积极，这让亚马逊在接下来的 10 年中持续跑赢 eBay 以及其他电商企业。直到 2017 年 3 月，eBay 才推出了对 2 000 万件符合条件的产品提供 3 日内送达的服务。不过，迟来总比不来好。

从亚马逊和 eBay 的故事中我们看到，一家企业如果愿意从用户角度进行创新，即便短期的发展会低于投资者的预期，可从长期来看，这家企业最终会成为行业里更大的赢家。亚马逊的成功背后有很多因素，专注于用户，而非专注于投资者，是其中的关键因素。

投资者导向的企业可能会成为糟糕的投资对象

Grubhub 是一只很特别的股票（见图 7-4）：在上市首日上涨了 31% 之后，股价横盘了三年；2014 年 4 月 4 日，收盘价为 34 美元；2017 年 4 月 4 日，收盘价为 33 美元；而后在接下来的 18 个月中，股价暴涨了 320%；2018 年 9 月，股价在涨至 146 美元后又暴跌了 77%；2019 年 10 月底，股价又重回 34 美元。

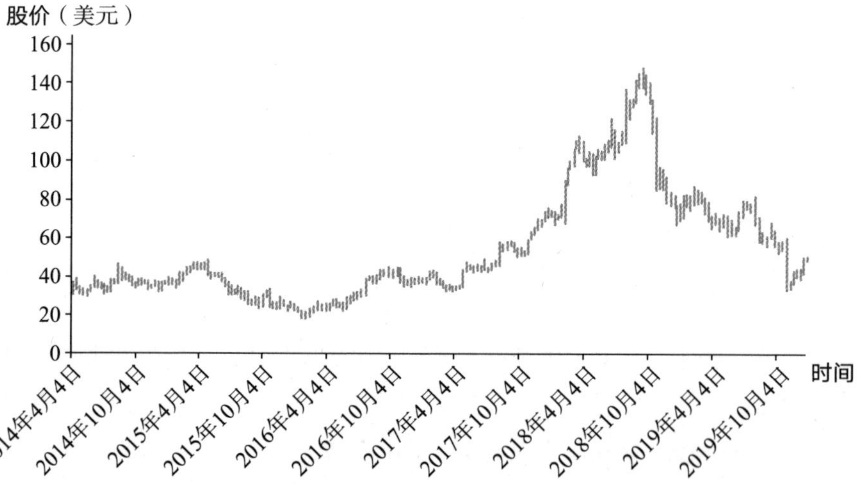

图 7-4　2014 年 4 月至 2019 年 10 月 Grubhub 股价走势

在这样的股价走势中，一定会有一些能让我们学到的经验教训。我们先从 2019 年 10 月 28 日 Grubhub 的致股东信开始说起吧，我将其称为“一封不按常理出牌的信”。

在这封信中，Grubhub 的管理团队坦承，最近订单增长趋势“明显低于预期”，客户留存率和复购率也都不高。管理团队把这一切归咎于行业成熟度问题。在他们看来，餐饮外卖行业变得“越来越无差别”，这让一部分用户选择也从竞争对手那里下单，而非仅从 Grubhub 这里。Grubhub 大幅调低了下一季度的预期。所以股价在下一个交易日暴跌了 57%，回到了 34 美元的位置。

在这封致股东信中，Grubhub 还提到了其商业模式的吸引力和可持续性，称“我们的商业模式拥有强大的经济效应”。信中还补充说：“我们的投资方式和差异化的商业模式，证明了我们是全球唯二、美国唯一的赚钱的互联网餐饮企业。”对于竞争对手的商业模式，Grubhub 将其形容为“无节制的投入，带来了越来越严重的亏损”。

那么，这些竞争对手是谁，它们身上又发生了什么？最大的一个是 DoorDash，该企业直到 2020 年 12 月才上市，上市首日，股价就大涨了 86%。在 2021 年初，其市值接近 500 亿美元，而 Grubhub 的市值在最高峰时也才只有 150 亿美元。这意味着 DoorDash 的体量是巅峰期 Grubhub 的 3 倍多。当然，股价永远在波动，市值也会波动，或许有一天，DoorDash 股价也会减半，但即便如此，其市值还是比巅峰时的 Grubhub 要大。

如图 7-5 所示，DoorDash 的市值比 Grubhub 大很多的原因一目了然。DoorDash 的市场份额从 2018 年初的 17%，增长到 2020 年 10 月的 50%，而 Grubhub 的市场份额却从 39% 下滑至 16%。

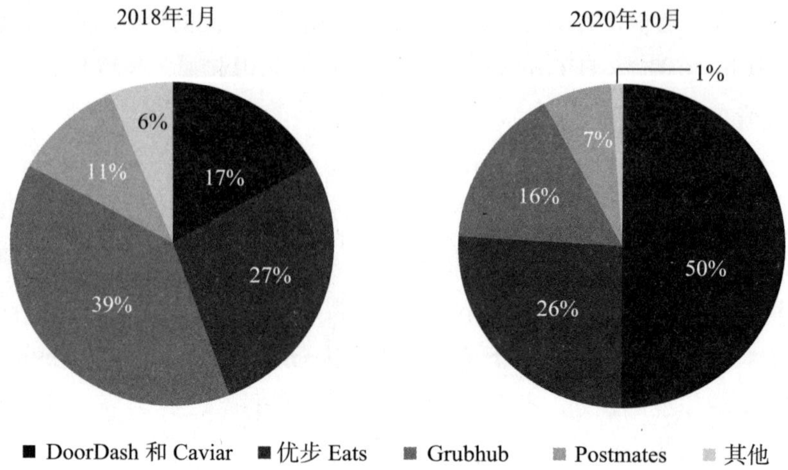

图 7-5 美国各大互联网餐饮平台所占市场份额对比

资料来源：DoorDash S1。

Grubhub 在发布那封致股东信时，声称自己是全美最强的餐饮平台企业。这个说法显然不够客观。为什么？其中最主要的一个原因是，DoorDash 是一家更加以用户为导向的企业，而 Grubhub 偏向的是投资者导向，这一点就像亚马逊和 eBay 之间的差异一样。

在这封信中，Grubhub 的管理团队提道："我们知道，对于餐饮业中的平台型企业来说，最重要的因素是有没有用户喜欢的餐厅。"很长一段时间以来，Grubhub 只允许自己为其提供配送服务的餐厅上自己的平台，最终，Grubhub 只是这些餐厅的在线市场推广伙伴。这种模式创造了"令双方都高度受益的关系"，对投资者来说不错，但对消费者来说就没那么好了。

DoorDash 以及其他竞争者也意识到了餐厅的选择是决定在线外卖平台能否成功的关键因素之一。所以，它们快速扩张了平台上的餐厅数量，向所有的餐厅提供自己的配送服务。这么做的成本很高，不仅需要向订餐者、餐厅、司机支付大量的奖励，还需要建立昂贵和复杂的物流网络。DoorDash

最终融资 20 亿美元来做这件事情。2018 年，DoorDash 的净亏损是 2 亿美元；2019 年，净亏损进一步扩大，接近 7 亿美元。但 DoorDash 专注于用户真正需要的领域，这让它从 Grubhub 手中抢夺了大量的市场份额。最终，DoorDash 的市值大幅超越 Grubhub。2020 年 6 月，Grubhub 以 73 亿美元价格将自己卖给了 Just Eat。

在这个故事中，你知道不守规则的人是谁吗？答案是真正的用户。一旦对你的服务不满意，他们就会选择其他平台的服务。而且，一旦发现其他平台更关注消费者的需求，比如提供了更好的餐厅选择、更快和更可靠的配送服务，他们就会转换到那个平台。

有好几个原因能解释为什么 DoorDash 打败了 Grubhub。比如，DoorDash 专注于郊区市场，与城市市场相比，这里的物流优势更明显；DoorDash 在建立起餐饮供应链后，提供了快速、可靠的配送服务；DoorDash 的成功上市也给了市场一种预期，即它能成功地把其物流能力拓展到其他领域，比如商超和零售，等等。但 DoorDash 能打败 Grubhub 的核心原因，还是更加鲜明的以用户为导向。

科技股投资心法
Nothing But Net

长期来看，那些愿意为创造更好的用户体验而进行重金投入的企业，比维护自己有吸引力的商业模式的企业更具投资价值。这是我在长期观察中学到的。亚马逊能战胜 eBay，DoorDash 能打败 Grubhub，都源自对用户的关注，而不是对投资者的关注。在基本面和股价上，这些企业都获得了胜利。

硅谷有一个比较流行的观点是，DoorDash 受益于一开始并没有上市，这让它能“承受巨大亏损”，而上市公司是做不到的。无论这个观点对错，这一故事给我们带来的核心教训都是，**要投资于用户导向的企业，或者避免**

投资于投资者导向的企业。除了 DoorDash，还有一家企业的成功也值得我们思考。这是一家著名的科技类上市公司，它彻底地改变了自己固有的商业模式，抛弃了高利润的商业模式，转变为以用户为导向但极度不确定的商业模式。这家企业至今还活得不错，它便是 Zillow。

用户导向会为投资者带来更理想的长期回报

2020 年 11 月，Zillow 成了一个家喻户晓的品牌。《纽约时报》发表了一篇文章，题为《在 Zillow 上浏览是我们现在都需要的逃离》（*Zillow Surfing Is the Escape We All Need Right Now*）。当时，几百万的用户在 Zillow 网站上浏览挂牌的房屋信息，做着住不同房子的白日梦。

2021 年 2 月，著名的《周六夜现场》节目中有一个搞笑的片段。该节目把 Zillow 比喻为“最能满足内心欲望”的网站之一，因为在上面能“看到其他人的豪宅”。顺便说一句，这里可能存在一个不错的选股方式。2011 年，《周六夜现场》也嘲笑了奈飞的业务转型，事后我们发现，那是一个投资者入场的好时机。或许，《周六夜现场》对 Zillow 的取笑也有同样的效果？！

在过去的十几年中，Zillow 已成为美国人查询房屋价格必去的网站。Zillow 几乎会给这个国家的每一幢房屋进行估价，包括你朋友的、同事的、老板的，以及任何你能找到门牌号码的名人的住宅。长期以来，Zillow 已经成了房屋交易中很重要的一个环节。几乎所有人都会在交易房屋前先在 Zillow 上查询这幢房屋的价格。

Zillow 成立于 2006 年，初期的核心高管包括里奇·巴顿（Rich Barton）、劳埃德·弗林克（Lloyd Frink）和斯宾塞·拉斯科夫（Spencer Rascoff）。这 3 人在创立 Zillow 之前都有着丰富的科技企业从业经验，特别是巴顿，他之前创立了在线旅行企业 Expedia。2011 年 7 月，Zillow 以

20 美元的发行价上市。上市首日，股价就大涨了 80%。到 2014 年 7 月，股价已涨至 160 美元，市值超过 300 亿美元。之后，由于存在一系列监管方面的问题，Zillow 股价大跌了 90%，并于 2015 年又回到了上市时的价格。之后的 5 年中，Zillow 的股价一直处于横盘整理状态，直到通过一次商业模式的转型，股价才在 2021 年初再次回到了 2014 年的高点。在我看来，这一次转型是科技企业做过的一次风险最大的下注。我称之为“Zillow 的转折点”。

在那次转型之前，Zillow 的商业模式主要是为房地产经纪人提供解决方案，类似于之前的 Grubhub。餐厅为由 Grubhub 带来的流量付费，房屋经纪人为由 Zillow 带来的流量付费。这个商业模式本身很不错，市场空间也很大。

我之所以说它是“好的商业模式”，是因为在线房地产广告给 Zillow 带来了 80% 以上的毛利润，却不需要大规模的资金投入。而我之所以说它拥有“好的市场空间”，是因为在线房地产广告市场空间在 100 亿～ 200 亿美元。这虽然不是一个万亿美元级别的市场空间，但也不算小。

2018 年 4 月 12 日，Zillow 宣布进入房屋的直接交易环节。它不单单是要在高利润的房地产广告领域中竞争，在这个市场上，它显然已是领导者，它还要进入房地产交易市场。

我们知道，在线房屋销售模式能大幅降低买卖房屋过程中的中间环节成本。卖家只需在互联网上提供一个报价，像 Opendoor、Redfin、Offerpad、Zillow 这样的平台企业就会在 48 小时之内提供一个综合报价（这个报价会把装修费也考虑在内），之后就是尝试在 90 天内转售这套房屋。虽然这种交易模式让卖家支付了更高的佣金，但它带来的便捷，让卖家置换房屋的效率大幅提高。今天，在线房屋销售模式已经占据了房屋销售市场 10% 以上的份额。

对于 Zillow 而言，这是一次重要转型，它将面临多方面的巨大风险。

第一，相比 Zillow 过去的广告模式，这种模式需要大量的资金投入。第二，这种模式会面临资产周期的风险，企业只有在房屋卖出中获利才能赚钱，并不会躺赢。第三，这需要具备房地产交易整合能力，而 Zillow 之前仅提供广告服务，未必具有这样的能力。第四，这种模式可能会给 Zillow 目前的核心广告模式带来颠覆性风险。如果在线房屋销售真的启动，Zillow 可能面临冲击现有广告客户（房地产经纪人）的风险。第五，在线房屋销售的竞争已经很激烈，目前的“领头羊”企业已经从投资 DoorDash 的大型基金这边融到资金。

科技股投资心法
Nothing But Net

风险是真实存在的。这也是市场的普遍观点，在 Zillow 宣布推出在线房屋销售的当晚，其股价盘后就跌了 5%，并在这一年接下来的时间里，继续下跌 42%，大幅跑输市场。基于该企业未来会大幅增加投资的考量，华尔街调低了其盈利预期。那时，我在报告中写道：“这个转折点对于 Zillow 来说，大概率是正确的决策，但它极大地增加了企业的经营风险。”之所以说是“正确的决策”，是因为在我看来，“提供给房屋卖家新的价值感”这个做法一旦成功了，能大幅提高 Zillow 的潜在市场空间。而关于“经营风险”，以上五点都说明了问题。一个月后，我把 Zillow 的评级从“买入”下调到“持有”，主要就是基于经营风险的考虑。

然而，故事远没有结束。在这次转型几年后，Zillow 最终获得了成功，故事的走向如同亚马逊推出 Prime 会员计划以及奈飞转向流媒体业务一样。从 Zillow 的基本面角度看，2021 年初，在线房屋销售业务已经获得了很高的利润，Zillow 也成功实现了转型。从选股的角度看，Zillow 的股价已经在 2021 年初创历史新高（见图 7-6）。

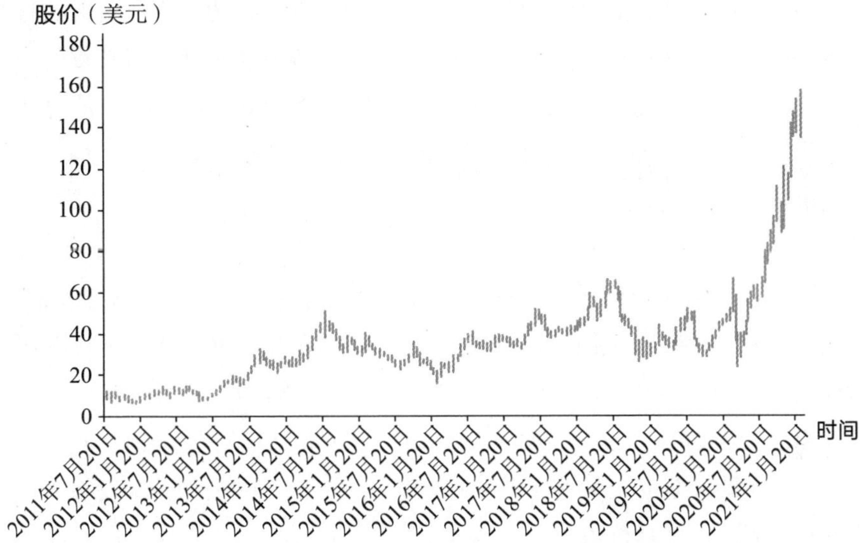

图 7-6　2011 年 7 月至 2021 年 1 月 Zillow 股价走势

所以，在未来几年中，Zillow 会让我们看到一个真实的实验，即当一家企业转向用户导向后，是否会发展得更好，以及是否能为投资者带来更理想的长期回报。我倾向认为“会”。根据过去的经验，我非常相信 Zillow 的董事会成员里奇·巴顿（也是奈飞的董事会成员）和劳埃德·弗林克（也是 Grubhub 的董事会成员）能帮助企业成功转型。或许，Zillow 的管理团队也已经看明白了奈飞的成功和 Grubhub 的失败。几位主要创始人的全力支持，往往是成功转型的关键，而且是非常关键。

或许再过 5 ～ 10 年，我们会看到“拉动 Zillow”这样的表述被用来形容这家企业成功地从以投资者为导向转变成了以用户为导向。或许我们也会猜想，如果 eBay 或 Grubhub 也这么做，是否会有不同的结局。

用户导向让企业享受到提价带来的飞轮效应

2014 年是互联网历史上的重要年份，同时也被认为是商业史上的重要一年。因为就在这一年，首次出现了互联网龙头企业面向用户成功提价的情况。这一年，亚马逊第一次对 Prime 会员费提价，奈飞第一次对流媒体会员提价。这两次提价都非常成功。这也证明了以用户为中心的商业模式能给产品价格带来飞轮效应。

2014 年 3 月，亚马逊宣布对 Prime 会员费提价 20 美元，从原来的 79 美元上涨至 99 美元，涨幅高达 25%。这是自 2005 年 Prime 会员计划推出后的第一次提价。在过去整整 9 年间，亚马逊始终维持了初始价格。当时，亚马逊的首席财务官是托马斯·斯库塔克 (Thomas J. Szkutak)，他为人低调，精通金融，是完美的首席财务官人选。这一次，在公司业绩发布前，他意外地宣布了这个提价策略。

一个月后，20 美元的提价策略正式对外宣布。亚马逊在自己的网页上解释了这次提价的原因：自从 2005 年推出以来，Prime 会员计划给用户带去的价值不断提升。与此同时，需要配送的商品数量激增，2 天内免运费的商品数量从 100 万件激增至 2 000 万件以上。除此之外，当前的 Prime 会员计划还能免费观看超过 4 万部电影和电视剧，以及超过 50 万本 Kindle 电子书。

亚马逊为自己的提价策略进行了辩护。提价之举虽然有一定的风险，却并没有撼动亚马逊在市场中的地位。

9 个月后的 2015 年 1 月，亚马逊公布了其全球 Prime 会员新增情况。2014 年，Prime 会员增长了 53%。虽然亚马逊并没有公布其 Prime 会员总人数，但在提价后，亚马逊的 Prime 会员数量还在加速增长，这是多么了不起的成就。由此可见，亚马逊 Prime 会员计划在会员心中的分量。贝佐斯把 Prime 会员计划比喻为“购物史上最划算的交易”。且不论这句话准确与否，但用户显然认为这是一笔好买卖。

2018 年 5 月，亚马逊再一次将 Prime 会员费上调至 119 美元。这一次，市场同样没有出现任何负面反馈。我对 2013—2020 年亚马逊 Prime 会员计划推广情况进行调研后发现，Prime 会员计划的渗透率几乎每年都在增长，到了 2020 年中，Prime 会员计划已经覆盖了美国 70% 左右的互联网用户（见图 7-7），即便其间会员费提价了 50%。

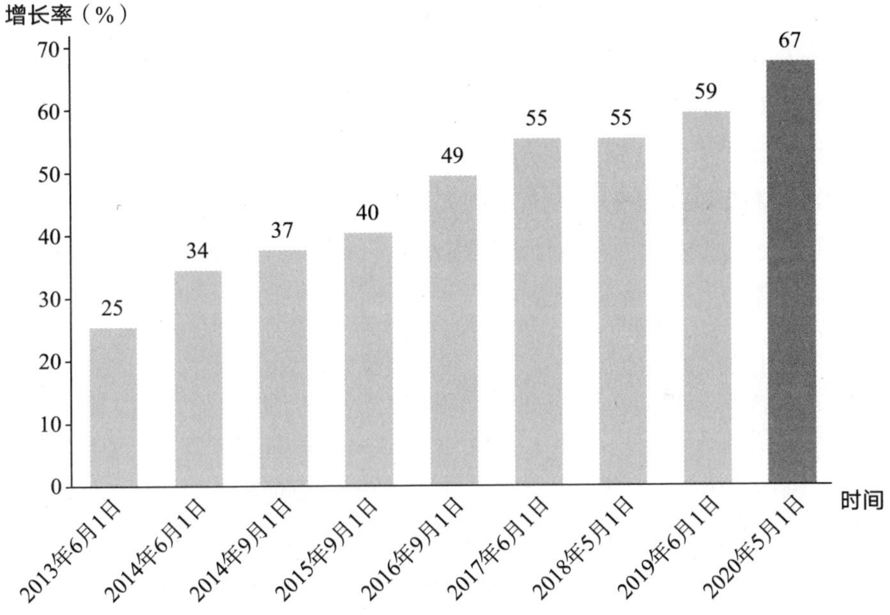

图 7-7　2013 年 6 月至 2020 年 5 月 Prime 会员呈加速增长态势

基于亚马逊超过 1.5 亿的 Prime 会员人数，40 美元的提价将是很大一笔收入，总额超过了 60 亿美元。这相当于亚马逊 2014—2017 年净利润的总和。这就是提价的美妙之处。如果成功，可以全部归入利润。但亚马逊并没有那样做，而是将提价的部分用来提高 Prime 会员的权益，比如更快的物流服务（现在大部分商品的配送都是当日达），更多的电影、音乐、电子书资源等。可以说，亚马逊在提价的同时，也为用户带来了更完善的价值服务，这就是提价的飞轮效应。

用户导向的企业，会持续地为用户创造价值，且如果执行到位，就能带来飞轮效应。这一点，亚马逊做到了，奈飞也做到了。

2014 年 5 月，奈飞把流媒体服务订阅费从 7.99 美元上调至 8.99 美元。这是奈飞自 2007 年推出该项服务以来的首次提价。和亚马逊的做法类似，在一个月前的业绩发布会上，奈飞的 CEO 哈斯廷斯就提到，会考虑将会员价提高 1 ～ 2 美元。换算下来，这可是 13% ～ 25% 的涨幅。最终，奈飞决定提价 13%。哈斯廷斯说："如果我们继续推出更多的原创剧，那么，我们就不得不提一点价。"但奈飞的提价策略进行得很谨慎，它允许现有用户在两年内继续维持 7.99 美元的订阅费。它甚至还推出了一个 7.99 美元的单一屏幕、标准清晰度的月度计划，相比之下，8.99 美元的月度计划则能享受到两个屏幕、高清晰度的服务。

和亚马逊一样，奈飞的提价策略也成功了。2014 年，奈飞的订阅用户数还实现了加速增长。在 2013 年新增了 1 100 万订阅用户后，2014 年的新增订阅用户为 1 300 万。一年半后，奈飞继续提价至 9.99 美元。两年后，标准服务计划提价至 10.99 美元。又过了一年，标准服务计划提价至 12.99 美元。到了 2020 年底，奈飞的标准服务订阅费又上调至 13.99 美元。

在提价的这些年中，每一年，奈飞的新增用户都在加速增长，除了 2019 年的数字比较平稳（见图 7–8）。其中，2015 年的新增用户为 1 600 万，2016 年为 1 800 万，2017 年为 2 100 万，2018 年为 2 900 万，2019 年为 2 800 万，2020 年为 3 700 万。加速增长的背后有很多因素，比如 2020 年的大幅增长源自新冠疫情。但奈飞能做到新增用户持续增长，这意味着在用户看来，奈飞流媒体服务的价值在不断提升，即便价格从 7.99 美元涨到了 13.99 美元。截至 2014 年，哈斯廷斯提到的“涨一点价”变成了 6 年里价格上调 75%。在 2 亿用户的基础上，这可是 140 亿美元的纯利润。当然，奈飞也没有全部将其归为利润，而是在购买内容和创造内容上加大了投资。这就是飞轮效应。更多的内容带来更好的服务，更好的服务又带来更强的提价能力，更多的收入为内容带来了更多资金，更多的资金又转化为更好的服务。

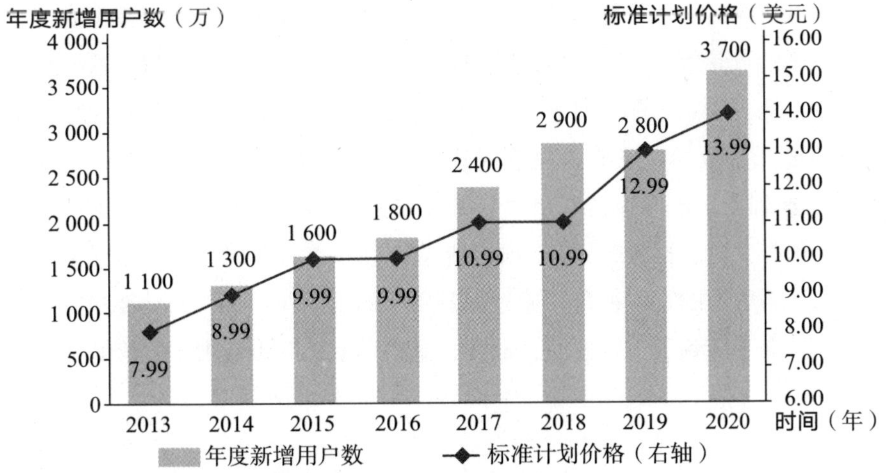

图 7-8　2013—2020 年奈飞提价的飞轮效应

科技股投资心法
Nothing But Net

亚马逊和奈飞都是过去 1 年、5 年、10 年的大牛股，其背后很大一部分原因是其拥有着高速的收入增长。对于奈飞而言，收入等于订阅用户数乘以客单价。大部分时候，奈飞的收入增长都来自订阅用户数的增长。但也有 1/4 ～ 1/3 的时候，奈飞的收入增长来自客单价增长。这些都在提价策略中体现了出来。具有提价能力的企业很少，而这类企业往往能实现更长久的收入增长。

亚马逊和奈飞之所以能成功提价，是因为它们在不断创新，努力提升用户的价值获得感，这也让它们的用户数不断增长。这两家企业都全力投入它们的创新项目，最终为用户带来了高性价比的产品或服务：对于亚马逊用户而言，每年只需 119 美元就能享受到快速的物流服务，以及海量资源（视频、音乐、书籍）；对于奈飞用户而言，每月只需 13.99 美元，就能随时随地体验到大量的高质量视频内容。不过，要维持高性价比的服务，也需要付出高昂的成本。

通过持续提升用户对这些服务的价值获得感，亚马逊和奈飞都享受到了提价带来的飞轮效应，从而塑造了更好的长期商业模式。只不过，这些提价策略最终能否成功，在当时来看，不确定性非常大，连我这样的资深分析师都不知道亚马逊和奈飞能否提价成功。我完全没想到，奈飞能在 6 年提价 75% 的基础上，依然保持几乎每年的新增用户都在快速增长的势头。这一点，恐怕奈飞自己也没想到，否则也不会在第一次提价时那么小心谨慎。秉持以用户为中心的发展视角，通过提升用户的价值获得感，亚马逊和奈飞让自己有机会享受到了飞轮效应，最终，基本面的提升也带来了股价的暴涨。

下一个可能产生飞轮效应的企业是谁？ Spotify。多年来，这家企业也通过在音乐 / 音频领域的积淀，建立起了鲜明的用户价值主张。于是，2021 年初，Spotify 也提价了。至于结果如何，我们拭目以待。

在这里，我们学到的投资教训是：用户价值主张高于一切。

关键启示 Nothing But Net

追随用户的价值主张。过去 10 年中，那些股价表现极佳的企业纷纷将对用户满意度关注的优先级提到了短期投资者之上。亚马逊便是其中的典型。这家企业为提升用户价值感，持续进行了大量的投入，即便有时要牺牲短期利润。2005 年推出的 Prime 会员计划就是经典案例。当年，不仅利润率下降了，支出更是翻倍。但在一番努力之下，亚马逊最终打造出了可能是互联网历史上用户忠诚度最高的产品，和用户之间达成了“购物史上最划算的交易”。无论如何，这家在线零售巨头通过大量的投入，塑造了其行业领先的用户价值主张，并最终体现在了基本面和股价上。

相反地，投资者导向的企业可能会成为糟糕的投资对象。eBay 和 Grubhub 就是这样的例子。它们并没有在满足用户需求上进行足够的创新，而是希望维持高利润的商业模式。正因如此，这两家企业没能给投资者带来稳定的长期回报。2016 年初至 2018 年末，Grubhub 是一只表现很好的股票；eBay 在上市后的 5 年内也表现优异，在过去 5 年也表现不错。但让我震惊的是，这两家企业都错过了摆在眼前的巨大机会，原本它们是能大幅提高市场份额、从最大的竞争对手（亚马逊和 DoorDash）手上争得更大市值的。但我并不认为，现在就可以对这两家企业或任何一家以投资者为导向的企业盖棺论定了（即便 Grubhub 被收购了）。转型到以用户为导向的模式伴随着高成本和高风险，尤其在最初，大概率会受到市场惩罚。但最终，这些企业的转型很有可能成功，就像 Zillow 向在线房屋销售转型那样。

建立和维护强大的用户价值感的成本很高，但它能为企业带来很正面的商业模式。用户价值感可以直观地体现在更高的用户忠诚度和用户留存率上，可以让用户有更多的美妙体验。这些都能让商业模式长期受益。此外，用户价值感也能为定价权带来飞轮效应，这就是亚马逊和奈飞在提价时所享受到的。在以用户为导向的企业中，定价权是稀缺的。毕竟，没有用户会希望为了商品和服务支付更多。只有当企业提供的商品和服务的价值提升时，用户才会接受提价。而这又能让企业在商品和服务的改善中投入更多。所以说，以用户为导向的企业，往往能为投资者带来长期优异的回报。

Nothing
But
Net

第 8 章

最重要的科技股代码是 CEO

按照美国证监会的要求，基金管理人有义务告知持有人：基金的历史表现不代表未来结果。任何在电视、广播和印刷品上投放的广告中都需要放入这句话。这是一个明智而有用的警示，但并不适用于管理团队。

作为投资者，当你找到一个具有成功经验的团队后，你就要一直盯住他们。我说的成功经验，并不是指该团队的业绩持续超出华尔街的盈利预期，也不是指暴涨的股价走势图。我的意思是，该团队成功推出过创新产品或功能，能帮助企业持续实现高增长，以及曾赢得过很高的用户满意度和忠诚度。长期来看，这些基本面和核心驱动力会令股价呈现出漂亮的走势，而管理团队会对这些基本面和核心驱动力产生直接影响。

在研究科技股的 25 年中，我几乎找不到任何一只长期大牛股没有长期优质的基本面支撑的案例。苹果、亚马逊、阿里巴巴、Facebook、谷歌、微软、奈飞、Priceline、Shopify、腾讯和特斯拉等企业之所以能成为长期股市赢家，是因为它们首先是长期基本面的赢家，它们都阶段性地受益于极其优秀的管理团队的管理。但即便是那些最优秀的管理团队也会阶段性犯错，比如奈飞的 DVD 租赁业务 Qwikster、亚马逊的 Fire 手机业务、谷歌眼镜等。

我要强调的关键点是：股价由基本面驱动，基本面由管理团队驱动。看对市场空间，对于基本面而言很重要，但持续的产品创新和具有吸引力的用户价值感，这两点对于基本面而言同样重要。而这两点都是由管理团队驱动的。所以说，如果你看对了管理团队，你大概率能做出正确的基本面判断，从而也就选对了股票。

我刚才罗列的这 11 家企业的管理团队是我接触过的所有优秀管理团队吗？当然不是，尽管在我看来，识别优秀的管理团队往往需要很多年的时间。但即便作为一个二级市场分析师，我也只能在这些企业上市后密切关注它们。实际上，当这些企业还没有上市时，或许它们的管理团队已经形成了自己的管理能力。我只能根据企业的季度和年度表现进行追踪。个人投资者也是如此。所以，我通常更愿意等待 3 ～ 5 年，然后再根据其在公开市场上的表现，对管理团队优秀与否做出“最终”定论。

过去几年，我在互联网行业观察到的优秀管理团队分别来自 Chewy、Etsy、Pinterest、罗库、萃弈、Stitch Fix、Snap、Shopify、贷款树、Wix 和 Zillow。公正地说，萃弈、贷款树、Wix 和 Zillow 都有足够长且优秀的公开市场表现记录，足以被我认定为拥有最佳管理团队的企业。

关于优秀管理团队的特质，作为个人投资者，你需要在被投企业身上找到以下几点：

1. 由创始人领导
2. 长期主义
3. 极富远见的行业视角
4. 专注于提升用户满意度

5. 深厚的技术背景和运营经验
6. 专注于产品创新
7. 能吸收并留住最优秀的人才
8. 勇于向员工和投资者坦承自己的错误

很少有管理团队能同时具备上述所有特质，也不需要拥有以上所有特质，但你需要尽量找到拥有其中大部分特质的管理团队。

创始人领导企业的关键优势

阿里巴巴、亚马逊、苹果、Facebook、谷歌、微软、奈飞、Shopify、腾讯和特斯拉，这些企业有什么共同之处？它们每个都是全球市值最高的企业之一，并且长期由创始人领导。阿里巴巴的马云、亚马逊的贝佐斯、苹果的乔布斯、Facebook 的扎克伯格、谷歌的谢尔盖·布林和拉里·佩奇、微软的比尔·盖茨、奈飞的哈斯廷斯、Shopify 的托比·卢克（Tobias Lütke）、腾讯的马化腾、特斯拉的马斯克（见表 8-1），很长一段时间，是他们领导着企业向前发展。

表 8-1　全球十大市值最高的企业概况

企业名	成立年份	位置	创始人	任期（年）	市值（10 亿美元）
阿里巴巴	1999	中国杭州	马云等人	20	713.14
亚马逊	1994	美国华盛顿州西雅图	贝佐斯	27	1 664.28
苹果	1976	美国加州库比蒂诺	乔布斯等人	23	2 283.35
Facebook	2004	美国加州门洛帕克	扎克伯格等人	17	767.31
谷歌	1998	美国加州山景城	拉里·佩奇、谢尔盖·布林	23	1 401.76
微软	1975	美国华盛顿州雷德蒙德	比尔·盖茨、保罗·艾伦	45	1 838.57

续表

企业名	成立年份	位置	创始人	任期（年）	市值（10 亿美元）
奈飞	1997	美国加州洛斯加托斯	里德·哈斯廷斯、马克·伦道夫	24	247.61
Shopify	2004	加拿大渥太华	托比·卢克等人	17	174.70
腾讯	1998	中国深圳	马化腾等人	23	1 103.22
特斯拉	2003	美国加州帕洛阿尔托	马斯克等人	17	815.36

注：1. 乔布斯的任期不包括 1985 年离开苹果后到 1997 年重新加入苹果前的那段时间；在 2009 年的一项和解协议中，马斯克等 5 人被允许称自己为特斯拉的联合创始人。
2. 市值数据截至 2021 年 2 月 9 日。

看看吧，这些创始人的平均任期为 24 年！这是马尔科姆·格拉德威尔在《异类》中提出的 8 000 多小时（10 年）定律所需时间的两倍多。而且，这里还有一些因素拉低了平均数：扎克伯格直到 2004 年才创办 Facebook（当时他才 19 岁，比美国的法定饮酒年龄还小 2 岁）；托比·卢克在 2004 年才想到创立 Shopify（当时他 25 岁）；马斯克之前一直为贝宝忙碌，直到 2003 年才启动特斯拉（当时他 32 岁）。这些创始人创立并在很长一段时间内负责这些企业的运营。他们在企业发展中的长期直接参与，是这些企业在基本面和市值方面取得成功的关键因素。

我认为，创始人领导企业的优势在于他们更有能力和意愿在争议、批评甚至蔑视面前坚持自己的道路和愿景，以及他们所拥有的长期主义思维和抗压能力。

下面是我能想到的一些例子。

案例 A：2005 年，在贝佐斯的力主下，亚马逊推出了 Prime 会员计划，尽管这么做可能会导致成本的上升，以及华尔街在看到项目成功之前对股价的惩罚（当时亚马逊的股价跌了差不多一年）。我认为，创始人要有很强的意志力和魄力才能做出那样的决策，显然，贝佐斯就有。贝佐斯经常说的一句话是："如果一个人想要创新，就必须愿意接受被误解。"相比于职业经理人，创始人往往更能容忍被误解。如果你经营一家上市企业，被误解的常见表现就是股价剧烈波动。亚马逊就在 2000 年中的互联网泡沫破灭中经历过这样的误解。那个夏天，亚马逊的股价跌了一半。作为回应，贝佐斯在办公室的白板上写下了"我不是我的股价"，以此鼓励员工保持积极和专注。这个故事出自布拉德·斯通（Brad Stone）的《一网打尽》（*The Everything Store*）一书。我认为，只有创始人才有这样的远见。

案例 B：2018 年年中，Facebook 大规模投资网络安全和产品研发。扎克伯格和 Facebook 的管理团队在 2018 年 6 月的业绩发布会上大幅下调了华尔街的盈利预期，几乎可以肯定，这将导致股价的崩溃。唯一的问题是持续多久（答案是差不多一年）。结果，盈利预期下调了 30%，股价下跌了 40%。扎克伯格在那次会议上说："鉴于在安全上的投入，我们可以选择减少对新产品的投资，但我们不会那样做，因为这并不是服务我们社区的正确方式，我们用长期视角运营企业，而非只看下个季度。"这就是创始人的态度。我们已经知道，这种激进的投资为 Facebook 带来了更加坚实的基本面，也给 Facebook 带来了更好的长期回报。

案例 C：2011 年年中，奈飞试图提高价格并将其邮寄 DVD 业务分拆出来。奈飞把 DVD 租赁和流媒体业务做了拆分，将 DVD 租赁单独列为 Qwikster 业务，同时使用两项服务的用户需要开设两个不同账户，每月订阅费也从此前 10 美元上调至 16 美元。这是一个极其糟糕的产品决策。结果显而易见，用户非常愤怒，仅 2011 年第三季度，奈飞就流失了 80 万订阅用户，该决策对品牌造成的伤害更是用了 1 年多的时间才修复。2011 年 10 月 24 日，奈飞在公布了80万用户流失的财报后，仅在一天之内，股价就从17美元暴跌至11美元，跌幅高达35%。《周六夜现场》还嘲笑说，奈飞的这次业务拆分事件应该被写入科技企业的历史教科书。

在Qwikster项目惨败后的几个月，我和奈飞董事会的一名成员共进了晚餐。我问他，为什么董事会同意批准这个糟糕的想法，他的回答映射出了创始人的影响力。他表示，当时董事会确实对这个计划感到不安，但基于对创始人哈斯廷斯的尊重，最终还是同意了。“当迈克尔·乔丹说：‘把球给我，我要上篮得分。’你当然就会把球交给乔丹。”这是这位董事会成员的原话。这就是创始人的力量。

Qwikster项目失败的真正原因是哈斯廷斯尝试强行让市场接受。他相信，家庭观影将走向流媒体，成为市场份额的龙头会使奈飞拥有巨大的优势。因此，他不但尝试用产品和定价策略加速把用户切换到流媒体服务这边，还尝试强迫市场接受，结果适得其反。愿景是正确的，但策略是错误的。后来，奈飞最终收复了失地，而哈斯廷斯也从中吸取了教训。

有一点不得不提。在Qwikster风暴最激烈的时期，奈飞宣布进军英国和爱尔兰市场，在拉丁美洲以外进一步扩张其国际业务。奈飞同时宣称，这次国际业务扩张将会使奈飞从2011年的小幅盈利转变为2012年的亏损。实际上，奈飞的股价在接下来的12个月内跌至7.70美元的最低点，然后在2012年底恢复到推出Qwikster业务时的水平（23美元），2013年又翻了一番，因为奈飞的这一国际业务开始显现成效。什么样的企业会在知道自己的股票会遭受重创的情况下继续加码？只有创始人领导的企业才会如此。奈飞在海外业务的积极下注，虽然在短期内导致了股价下跌，却为创始人、奈飞以及投资者带来了长期收益。

案例D：2015年8月，谷歌宣布重组企业架构，并改名为Alphabet。这一动作，实际上是将谷歌的核心资产（搜索、

YouTube 等业务）纳入谷歌的核心部门，将其他资产放入一个被称为“其他下注”（Other Bets）的部门。拉里·佩奇在公开信中把“其他下注”定义为“和我们现有业务相比有些风险甚至有些奇怪的一些小投注”。其实，在创始人 11 年前的招股说明书中就提到过这些。当时的“小投注”包括生命科学项目（正在开发的葡萄糖感应眼镜）、对抗死亡的 Calico 项目、Wing 无人机送货服务项目，以及 Waymo 自动驾驶系统。这些资产听起来都很不错，直到市场意识到这些“小投注”在 2015 年导致该企业出现了近 40 亿美元的运营亏损。这个亏损听上去可不“小”，而且至少还要持续 5 年，收入却微不足道。你知道什么样的企业能对这些“小投注”持续进行投资吗？答案是创始人领导的企业。谷歌的创始人（谢尔盖·布林和拉里·佩奇）拥有谷歌 51% 的投票权，这让他们可以有效控制谷歌。

那么，这些“其他下注”是否能给谷歌和股东带来收益？答案并不确定。它们被定义为“登月计划”。由于这些项目对应的终端市场分别为自动驾驶、生命健康，所以我认为叫“银河计划”更为贴切。这里的问题是，创始人的远见和胆识让谷歌多年以来始终处于亏损状态，因为要为这些“小投注”不断买单。就像拉里·佩奇在他的 Alphabet 致股东信中所写：“谢尔盖和我在开辟新业务方面是认真的。”我不认为非创始人能做出这样的决策并付诸行动。我猜想，谷歌的长期股东将继续从这种做法中受益。

案例 E：2018 年 4 月，Zillow 在向房地产电商模式转型时饱受争议。管理团队和董事会都明白，转型到一个高度不确定的商业模式会给股价带来致命的风险。这一风险确实发生了，当 Zillow 公布这条信息时，股价跌幅超过 40%。但 Zillow 能咬紧牙关，挺了过来，主要就是因为三位核心创始人信念坚定，他们无视来自华尔街的任何负面反应。他们中的一位之后跟我说，如果市场始终无法理解这个做法，他们愿意把华尔街痛骂一顿。两位创始人巴顿和弗林克控制了大部分的投票权，这让他们有能力做出这个有风险的决策。而这个决策最终给 Zillow 的投资者带来了巨大回报。我很怀疑，一个由非创始人领导的管理团队是否也能做出这样的决策。

这些都是由创始人领导的企业为投资者带来长期回报的例子。除此之外，马斯克领导下的特斯拉也是一个马上就能想到的例子。作为一名分析师，我从来没有研究过特斯拉。但作为一名市场参与者，要忽视像马斯克这样一位具备直觉、眼光、内驱力的创始人是不可能的。马克斯无疑是该企业及其股票成功的关键因素之一。

当然，这些由创始人领导并取得成功的案例，并不意味着所有由创始人领导的企业最终都能成功。Grubhub、潘多拉音乐都是由创始人领导的企业，但它们都以市值大幅低于竞争对手（DoorDash 和 Spotify）的价格被收购。

还有 Priceline，这只股票是过去 10 年里的大牛股，由职业经理人杰夫·博伊德领导，而作为 CEO 的他并非企业创始人。

总之，由创始人领导的企业往往在股价上表现得更好，所以这对投资者来说是一个重要的指标。

树立长期目标，更要言行一致

“着眼长期，赢到最后。”这句话说得没错。长期主义是我在科技股领域优秀管理团队中观察到的明显特征。有一家企业就通过坚持长期主义，为长期投资者提供了很好的回报。我说的不是亚马逊、谷歌或奈飞，而是 Facebook。

在这一章提到的管理团队中，没有任何一位管理者能像扎克伯格那样饱受争议。贝佐斯、乔布斯、比尔·盖茨、拉里·佩奇、谢尔盖·布林等，在企业上市之前都没有和他们相关的好莱坞电影，而扎克伯格有。《社交网络》（*The Social Network*）就是这样一部电影。在上市路演中，爱穿连帽衫的扎克伯格又引发了“连帽衫门”事件。此外，也没有人像扎克伯格那样，个人的政治倾向如此被关注，特别是在 2016 年的美国总统大选中。

你可以把这些争议归咎于他本人，但我不认为他的个性与其他科技企业创始人有明显的不同。扎克伯格给我的印象一直是，他痴迷于企业的发展和成功，但这个标签也能贴到其他主要科技企业创始人身上。对于发展的痴迷，也正是投资者需要从创始人身上挖掘的重要潜质。在我看来，扎克伯格同样关心如何让社会变得更健康，这一点与其他主要科技企业的高管相同。我不确定这是一个高标准还是低标准，但这是一个标准。

我认为，围绕扎克伯格的争议主要和 Facebook 平台所拥有的巨大影响力有关，毕竟，它在全球有近 30 亿用户。这意味着，Facebook 平台汇集了这个地球上很大一部分人的思想和观点。也就是说，Facebook 上的言论无论好坏，这都代表着很大一部分人的所思所想。使 30 亿人的互动成为可能，然后对其进行管理，这也许是一项不可能完成的任务。这是因为，肯定会有人不满意你的做法。围绕 Facebook 和扎克伯格的争议由此而生。

作为一名分析师，我经常从 Facebook 的管理团队那里听到的一个词就是“长期主义”。坦率地说，我认为 Facebook 的这一特质被低估了。投资者在 Facebook 刚上市时就能看到这一点。扎克伯格在 Facebook 的第一份财报发布会议中说道：“希望你们从今天的会议中明白，Facebook 的投资都是为了创造长期价值，给 Facebook 的全球用户带来更多的帮助。”在两个季度的财报发布会议之后，扎克伯格说道：“我经常被问到的问题是，在未来 5 ～ 12 年，我们希望自己能帮助这个世界做出哪些重大改变？Facebook 已经连接了 10 亿人口，下一个大目标是什么？我希望实现三个目标：连接每一个人，帮助人们理解世界，建立知识经济。”有多少企业的CEO会在财报会议中谈论未来5～12年的计划？据我所知，很少。但这就是作为一名长期投资者希望首席执行官谈论的内容。扎克伯格也在之后多个财报会议中，和投资者同步了这三个目标的进展。

长期投资者希望高管不仅树立长期目标，更要言行一致。Facebook真的在2018年第二季度财报会议上宣布了大幅增加投入，并大幅下调了华尔街的盈利预期。这样一个言行一致的管理团队，对投资者而言是一个正面信号。

极富远见的行业视角

如果搜索“谁发明了流媒体”，你会知道，答案是乔治·O.斯奎尔（George O. Squier）。20世纪20年代，他研究出了通过电线传输和分配信号系统的新方法。而这也正是背景音乐的技术原理。

所以，奈飞并没有发明流媒体，也没有发明背景音乐技术。但2007年1月，奈飞确实是在宣布推出流媒体服务时，发明了今天的视频流媒体。这就是行业眼光，优秀管理团队的另一个特质。

十几年前，当哈斯廷斯推出奈飞的流媒体服务时，他对《纽约时报》说了这样几句话：“因为DVD并非能持续百年的产品，所以人们会问，奈飞下一个动作是什么……我们看到，有太多的硅谷企业在追随一种模式。但投资者已经害怕了单一模式的企业。”看上去，哈斯廷斯很早就想到了，奈飞不能仅是一家DVD租赁企业。不知是不是巧合，奈飞在成立时就将未来的流媒体功能融入名称，而那时，家用宽带还没有真正做起来，这就是远见。

今天，奈飞的投资者如果能听到哈斯廷斯在推出流媒体服务时说的那句话，可能会笑出声来。当时，在回答关于竞争的问题时，哈斯廷斯告诉《福布斯》：“我最担心的是用户生成的视频和在线游戏的竞争。”十几年后的 2018 年 12 月，哈斯廷斯在致股东信中表示：“我们和《堡垒之夜》(*Fortnite*) 游戏之间的竞争比和 HBO 的竞争更为激烈。”这个关于《堡垒之夜》的观点在金融界中掀起轩然大波，但至少奈飞在关于竞争的问题上，看法和早期始终一致。当然，2017 年他的“和睡眠竞争”这个说法就有点儿过了。

在 2007 年推出流媒体服务的那一天，哈斯廷斯的一条评论极具预见性。他告诉《福布斯》，奈飞最终会形成 3 种业务模式（用户模式、经济模式、付费模式），会提供更多的电影和屏幕选择，“我们能在手机屏幕、电脑屏幕、电视屏幕上连接上网”。请记住，这个预测可是在 iPhone 手机推出的两星期前做出的。尽管哈斯廷斯在接下来的 10 年中会面临执行上的挑战，但不得不说，他的眼光太超前了，这太令人震撼了。

未来，哈斯廷斯和奈飞在娱乐产业上的远见还会让人如此震撼吗？谁知道呢？但是基于哈斯廷斯管理团队对 DVD 邮寄模式和流媒体模式都做出了正确判断，这足以让我们给予他们更多信任。

专注于提升用户满意度

50 多年来，巴菲特每年都会写一封致股东信。这些信件里面包含了大量有价值的投资和商业管理经验，在专业投资者和个人投资者当中都具有极强的影响力。你可以在亚马逊上花 274.99 美元买一本未经编辑过的前 50 封致股东信版本。

你也可以去亚马逊的投资者关系网站，找到自 1997 年以来贝佐斯写的所有年度致股东信。这些信都是贝佐斯自己写的。其中，有几封信让我印象尤为深刻：

1. 在 1997 年的第一封信中，贝佐斯提到了企业的长期主义和对用户满意度的痴迷。
2. 在 2000 年的信中，贝佐斯提到了亚马逊股价的大幅下跌，他提醒投资者，市场是一台“称重机”，同时他也承认了在 Pets.com 和 Living.com 投资中的错误。
3. 在 2005 年的信中，贝佐斯提到了亚马逊基于数学的决策流程。
4. 在 2007 年的信中，贝佐斯提到了 Kindle 推出的成功。
5. 在 2013 年的信中，贝佐斯提到了亚马逊 9 大业务线的进展，包括 AWS、Prime 会员计划、Fire 手机以及生鲜超市送货上门服务。
6. 在 2014 年的信中，贝佐斯提到了电商平台、Prime 会员计划、AWS 是企业三大支柱业务，并承诺要努力寻找到第四个支柱业务。
7. 在 2016 年的信中，贝佐斯提到了即便亚马逊体量再大，也依然要保持创业第一天的初心，保持创新能力。
8. 在 2019 年的信中，贝佐斯阐述了亚马逊在新冠疫情中的表现。

这些致股东信都蕴含了全球最成功的企业家和管理者在过去 25 年来逐渐形成的思想精华。相比其价值，274.99 美元简直太便宜了。

在每一封信的结尾，贝佐斯总是会附上他在 1997 年写的第一封致股东信。我认为，从中可以体现出亚马逊的长期视野和对用户满意度的痴迷。

科技股投资心法
Nothing But Net

在我过去 25 年持续观察的所有科技企业中，没有一家企业像亚马逊这样持续地将注意力放在用户满意度上。长期来看，他们对用户满意度的专注和痴迷，为亚马逊的长期投资者带来了巨大的回报。所以，投资者和高管们只要跟着亚马逊的用户满意度蓝图走，就不会有错。

蓝图执行得如何很难知道，但专注用户满意度这一点，可以作为识别优秀管理团队的一个重要方面。如表 8-2 所示，我选取了贝佐斯在之前的 23 封致股东信中关于用户满意度的部分。从这些句子中你能看到，一个值得投资的优秀管理团队大致的样子。

表 8-2　亚马逊创始人致股东信中体现出的对用户满意度的痴迷

年份	创始人致股东信中的用户导向
1997	亚马逊通过互联网为用户创造价值，通过这种方式，希望能创建一个持续性的企业，甚至拓展出一个巨大的市场
1998	我始终在提醒员工，要有敬畏之心。这种敬畏，不是对我们的竞争对手，而是对我们的用户。我们的用户成就了今天的我们，他们是我们的衣食父母，为了他们，我们背负着巨大责任
1999	我们的愿景是成为全球最以用户为中心的企业，人们可以在这里找到并发现他们可能想要在网上购买的任何东西
2000	未来几年，无止境的用户体验改善，会驱动在线购物行业实现增长，带来更多新用户
2001	我们的用户才是最有价值的资产，我们要用创新和努力维护这个资产。为此，我们会通过让用户受益的方式提升自己在电子商务领域的领导者位置，从而让我们的投资者受益——缺一不可
2002	简单地说，对用户好才是对投资者好
2003	我们有一个勤奋工作、勇于创新的团队，是他们在打造亚马逊。他们以用户为中心，着眼长远。从这个角度看，股东利益和用户利益是一致的。
2004	我们通过全面提升用户体验来增加营业利润
2005	我们通过不断提升效率和形成规模效应，给用户带来更低的价格，形成一个良性循环。长远来看，这将产生更大的自由现金流，最终建立起一个价值更大的亚马逊
2006	随着我们的不断成长，我们会拥抱更多的新业务。而且，我们会用一种严格的纪律拥抱新业务。我们关注的回报和潜在的市场空间，都来自为用户创造不同的价值感
2007	你们关注的是一个能带来自由现金流回报以及资本回报的企业。我们知道，把用户放在第一位就能实现这个目标
2008	在今天动荡的全球经济局势下，我们的基本面并没有改变。我们低头赶路，专注于长期以及痴迷于用户……我们的定价策略是赢得用户的信任，而不是使短期回报最大化
2009	总体来说，我们的基本方针是从用户开始，然后倒过来做
2010	我们有无法动摇的信念，在我们看来，长期投资者的利益完全和用户利益一致

续表

年份	创始人致股东信中的用户导向
2011	亚马逊人专注未来，通过不同凡响的变革式创新，为成千上万名作者、企业家、开发者创造价值
2012	亚马逊的能量来自让用户满意……我们确实会关注竞争对手，也会从中获得启发，但以用户为中心的做事方式真正定义了我们的文化
2013	任何发明都会经历失败。我们相信，通过早期的失败，能让我们最终做对。我们一旦明白什么是对用户有价值的，我们就会全力以赴，把这一点构建成更大的成功
2014	电商平台、Prime 会员计划、AWS 是我们三大支柱业务。我们很幸运拥有这些业务。对于这些业务，我们致力于持续改进，让它们能更好地服务用户。你们也要相信我们会努力找到第四个支柱业务……只要能通过创新为用户服务，我们保证不会停止努力
2015	亚马逊和 AWS，二者都有着非常独特的组织文化，但有一个原则，它们都非常重视用户。它们坚持用户至上，而不是竞争对手至上
2016	专注用户能给你带来许多优势，其中，最大的一个优势是：用户总是很难被满足，即便他们说得很开心，业务做得也很好。用户可能自己都不知道，他们想要更好的东西，你应该站在用户的视角，通过创新来满足他们的需求
2017	我能感觉到，用户许可现象正在亚马逊的各个部门以及行业内大部分的企业中发生。这时你不应该躺在过去的荣誉上。用户是不会同意的
2018	询问用户他们想要什么，认真倾听他们的回答，然后快速和完整地提供他们想要的，这一点非常重要。没有任何生意能在不关注用户所需的情况下就获得成功
2019	我们从新冠疫情中明白的一点是，亚马逊对用户有多重要。希望你们知道的是，我们在很严肃地对待这份责任，我们为自己团队在艰难时刻能帮助到用户感到自豪

其他重要的管理团队特质

在我分析过的成功企业中，还有其他几个重要的管理团队特质，包括创始人和 CEO 都要有深厚的技术背景、管理团队要有很丰富的运营经验、要专注于产品和服务创新、要能不断吸收并留住最优秀的人才、要勇于向员工和投资者坦承自己的错误。

科技领域最成功的 CEO 和创始人都有很鲜明的特质。几乎所有我观察过的科技企业创始人都拥有计算机科学或工程学背景。如果你要经营一家科技企业，有一个科技背景会为你带来帮助。

阿里巴巴的马云是一个例外。在 2010 年的大会中他提到，自己一直到 33 岁才买了第一台电脑，但从来没有写过一行代码。我在阿里巴巴上市前后和他见过几次面。他给我的印象总是很谦逊。他的个人经历也体现出强大的毅力。比如，他申请了哈佛商学院 10 次，每一次都被拒绝了。他曾 3 次参加高考，前两次都很不如意，第三次勉强考上了杭州师范学院。或许，最让他沮丧的是申请杭州肯德基工作时的失利。原来，在 24 名申请者中，只有他被拒绝了。学生时代的马云，连续 9 年每天骑车 20 多千米做导游，只为提高自己的英语能力。马云或许是科技巨头中品性最坚毅、最让人震撼的一位领导者。他的阿里巴巴也在中国打败了 eBay 和亚马逊。

关于运营和管理经验，亚马逊和谷歌都是很好的范例。我认为，谷歌这些年能成功的关键原因是埃里克·施密特为早期的谷歌带来了“成熟的管理”。施密特于 2001 年加入谷歌，此前，他是 Novell 的董事长兼 CEO，当时，距离谷歌上市还有 3 年时间。施密特的加入，大幅提升了谷歌在投资者心目中的可信度，他也给谷歌带来了迫切需要的专注力和纪律性。有报道说，有三个原因让拉里·佩奇和谢尔盖·布林聘请了施密特。比如，他们认为自己缺乏扩大谷歌规模的运营经验，而施密特具备；他们尊重施密特的技术背景；他们震惊于施密特是唯一参加过“火人节”（Burning Man）的 CEO。火人节是一个每年都会在内华达州沙漠举行的关于“创造、狂欢、包容和耐力”的社会活动。

或许，参加过火人节也应该被视为优秀领导者的特质之一。如表 8-3 所示，科技企业的成功与 CEO 参加过火人节之间似乎有一定的关联度。或许，投资者最应该问 CEO 的一个问题是：“你参加过火人节吗？”

表 8-3 科技企业的成功与创始人或 CEO 参加过火人节之间的关联度

企业名	成立年份	位置	创始人	任期（年）	是否参加过火人节	市值（10亿美元）
阿里巴巴	1999	中国杭州	马云等人	20	否	713.14
亚马逊	1994	美国华盛顿州西雅图	贝佐斯	27	是	1 664.28
苹果	1976	美国加州库比蒂诺	乔布斯等人	23	是	2 283.35
Facebook	2004	美国加州门洛帕克	扎克伯格等人	17	是	767.31
谷歌	1998	美国加州山景城	拉里·佩奇、谢尔盖·布林	23	是	1 401.76
微软	1975	美国华盛顿州雷德蒙德	比尔·盖茨、保罗·艾伦	45	未知	1 838.57
奈飞	1997	美国加州洛斯加托斯	里德·哈斯廷斯、马克·伦道夫	24	未知	247.61
Shopify	2004	加拿大渥太华	托比·卢克等人	17	否	174.70
腾讯	1998	中国深圳	马化腾等人	23	未知	1 103.22
特斯拉	2003	美国加州帕洛阿尔托	马斯克等人	17	是	815.36

注：1. 乔布斯离开苹果的 1985—1997 年没有计算在任期内，不确定乔布斯是否参加过火人节，但他的形象被纳入了火人节音乐剧。
2. 市值数据截至 2021 年 2 月 9 日。

对于勇于承认自己的错误这一点，我想到了三个例子。第一个例子是，2011 年 10 月 19 日，奈飞的 CEO 里德·哈斯廷斯通过视频为 Qwikster 的错误决策公开道歉，这种情况在美国大企业中是很少发生的。他因此遭到了很多批评，包括穿着一件半扣纽扣的蓝绿色衬衣。但他的道歉让他和奈飞在投资者心目中获得了长期的信誉。第二个例子是，贝佐斯在 2000 年致股东信中承认了关于投资 Pets.com 和 living.com 的错误。所有的管理团队都会犯错，但很少有人愿意公开承认他们错了。贝佐斯在信中用了很大篇幅阐述他的错误，这也让他在投资者心目中建立起了长期的信誉。

第三个例子是我的最爱。在 2007—2008 年的金融危机中，很多互联网企业的 CEO 在业绩发布会上都会被问到金融危机对其业务的影响。我之所以能知道，是因为我也是这么提问的一位分析师。即便从公开数据中能看到增速放缓，但没有一位 CEO 愿意在业绩发布会中承认经营环境的恶化。那时的互联网行业，包括谷歌、亚马逊、eBay 和雅虎等，都有着强劲的自我防御能力。它们不可能会被全球金融危机所影响！但有一位 CEO 在电话会议中承认，全球金融危机严重影响了该企业的业务，他就是 Expedia 的 CEO 达拉·科斯罗萨西。他在电话会议中的第一句话是："外面的环境一团糟。"然后，他详细阐述了全球金融危机给 Expedia 带来的负面影响。我在自己的业绩报告中赞扬了他的坦诚。10 年后，科斯罗萨西成了优步的 CEO，我把当年的例子拿出来说，是因为我认为他也会成为优步很完美的 CEO。长期的表现是看在投资者和分析师眼中的。

能够直面错误和挑战，是投资者需要在科技企业 CEO 身上看到的另一个特质。这一点，或许所有企业的 CEO 都应具备。

关键启示
Nothing But Net

管理团队真的很重要。管理团队的质量或许是科技股投资中最重要的一个因素。因为从长期来看，股价由基本面决定，而基本面主要由管理团队决定。看对了管理团队，你大概率就看对了股票。市场空间也重要。持续的产品创新和用户价值创造也很重要。但管理团队对这几个因素有直接影响。所以，看对了管理团队，你大概率就看对了基本面、看对了股价。在股市中，或许最重要的股票代码是 CEO。

这些是你需要寻找的优秀管理团队的特质：由创始人领导（几乎所有的科技股大企业都是创始人在带领），坚持长期主义（如同扎克伯格的 1 年、5 年、10 年目标），拥有极富远见的行业视角（如哈斯廷斯对流媒体的创新），专注于提升用户满意度

（读一下亚马逊的致股东信），拥有深厚的技术背景和运营经验，专注于产品创新，能吸收并留住最优秀的人才，以及勇于向员工和投资者坦承自己的错误。你很难在一个团队身上找全这些特质，但实际上，你所观察的团队也不需要拥有以上所有特质。但你要从管理团队中尽可能多地寻找到这些特质。当然，找到参加过火人节的管理团队也很有帮助。

不同于基金，管理团队过去的表现能预示未来。作为投资者，当你找到一个具有成功经验的团队后，你就要盯紧他们。成功的过往经验并不代表能持续创造出超出华尔街的季度盈利预期，也不意味着能助力股价实现暴涨，股价的表现受大量短期因素影响。一份成功的过往经历常常意味着管理者能持续推动企业实现高增长，能成功推进产品和功能的改善，能赢得用户的满意度和忠诚度。这才是股价能有长期优秀表现的基本面和核心驱动力。而管理团队对于这些基本面和核心驱动力负有直接责任。

Nothing
But
Net

第 9 章

估值不是科技股投资决策中的最重要因素

先说明一下，以下内容并非关于如何对科技股进行估值。相反，这些是我作为这一领域中的从业人员学到的教训。在过去 25 年中，我运行了无数种不同的估值模型，这些模型有时看起来很简单，有时则具有挑战性，但目标都是对股票进行评估。而我学到的最重要的教训就是：估值不应该是科技股投资决策的最重要因素。

打破美好的“估值幻觉”

2019 年 5 月 10 日，这天是星期五，优步上市了，发行价为 45 美元。上市首日，股价就跌至 42 美元以下，跌幅为 8%。除了 2019 年 6 月短暂的一段时间外，这只股票在上市后的 18 个月内，表现糟透了。股价长期处在发行价以下。2020 年 3 月中旬，由于新冠疫情带来的基本面压力以及投资者对优步流动性的担忧，优步股价进一步跌至 15 美元以下，相比于 IPO 价格，优步股价整整下跌了近 70%。

2019 年 3 月 29 日，同样也是星期五，Lyft 上市了，发行价为 72 美元。

上市首日，股价就上涨了 9%，收于 78 美元。但之后就一直在调整，直到 2021 年初，股价才重新回到当时的发行价。除了 2019 年 4 月的两个交易日以外，这也是一只糟糕的股票，股价大幅低于 72 美元的发行价。2020 年 3 月中旬，股价一路跌至 16 美元，相比发行价跌去了超过 75%。

2019 年 10 月，由于优步和 Lyft 的股价都表现得很糟糕，著名的 CNBC 撰稿人乔希·布朗（Josh Brown）写道，优步失败的 IPO 影响了投资者的情绪，将其从“美好的估值幻觉中拉回到了盈利能力这一现实上”。布朗进一步解释道：

> 我认为更重要的是，在优步 IPO 失败之后，一切都发生了变化……优步，一个拥有如此高的估值、盈利能力却略显不足的企业，它的上市让机构投资者和个人投资者的情绪都发生了巨大变化。这是一个梦醒的时刻。

新冠疫情确实抑制了共享出行的需求，给美国的这两家行业巨头带来了严重影响，但实际上，这两家企业在疫情之前就已经面临很大的股价压力，因为它们都处于大幅亏损之中。2019 年，Lyft 的净亏损额为 26 亿美元，优步的净亏损额为 86 亿美元。如此巨额的亏损，几乎是史无前例的。在 IPO 之后的财报中，人们对这两家企业未来是否具备盈利可能也存在巨大质疑。这种不确定性也在布朗的观点中得以体现。

而让我们震惊的是，即便如此，优步股价仍在 2020 年上涨了近 70%。到了 2021 年初，优步股价较 2020 年 3 月中旬的最低点上涨了 300%，比发行价高出了 30% 以上。可是，优步的盈利前景仍不明朗。大部分华尔街人士都认为，优步在 2023 年之前无法实现实质性盈利和正向自由现金流。而从 PS 估值的角度看，优步和 Lyft 的估值也都比刚上市时还高了。我们又回到了“估值幻觉”的状态。

欢迎来到科技股的估值世界。

为什么科技股的股票都很贵

当你听到“科技股”时，第一反应是什么？或许有人会说“让人兴奋”；也有人会说“高增长”。但我认为，绝大多数人的第一反应是“贵”。说“贵”的人，可能是对的。

作为科技股的晴雨表，过去 20 年中，纳斯达克指数的平均估值是 20 倍，而标普 500 指数的平均估值是 15 倍。你可以用很多方法解读这些数字，但大多数方法都会清晰地表明纳斯达克的估值存在溢价。

这是不是意味着科技股很贵？理论上说，是的。但这是在“没有把每股收入增速纳入其中，而后进行调整”的基础上得出的结论。毕竟，单独看估值并没什么意义。更有用的估值有助于了解这只股票的股价高于还是低于市场价格，以及与行业竞争对手相比，交易价格处于折价还是溢价状态。但最有用的可能是，知道这只股票的估值和增长率之间的关系。没有经过增速调整后的估值几乎毫无意义。

根据经验，一只股票的增长率越高，其对应的估值通常越高。在其他条件（资本 / 投资强度、运营资金需求）相同的情况下，企业的盈利和自由现金流增长越快，其对应的估值也越高。

高增长可以使“昂贵”的股价随着时间的推移变得合理。这里有一个简单的例子。

假设有两只股票。第一只是每股收益为 1 美元的“科技股票”，以 20

倍估值交易（约为过去20年纳斯达克指数的中位数估值[①]）；第二只是每股收益也为1美元的“普通股票”，以15倍估值交易（约为过去20年标普500指数的中位数估值）。乍一看，第二只股票比第一只股票更便宜。

假设那只“科技股”能以20倍估值交易，是因为市场认为这家企业能持续实现20%的每股收益增长；那只“普通股”能以15倍估值交易，是因为市场认为该企业能持续实现10%的每股收益增长（这个增速和标普500指数过去20年中的平均增长率接近）。根据另一个法则，大部分股票的交易价格与它们长期的每股收益增长率相一致，或者有适度的溢价。我发现，一只能持续实现10%的每股收益增长的股票，估值通常在15～20倍，而一只能持续实现20%的每股收益增长率的股票，估值通常在20～40倍。低速增长的股票通常能够以其预期增长率的2倍进行交易（即10%的每股收益增长在交易时对应的是20倍估值），高速增长的股票却很难获得这样的估值溢价。会出现这一情况，是因为市场也在怀疑那些高速增长是否可持续。真是一个聪明的市场。

回到每股收益高增长如何让一只“昂贵”的股票变得合理这一话题上。在表9-1中，一只是20倍估值的股票，另一只是15倍估值的股票。第二只看似更便宜，但假设股价不变，每股收益增长率一直维持下去，从4年后的估值来看，那只更贵的“科技股”自第5年起会比那只“普通股”更便宜。

表9-1 增长率与估值的关系

20倍估值的科技股（20%的每股收益增长率）			15倍估值的普通股（10%的每股收益增长率）		
时间（年）	每股收益（美元）	PE估值（倍）	时间（年）	每股收益（美元）	PE估值（倍）
1	1.00	20.0	1	1.00	15.0

① 中位数估值是指一组估值数据中位于中间位置的数值，即有一半的估值数据小于该数值，有一半的估值数据大于该数值。在投资领域中，中位数估值通常用于衡量企业或资产的价值。——编者注

续表

20 倍估值的科技股（20% 的每股收益增长率）			15 倍估值的普通股（10% 的每股收益增长率）		
时间（年）	每股收益（美元）	PE 估值（倍）	时间（年）	每股收益（美元）	PE 估值（倍）
2	1.20	16.7	2	1.10	13.6
3	1.44	13.9	3	1.21	12.4
4	1.73	11.6	4	1.33	11.3
5	2.07	9.6	5	1.46	10.2
6	2.49	8.0	6	1.61	9.3
7	2.99	6.7	7	1.77	8.5
8	3.58	5.6	8	1.95	7.7
9	4.30	4.7	9	2.14	7.0
10	5.16	3.9	10	2.36	6.4

不要急着买科技股，至少先弄懂每股收益增速调整后的估值再说。

我们换一个角度来看这一问题。如果科技股能支撑住它们的估值溢价，那么任何更高的增长都能转化成股价更好的表现。假设有一只 20 美元的科技股以 20 倍估值进行交易，对应的是 20% 的每股收益增长率。如果这只股票能支撑住这个每股收益增长率，那么第 3 年，每股收益就会变成 1.44 美元，对应 28.80 美元的股价，回报率为 44%。同期，另一只普通股的估值是 15 倍，对应的是 10% 的每股收益增长率，第 3 年时，每股收益变成 1.21 美元，对应股价为 18.15 美元，回报率为 21%。5 年后，科技股的回报率是 107%，而普通股的回报率是 46%（见表 9–2）。

表 9–2　高增长如何转化为高价值

20 倍估值的科技股（20% 的每股收益增长率）					15 倍估值的普通股（10% 的每股收益增长率）				
时间（年）	每股收益（美元）	PE 估值（倍）	股价（美元）	回报率（%）	时间（年）	每股收益（美元）	PE 估值（倍）	股价（美元）	回报率（%）
1	1.00	20.0	20.00	—	1	1.00	15	15.00	—

续表

20 倍估值的科技股（20% 的每股收益增长率）					15 倍估值的普通股（10% 的每股收益增长率）				
时间（年）	每股收益（美元）	PE 估值（倍）	股价（美元）	回报率（%）	时间（年）	每股收益（美元）	PE 估值（倍）	股价（美元）	回报率（%）
2	1.20	20.0	24.00	20	2	1.10	15	16.50	10
3	1.44	20.0	28.80	44	3	1.21	15	18.15	21
4	1.73	20.0	34.56	73	4	1.33	15	19.97	33
5	2.07	20.0	41.47	107	5	1.46	15	21.96	46
6	2.49	20.0	49.77	149	6	1.61	15	24.16	61
7	2.99	20.0	59.72	199	7	1.77	15	26.57	77
8	3.58	20.0	71.66	258	8	1.95	15	29.23	95
9	4.30	20.0	86.00	330	9	2.14	15	32.15	114
10	5.16	20.0	103.20	416	10	2.36	15	35.37	136

还是那句话，别急着买科技股，弄懂每股收益增速调整后的估值不仅重要，还非常关键。

我们以 Facebook 为例。2016—2020 年，Facebook 的股价通常以 17～25 倍估值进行交易，偶尔会突破这一区间。对于 Facebook 这样的企业，长期来看，我认为这样的估值区间很有吸引力。是的，这一估值几乎一直高于市场的估值，但 Facebook 用自己的持续高增长证明了自己的实力。在这 5 年中，Facebook 的收入增长分别为 54%、47%、37%、27%、22%，这就是我说的稀缺高增长。还记得吗？只有 2% 的标普 500 成分股中的企业能持续实现 20% 以上的收入增长。在新冠疫情暴发的 2020 年，Facebook 还能获得 22% 的收入增长，这简直让人震惊。

如表 9-3 所示，在这 5 年中，Facebook 的每股收益增长率一直都很强劲，除了 2019 年。那一年，Facebook 正处于大规模投资阶段，结果，收入增长略显放缓，在剔除了一次性支付给美国联邦贸易委员会的 50 亿美元后，每股收益增长率仅剩 7%。

表 9-3　2016—2020 年 Facebook 坚实的基本面

分项	2016 年	2017 年	2018 年	2019 年	2020 年
收入（百万美元）	27 638.00	40 653.00	55 838.00	70 697.00	85 965.00
收入增长率（%）	54.00	47.00	37.00	27.00	22.00
GAAP 每股收益（美元）	3.49	5.39	7.65	8.18	10.09
每股收益增长率（%）	171.00	54.00	42.00	7.00	23.00

那么，整体来看，Facebook 股价在这 5 年中的表现如何？答案是大幅跑赢市场。Facebook 股价上涨了 161%，几乎是同期标普 500 指数涨幅的 2 倍（后者上涨了 84%）。具体来看，Facebook 在 2018 年跑输了市场，2016 年跑平了市场，但其他三年都大幅跑赢了市场。

科技股投资心法
Nothing But Net

在我看来，这一表现与 2013—2018 年的 Priceline 一样优秀，当时，该股股价整整上涨了 120 倍。即便两只股票都存在较大波动，但它们都给长期投资者（持股周期超过 1 年的人）带来了极好的回报，因为它们都是高增长的企业，而且它们的估值都低于它们的每股收益增长率。

这给我们带来了一个显而易见的选股教训：股票交易时的估值如果低于其每股收益增长率（比如 20 倍估值对应 30% 的每股收益增长率），那么这个估值就是有吸引力的。这样的机会不常见，但确实在 Priceline 和 Facebook 中都出现过。投资者需要将其视作巨大的潜在投资机会认真对待。

所以，科技股或成长股看似很贵，但如果它们的盈利增长足够快，就会比盈利增长慢的企业更有投资价值。市场几乎总会给高增长企业更高的估值。所以，不要被高估值吓退。关键问题是，高估值的股票是否能持续实现收入和每股收益的高增长？如果是，那么这类高估值股票或许也会成为不错的投资。

优秀的选股者 = 经济学家 + 心理学家

有时候，估值可以很简单。一只股价为 100 美元、估值为 25 倍的股票，假设估值不变，盈利持续增长 25%，那么，12 个月后股价会变成 125 美元。

现实情况通常要复杂一些。这里有一个相对简单的案例：2017 年 2 月，基于 Facebook 上一年第四季度强劲的业绩，我写了一篇看多 Facebook 的报告。那份报告的标题是《依然有许多值得喜欢的东西》。当时，Facebook 的股价为 133 美元，我上调了盈利预期，将目标价调至 175 美元。而那一年，Facebook 的收盘价为 176 美元（见图 9-1），和我的目标价仅差 0.8%。相信我，这种情况很少发生。

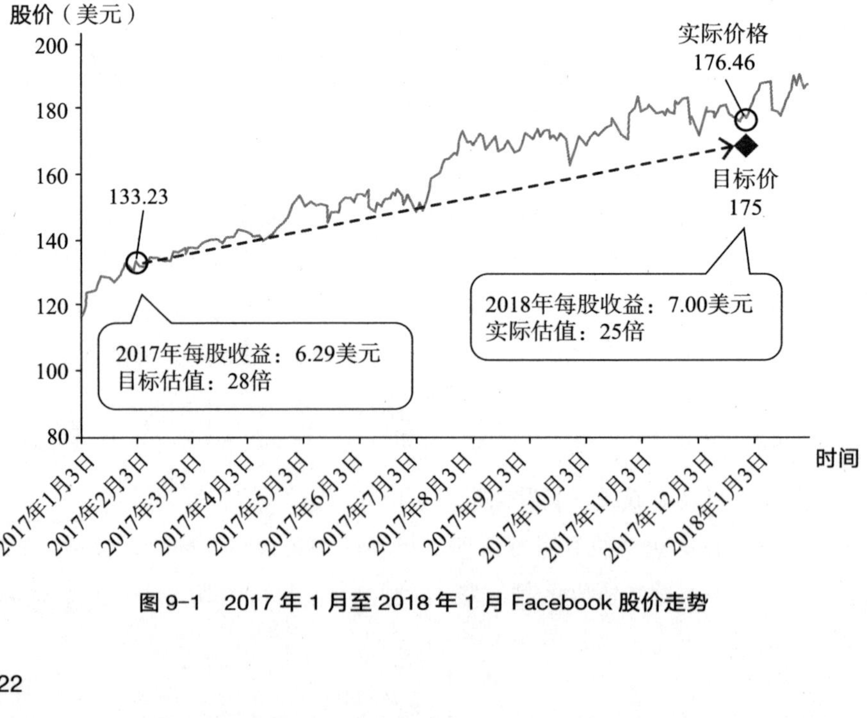

图 9-1　2017 年 1 月至 2018 年 1 月 Facebook 股价走势

在那份 2 月初的每股收益报告中，我注意到，当时 Facebook 的股价只有 133 美元，与我预测的 2017 年每股收益 4.51 美元相比，估值不到 30 倍，而每股收益增长率却是 38%。为了得到我的目标价，我对 Facebook 2018 年的每股收益进行了预测，结果为 6.29 美元（对应的是与 2017 年每股收益类似的增长率），我假设 Facebook 的估值会有小幅下调，但依然能维持较高的水平。于是，我用 28 倍估值乘以 2018 年的 6.29 美元的每股收益，得到了约为 175 美元的目标价。

我是聪明还是幸运？实际上，2017 年，Facebook 真实的每股收益为 5.40 美元，比我预测的高了 20%，这意味着 Facebook 2017 年的每股收益增长率为 54%。到了 2017 年底，我将 2018 年每股收益预测上调至 7.00 美元（比我第一次预测高了 11%）。这意味着 Facebook 2017 年的交易价格是 2018 年估值的 25 倍（比我此前的预期低了 9%）。

所以，我完全看对了这只股票：2017 年，Facebook 的收盘价与我的目标价相差不到 1%，即 A+ 级。但我的 2017 年每股收益预测比实际情况低了 20%，而我的 2018 年每股收益预测也比实际情况低了 11%，即 B 级。我的目标估值比实际估值低了约 9%，即 B+ 级。

这个例子告诉我们应这样看待估值：对于高增长的企业来说，要知道估值的区间，比如 10 ～ 40 倍。我将 40 倍作为估值的上限，因为这是纳斯达克指数史上平均估值的 2 倍。

科技股投资心法
Nothing But Net

我认为，一名优秀的选股者应该同时具备良好的经济学知识（能合理预测未来一两年的收入情况）和心理学知识（能合理预测市场会给这一收入多少倍的估值）。当一家企业能实现明显的高增长时，该企业的估值会受到三个因素的影响：市场估值水平、所在行业估值水平，以及预期的每股收益增长率。一旦其中任何因素发生改变，企业的估值都会随之改变。因此，在某种程度上，心理学家的工作和经济学家类似，只是经济学家需要尝试预测未来的收入增长前景，而心理学家则需要预测收入增长前景是否会发生变化。

所以，我们在对一个收入高增长的企业进行决策时，需要考虑：它的收入增长是否可持续？一只拥有 30 倍估值、20% 的每股收益增长率的股票，只要每股收益能保持 20% 的增长率，那么估值就会维持在 30 倍的水平（假设市场和行业的估值没有发生变化，企业的资产负债表和自由现金流也没有发生变化）。

这也意味着，如果企业的每股收益增长放缓或成长前景不容乐观，其估值大概率会下调。估值下调的速度取决于每股收益增长的下降速度。关于这只股票的股价表现，我们要看每股收益增长是比下调后的估值更高还是更低。最糟糕的情况是，未来的每股收益增长和估值都出现下调，这就是“戴维斯双杀”。这也就是 Snap 在上市后的那一年里所发生的事情。唯一的区别是，当时先下调的是收入增长，这导致了 Snap 股票估值的下调，最终股价严重跑输市场。

反过来说，如果一家企业的收入增长加速或增长前景更为乐观，那么，估值也大概率会上升。估值能上升多少取决于每股收益增长率能提高多少。这就是“戴维斯双击”。也就是 2018 年初在奈飞身上发生的那一幕。当企业找到第二增长曲线时，提价和推出更多自制剧等策略推高了市场的盈利预期，奈飞未来的增长前景变得更为乐观，估值也相应调高，最终，股价大幅跑赢市场。

那些低盈利企业的超高估值是否合理

有些盈利很少却拥有着超高估值（超过 50 倍）的企业，也能成为一笔好投资。亚马逊和奈飞都证明了这一点。这里的关键问题是：这些企业能否维持很长一段时间的高增长？短期的盈利是否会受到一些重大投资的影响？企业长期的营运利润率是否会远高于今天的水平？如果这些问题的答案是肯定的，那么超高的估值也是合理的。

2010—2020 年的大部分时间，我都长期看多奈飞。作为奈飞的大多头，最难的一点是如何证明其估值的合理性。是的，长期以来，这家企业的收入增长和用户数增长都相当惊人，但只有 3 年（2010 年、2011 年和 2020 年）实现了正向自由现金流。现金流亏损从 2012 年的 0.67 亿美元上升至 2019 年的 32 亿美元，几乎每一年都在上升。这些年来，奈飞的管理团队坚持用负向现金流思维运营企业，且拒绝提供现金流转正的具体时间。这些做法让分析师无法有力地维护它的估值。

但在这 10 年中，奈飞确实拥有稳定的 GAAP 下的盈利，尽管大部分时间盈利都很少。这一点非常罕见。通常，正向盈利会对应正向现金流。但是，奈飞的商业模式与其他模式不同，特别是从版权模式转向自制剧模式后，前者会随着版权的年份进行折旧，而自制剧模式会在一开始计入全部费用。

无论如何，过去 10 年，投资者一直在寻找奈飞合适的股价，但这是极其困难的。2016—2020 年，奈飞的中位数估值为 71.5 倍（见图 9-2）。即便在 2021 年初，奈飞的估值也是极高的，约为华尔街每股收益增长预期的 55 倍。当奈飞估值达到 71.5 倍时，你又如何能说服大家这是合理的？！

关于这个问题，我们还要从前面提到的三个关键问题中寻找答案：短期盈利情况是否会受到一些长期重大投资的影响？企业长期的营运利润率会不会远高于今天的水平？这家企业能否维持很长一段时间的收入高增长？

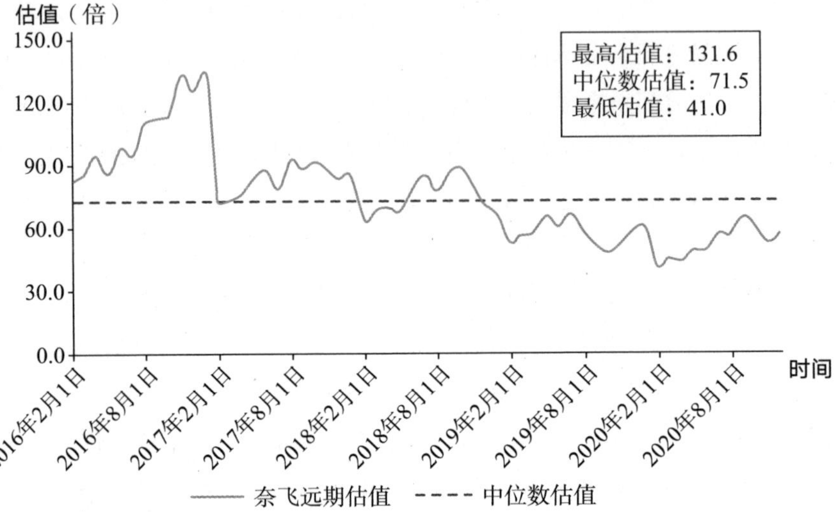

图 9-2　2016 年 2 月至 2020 年 8 月奈飞估值走势

关于第一个问题，2010—2020 年，奈飞的管理团队明确表示，该企业将持续进行大规模投资，通过优质内容驱动业务发展。国际市场的拓展也需要大量的营销开支。奈飞进入了好几个流媒体服务从未涉足过的市场，而这也需要投放大量的广告以建立品牌。2010 年，奈飞的市场推广费是 3 亿美元；2014 年，翻倍至 6 亿美元；2017 年，又翻了一倍多，增至 14 亿美元；2019 年，推广费更是高达 27 亿美元。规模庞大的市场开支总能带来新的希望，因为市场推广费几乎总是用来获取新用户的。随着订阅用户数的不断增长，奈飞的现有用户群也变得越来越大，新用户占比也在逐渐下降。尽管短期来看，市场推广费会削弱盈利能力，但长期来看则有利于利润率的提升。

当然，更大的投资发生在内容端。2016—2019 年，奈飞在内容端的投资从不足 70 亿美元增长到超过 145 亿美元。奈飞通过在内容端的大规模投入，牢牢地吸引住了订阅用户，从而降低了用户流失的可能性。可以说，奈飞通过大规模的内容投资，最终埋葬了它的竞争对手。这一点也和奈飞内容投资的飞轮效应有关：更多的内容吸引了更多的用户，带来了更多的收入，而更多的收入又转化为更多的内容投资，产生出更多的内容，如此循环。短期看，内容投资会削弱盈利，但长期看，奈飞有机会把内容投资变成一笔固定支出，从而享受到营运利润率的大幅增长。

第二个问题的答案也是显而易见的。因为在 2012—2016 年，有一大批媒体公司（如迪士尼、维亚康姆集团、哥伦比亚广播公司和福克斯）的营运利润率都比奈飞的低至 5% 左右的水平高很多。从 2016 年初开始，奈飞公开承诺，要把每年的营运利润率提高 3 个百分点。这是一个奇怪的承诺，很少有上市企业提出过如此具体的财务目标。令人惊讶的是，奈飞真的实现了这个目标，将营运利润率从 2016 年的 4% 提高到了 2017 年的 7%、2018 年的 10%，以及 2019 年的 13%。这样的扩张，不仅给奈飞的管理团队带来了很高的信誉，也帮助奈飞提高了收入增速。

关于第三个问题，我强烈认为，奈飞能够在未来数年内实现持续的收入高增长。奈飞拥有巨大的市场空间和非常优秀的管理团队，在不断提高用户的价值获得感之后，奈飞拥有了很强的定价能力，这进一步推动了收入增长。而且，奈飞属于用户订阅模式，这意味着未来收入的透明度很高。这些因素叠加在一起，确实驱动企业实现了强劲的每股收益增长。

如表 9-4 所示，与上一年相比，奈飞的每股收益增长太惊艳了。这里面，营运利润率的提升产生了巨大影响。我还是认为，质量最高的每股收益增长来自收入的增长。但是，营运利润率的提升作用也很强大，从低基数开始的企业尤其如此。有一个很高的营运利润率固然很棒，但如果从低基数开始向上扩张，这对每股收益增长会更有帮助。这就是 2017—2020 年发生在奈飞身上的故事，奈飞的每股收益同比增长为 47% ～ 194%。每一次的业绩发布后，总有很多不一样的声音，比如认为存在税率变化、一次性投资收益等情况。但我总是会结合着营业收入的增长或 EBITDA 的增长来看每股收益的增长。比如，2018 年，受收入增长了 35% 和营运利润率增长了 42% 的强劲推动，奈飞的营业收入同比飙升了 91%。实际上，最美妙的事情就是，收入和营运利润率同时增长，进而推动营业收入和每股收益同步增长。

表 9-4　2016—2020 年奈飞基本面情况

分项	2016 年	2017 年	2018 年	2019 年	2020 年
收入（百万美元）	88 307.00	116 927.00	157 943.00	201 564.00	249 961.00
收入同比增长（%）	30.00	32.00	35.00	28.00	24.00
营运利润率（%）	4.30	7.20	10.20	12.90	18.30
营运利润率同比增长（%）	—	67.00	42.00	27.00	42.00
营业收入（百万美元）	3 798.00	8 387.00	16 052.00	26 043.00	45 853.00
营业收入同比增长（%）	—	121.00	91.00	62.00	76.00
每股收益（美元）	0.43	1.25	2.68	4.13	6.08
每股收益同比增长（%）	51.00	194.00	115.00	54.00	47.00

注：收入 × 营运利润率 = 营运利润；收入同比增长 × 营运利润率同比增长 = 营业收入同比增长。

所以，2016—2020 年奈飞高高在上的 71.5 倍估值背后，是超级高的每股收益增长。在此期间，奈飞的平均每股收益增长率是 92%。这还是在市场推广和内容投资削弱了盈利的前提下实现的。

通过回答以上三个关键问题，我向大家解释了 2011—2020 年奈飞估值过高的原因。你可以用同样的方式来尝试判断一个高估值的科技企业其估值是否合理。

从亚马逊的选股教训中我们看到了和奈飞相似的地方。如图 9-3 所示，长期以来，亚马逊的估值也很高，5 年的中位数估值是 72.4 倍。对于那三个关键问题，答案也极其类似。亚马逊长期投资于多个领域，这导致了短期内，每股收益被压低。但几乎没有人会怀疑亚马逊的长期盈利能力。人们有充分的理由相信亚马逊能维持很高的收入增长，毕竟，亚马逊拥有电商和云计算这两个数万亿美元的大市场，而且还拥有高质量的管理团队。但亚马逊并不会像奈飞那样承诺营运利润率的提升。所以，亚马逊的每股收益增长率不会像奈飞那么高。那么，亚马逊又是怎样维持了如此高的估值呢？

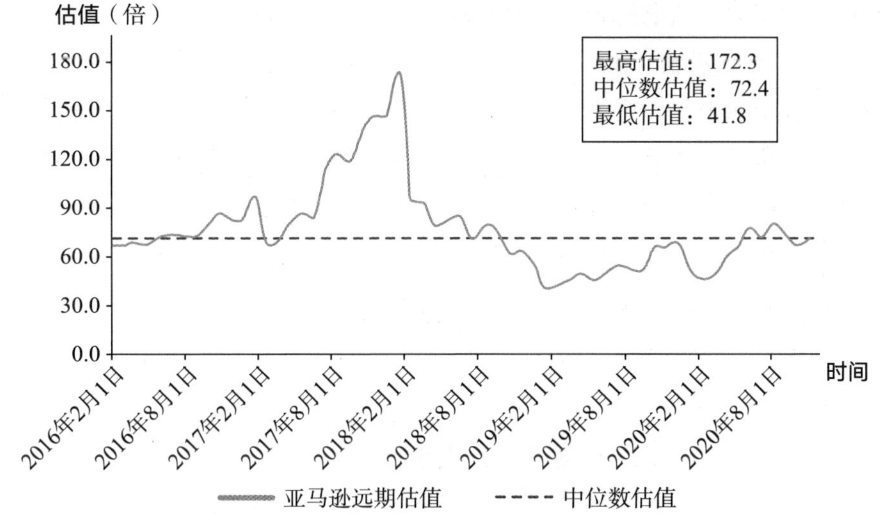

图 9-3　2016 年 2 月至 2020 年 8 月亚马逊估值走势

这个问题的答案，来自两个亚马逊具备但奈飞不具备的因素。也正因为这两个因素的存在，即便亚马逊的估值已经很高，但我依然认为其处在合理区间。第一个因素是，亚马逊很可能拥有科技领域最好的多条增长曲线故事。亚马逊增长最快的两大业务是 AWS 业务和广告业务，其增速远比核心业务电商快，这两大业务的营运利润率为 25%，远高于电商业务的 2% ～ 5%。当这两大业务的收入增长比电商快 2 倍、利润率差不多是电商 10 倍时，这意味着亚马逊的营运利润率一定会出现加速上升的情况。在商超和物流上的投入可能会减缓这一趋势，却无法阻挡这一趋势。我在 2018 年年中报告里提到，亚马逊的长期营运利润率会扩张到 20% 的水平，因为它拥有“科技领域最好的多条增长曲线故事”，这个利润率会是当时亚马逊利润率的4倍。所以，我们有理由相信，亚马逊的营运利润率相较当时水平能实现大幅提升。

第二个因素是，亚马逊是一家平台型企业。奈飞或许有一天会成为一家平台型企业，但现在还不是。亚马逊已经证明了自己拥有在不同领域获得成功的能力，从电商到云计算，从广告到硬件设备。我想，亚马逊还能成功进入其他领域，比如药房、商超和物流。这是一家成功的平台型企业，或许短期来看，投资会削弱盈利，但长期来看，却能带来收入和利润的增长。所以，从亚马逊的平台型业务特征我们看到，新业务的投入掩盖了其真正的盈利能力，这些投入在未来会成为新的盈利增长点，从而帮助亚马逊实现持续多年的高增长，即便它的体量已经很大。亚马逊也可以实现“拉动谷歌”式的发展。至少从定量角度看，人们有理由相信，亚马逊的高估值是合理的。

如何对一家未盈利企业进行合理估值

这是一个最具挑战性的问题。你如何对一家没有任何盈利的企业进行合理估值？如果连盈利都没有，又何谈估值呢？你又如何通过衡量盈利质量或者利润增速来评估估值是否处在合理的区间？

这个问题经常出现，特别是在科技股投资上。在纳斯达克市场中，近1/3的企业目前都不赚钱。特别是许多新上市的企业。在过去10年中，几乎所有我追踪的互联网企业在刚上市时，都没有盈利。而且，许多企业是上市多年以后才实现盈利的。

这里列举一些IPO时还未盈利的企业（见表9-5）。

表 9-5　IPO 时还未盈利的企业（示例）

股票代码	企业名称	IPO 年份	股票代码	企业名称	IPO 年份
ABNA	爱彼迎	2020	QUOT	Quotient	2014
APRN	蓝围裙	2017	RDFN	Redfin	2017
BMBL	Bumble	2021	REAL	RealReal	2019
CHWY	Chewy	2019	RMBL	RumbleOn	2016
CVNA	Carvana	2017	ROKU	罗库	2017
DASH	DoorDash	2020	SHOP	Shopify	2015
DKNG	Draftkings	2019	SKLZ	Skillz	2020
EB	EventBrite	2018	SNAP	Snap	2017
ETSY	Etsy	2015	SPOT	Spotify	2018
EVER	EverQuote	2018	SVMK	SurveyMonkey	2018
FTCH	Farfetch	2018	TRUE	TrueCar	2014
FUBO	FuboTV	2013	TRUP	Trupanion	2014
FVRR	Fiverr	2019	TWTR	Twitter	2013
JMIA	Jumia	2019	UPWK	Upwork	2018
LYFT	Lyft	2019	VRM	Vroom	2020
MGNI	Magnite	2014	W	Wayfair	2014
OPEN	Opendoor	2020	WISH	Wish(ContextLogic)	2020
PINS	Pinterest	2019	WIX	Wix	2013
POSH	Poshmark	2021	WTRH	Waitr Holdings	2016
PRCH	Porch Group	2020	YEXT	Yext	2017
PTON	Peloton	2019			

专业投资者会用多种工具来评估这些企业的估值。许多人习惯使用 DCF 模型，但在这个模型中，一些关键假设的变化会令最终的结果发生巨大的偏差。比如，什么时候实现盈利、折现率的变化等。另一种方式是借用模型算出企业预计盈利的那一天，然后给出一个动态的估值水平，再用合理的贴现率把价值贴现回来。

还有一种估值方法，就是将目标企业和同类上市企业进行比较，然后找到一个对应的估值倍数（可以从市销率、价格与毛利润之比、企业价值与EBITDA之比等方面考虑）。这里总有一些“艺术”的成分。“牛市大多头”总是尝试把高估值的新上市企业放在估值比较股票池中进行比较。通常，我会从4个角度出发，为没有盈利的企业找到合适的比较对象：规模（企业的收入水平要相似）、增速（企业的收入增长前景要相似）、毛利率、长期的营运利润率或EBITDA。很少有完美的估值比较结果，但通常，这几个角度能帮我们找到一个比较合理的估值区间。

回到本章开头关于优步和Lyft的“估值幻觉”案例。这两家企业都于2019年上市，刚上市时还有巨大的亏损。短期内，两家企业都不可能实现盈利。在我对优步做出的首份分析报告中，按照我的10年期现金流折现模型，该企业要到2023年才会实现正向自由现金流。在报告中，有一个估值比较表（见表9-6），比较对象包含了Lyft、Grubhub、Etsy和另外两家欧洲的在线外卖企业（Delivery Hero和Just Eat）。这些企业的中位数估值是4倍。在我撰写初始报告时，优步的估值为3.5倍，所以我认为，当时优步的估值在合理范围内，这基于一个关键假设：优步具备和另外几家企业类似的盈利能力（当时，Grubhub、Etsy和Just Eat都已经盈利）。

对于这类未盈利的企业，我尝试回答一下个人投资者在估值过程中经常会问到的两个问题。

表9-6　为优步寻找正确的估值比较对象

企业名	股价（美元）	市值（百万美元）	2020年收入（百万美元）	2020年收入增长率（%）	2020年EV估值（倍）	2019年毛利率（%）	2019年EBITDA利润率（%）
优步	40	74 008	19 079	34	3.5	44	-27
Etsy	62	8 115	974	23	8.1	70	24
Delivery Hero	43	7 984	1 649	44	4.6	57	-27

续表

企业名	股价（美元）	市值（百万美元）	2020 年收入（百万美元）	2020 年收入增长率（%）	2020 年 EV 估值（倍）	2019 年毛利率（%）	2019 年 EBITDA 利润率（%）
Just Eat	8	5 214	1 295	24	4.0	67	18
Lyft	58	16 745	4 210	27	3.7	46	-32
Grubhub	65	6 054	1 734	27	3.6	51	18

注：股价为 2019 年 5 月 31 日价格。

首先，这些企业的收入增长是否可持续？通常来说，这些企业之所以未盈利，是因为它们还处在增长的早期阶段，还没有形成一定规模，或者依然处在深度投资的模式下。这里的关键所在是，如果真的处在增长的早期阶段，那就必须要能实现很高的收入增长（爱彼迎是一个特例。作为一家处在早期阶段的企业，爱彼迎居然在 IPO 时的收入同比增长就是下滑的，这是因为该企业受到了新冠疫情的冲击）。以 Lyft 为例，这家企业在上市前一年就实现了 103% 的收入增长。优步也是在上市前一年实现了 43% 的收入增长。

在对优步和 Lyft 进行首次评级时，我给出的都是“跑赢市场”，因为我认为这两家企业都能长期获得较高的收入增长。共享出行是一个万亿美元的大市场，对用户和司机都有价值，而用户还处在早期的培育阶段。我在用户调研中发现，只有不到 1/3 的美国消费者尝试过共享出行服务，假以时日，渗透率会翻倍。在这两家企业中，我更看好的是优步，因为它的业务遍及全球（拥有更大的市场空间），而 Lyft 只提供美国本土服务，且在美国的市场份额上，优步比 Lyft 更大。尽管 Lyft 的创始人约翰·齐默（John Zimmer）和洛根·格林（Logan Green）都在竭尽全力运营好企业，但我对优步 CEO 达拉·科斯罗萨西的管理能力充满信心，即便优步的创始人已经不再参与企业管理。除此之外，我认为优步的在线外卖服务丰富了业务线，这也是一个正面信息，会帮助企业实现高速增长。

就在这两家企业上市一年后，新冠疫情的暴发给它们的收入增长带来了巨大冲击。Lyft 在 2019 年收入增长了 68% 之后，2020 年，收入下滑了 35%；优步在 2019 年收入增长了 26% 之后，2020 年，收入下滑了 15%。所以，这就需要投资者再花上几年时间搞清楚，企业的潜在市场空间、用户价值感，以及管理团队能否在“正常”的经济状况下，帮助企业重回高速增长区间。但对于未盈利的企业，第一个关键问题依然是：收入的高增长是否可持续？如果你相信企业的高增长可持续，那么投资一家未盈利的企业也是一个好主意。而第二个关键问题应是：这家企业能实现盈利吗？由于科技领域有大量未盈利的企业，所以，这是所有个人投资者最终都需要回答的问题。

事实上，如果你不想回答也不需要勉强。等到企业证明自己能实现盈利后，再做投资也没有错。有许多基金产品在合约中，都要求组合中的投资对象必须是持续多年实现正向自由现金流或具备盈利能力的企业。如果要被纳入标普 500 指数，这家企业最近四个季度的盈利都必须为正。特斯拉直到 2020 年底才被纳入标普 500 指数中，正是因为直到这时，特斯拉才具备了这一基本条件。相比于 IPO 时的情况，当时，特斯拉的市值已经达到 4 000 亿美元，股价也已上涨了近 21 倍。这让投资者损失了很大的股价上涨空间。

虽然奈飞在过去的十几年里一直保持着 GAAP 每股收益为正的成绩，但也曾在连续 8 年中持续产生了负向自由现金流，直到 2020 年，现金流才终于转正。过去 10 年，奈飞一直是标普 500 成分股中表现最好的股票之一，市值超过 1 000 亿美元。如果你把正向自由现金流作为投资标准，那么，你会错失这一巨大的投资机会。但这样做也没有错。

从我的互联网行业观察经验看，未盈利的企业也能实现巨大的市值增长。很多知名企业虽然没有实现盈利，但都创造了巨大的市值。显然，资本市场愿意跟随长期价值而非短期盈利而动。

当前，还有很多未盈利企业的市值在一夜之间出现暴涨。需要强调的是，我并没有假设所有这类企业的高市值都是合理的，我只是认为，市场愿意对其中一些企业下注，是因为投资者相信该企业最终能盈利。这能从许多企业盈利之前的股价走势图中得到证明。所以，当我们再次回到第二个关键问题时，诚实的答案应是“不知道”。

如何判断一家未盈利企业是否值得投资

虽说难以准确判断，但以下四个逻辑测试，能帮助你大致测试出企业实现盈利的可能性。

第一个逻辑测试的问题是：有没有拥有类似商业模式的企业已经实现盈利？这是让投资者在 Pinterest、Snap、Twitter 上市时愿意对其进行投资的关键问题，即便当时它们没有一家企业是盈利的。2019 年 5 月，在我发布的关于 Pinterest 的首份研究报告中，我指出了其中的一个投资风险：至今无法盈利。2017 年 3 月，在我发布的关于 Snap 的首份研究报告中，我同样指出了该风险：历史上没有盈利过。2013 年 11 月，在我对 Twitter 所作的首份研究报告中，我仍在强调一个投资风险：货币化前景不确定。事后看，我在 Twitter 的研究报告中就应该直接注明“缺乏盈利能力”。

即便没有盈利，这 3 家企业相对其他未盈利企业而言，还是拥有一个巨大的优势。它们的商业模式已经被 Facebook 证明过了。这 3 家企业都是行业排名靠前的社交媒体企业，采用的都是 UGC 模式，商业模式不错。个人用户几乎生产了平台上的所有内容，而且免费！平台上的其他内容都是广告，由广告商付费。这些平台都具有媒体属性，但平台的拥有者最后都很少为真正的媒体付费。多么神奇的商业模式！怪不得传统媒体对这些社交媒体如此刻薄。

如表 9-7 所示，在这种商业模式下，企业可以拥有很高的毛利率（用户生产内容，这意味着企业的商品成本很低），这有助于企业实现长期盈利。Facebook 已经证明了这种商业模式的盈利能力有多么强大。Twitter 在 2013 年底上市时并未盈利，但是毛利率已达 68%。当时，Facebook 的营运利润率是 36%，有 30 亿美元的年度自由现金流。Snap 在 2017 年上市时也未盈利，且毛利率只有 21%，但是增量毛利率达到了 51%，而且还在快速提升。那时，Facebook 已经实现了 50% 的营运利润率和 170 亿美元的年度自由现金流。Pinterest 在 2019 年上市时同样未盈利，但是已经实现了 71% 的毛利率。而在那时，Facebook 的营运利润率在剔除一次性监管惩罚后仍有 41%，年度自由现金流达到 210 亿美元。

表 9-7　三家企业使用 UGC 模式的经营状况

IPO 年份	企业名	IPO 时的毛利率（%）	Facebook 营运利润率（%）	Facebook 年度自由现金流（亿美元）
2013	Twitter	68	36	30
2017	Snap	51*	50	170
2019	Pinterest	71	41	210

注："*" 处指的是增量毛利率。

Pinterest、Snap 和 Twitter 都通过了第一个逻辑测试。对于它们而言，行业里已经存在具备相似商业模式且已经盈利的上市企业（Facebook）。所以，我们有理由相信，这 3 家企业在某个时间点能实现可观的盈利。

第二个逻辑测试的问题是：如果一家企业作为整体并未盈利，那么下面有没有盈利的业务线？企业内部业务线的盈利状况或许能预示着企业作为整体在未来会拥有的盈利能力。如果你运气不错，有些企业会在招股说明书和财报中披露具体业务线的盈利数据。如果一家企业作为整体并未盈利，但该企业培育时间最长的市场或与其合作最久的客户群是存在盈利空间的，那么，随着新市场和客户群的不断成长，这家企业作为整体是有可能实现盈利的。不幸的是，我观察的科技股中，只有极少的企业会披露如此详尽的信息，几乎没有一家企业会持续披露业务线发展数据。基于这个原因，管理团队在业绩发布会上会经常被问到业务线的问题，偶尔他们也会提供一些有用的线索。所以，对于第二个逻辑测试问题，人们通常很难找到答案，但这是很有必要了解的问题，如果得到正面的回答，那么投资者会对该企业能在未来拥有盈利能力充满信心。

第三个逻辑测试的问题是：规模效应能否帮助业务实现盈利？规模效应虽然无法解决所有的问题，但会解决绝大多数问题。由于绝大多数企业的成本结构是固定的，或者是阶梯式固定的，大规模的收入增长几乎总是会推动企业实现盈利。在线房地产经纪公司 Redfin 就是这样一个例子。2017 年 7 月，Redfin 上市，股价在首个交易日就暴涨了 45%。当被问到股价的暴涨时，CEO 格伦 · 凯尔曼 (Glenn Kelman) 幽默地回答："这总比下跌好。"那时，凯尔曼喜欢把自家企业比作"房地产界的亚马逊"（对于把自己比作亚马逊的企业，分析师往往会持怀疑态度，除非是亚马逊自己）。

Redfin 也是一家未盈利的上市企业。在该企业的招股说明书中，我们能看到其不同年份、不同阶段的毛利率水平（见表 9-8）。

表 9-8　Redfin 各阶段盈利能力

分项	年份	近年打开的市场		
		2006—2008 年	2009—2013 年	2014—2016 年
市场数量（个）	—	10	19	55
收入（万美元）	2014	9 780.1	2 326.8	73.5
	2015	13 626.1	3 778.6	739.9
	2016	18 692.2	5 533.4	1 812.7
毛利润（万美元）	2014	2 874.7	416.8	−73.1
	2015	4 152.2	898.1	−57.9

续表

分项	年份	近年打开的市场		
		2006—2008 年	2009—2013 年	2014—2016 年
	2016	6 448.3	1 596.7	352.5
毛利率（%）	2014	29.4	17.9	N.M.
	2015	30.5	23.8	−7.8
	2016	34.5	28.9	19.4

从表 9-8 中我们看到，借助规模效应，该企业的盈利能力变得越来越强（毛利率越来越高）。在 2006—2008 年开拓出的市场，其收入从 2014 年的 9 780.1 万美元上涨至 2016 年的 18 692.2 万美元，毛利率从 29.4% 提高到 34.5%。这是否可以证明，2016 年尚亏损 2 300 万美元的 Redfin，未来会成长为一家赚钱的企业？虽然目前还不得而知，但该企业的发展趋势确实表明：规模效应能帮助企业实现盈利。这意味着 Redfin 通过了第三个逻辑测试。这些证据都是投资者需要寻找的。

第四个逻辑测试的问题是：管理团队有没有采取一些措施带领企业走向盈利？回到优步的案例。《纽约时报》科技栏目的记者迈克·艾萨克（Mike Isaac）写过一本关于优步的书籍《热血野心：优步的崛起与衰落》（*Super Pumped: The Battle for Uber*）。艾萨克详细阐述了优步的诞生、成长和所受的争议。书中显而易见的一点是，优步联合创始人特拉维斯·卡兰尼克（Travis Kalanick）为了企业的成长不惜任何成本。我不知道优步初期的成功是否和这样的思维方式有关，毕竟，优步在本土市场和国际市场确实都面临着残酷的竞争。从财务角度看，优步的损益表中有很多被浪费的资源，以及一些缺乏战略性、低效率的决策。这就是为什么优步需要一位像科斯罗萨西这样的资深高管。

这也是我在优步上市时就看多它的理由之一。我认为，企业的管理团队可以采取很多措施，在不牺牲增长的前提下帮助企业实现盈利。以下是我对优步在 2018—2020 年关键财务数据的解读：

1. 优步的出行业务其实具有相当强的盈利能力。2018 年，优步就实现了 17% 的 EBITDA 利润率。
2. 优步的其他业务，包括货运业务和自动驾驶，亏损了 6.89 亿美元。
3. 优步包含平台研发在内的费用支出惊人，2018 年高达 19.71 亿美元。

在努力实现盈利的过程中，优步采取了一系列举措。一方面，卖出无法盈利的资产，如韩国的优步外卖；另一方面，在应对新冠疫情时，加强内控流程管理。之后两年，在没有牺牲增速的情况下，优步大幅提高了运营能力。如表 9-9 所示，2020 年，优步的乘车 / 出行业务已经实现了比 2018 年更高的 EBITDA 利润率，尽管因新冠疫情原因，收入只有 2018 年的 2/3。优步的外卖 / 配送业务在 2018—2020 年收入增长了 4 倍多，而 EBITDA 亏损仅仅增长了 45%，这意味着成本的有效控制和规模效应正在发挥积极作用。

表 9-9　2018—2020 年优步基本面情况

业务线及其他投入	分项	2018 年	2019 年	2020 年
乘车 / 出行	收入（百万美元）	9 165	10 622	6 104
	EBITDA（百万美元）	1 541	2 071	1 169
	EBITDA 利润率（%）	17	19	19
外卖 / 配送	收入（百万美元）	759	1 383	3 903
	EBITDA（百万美元）	−601	−1 372	−873
其他业务	收入（百万美元）	373	892	1 145
	EBITDA（百万美元）	−689	−967	−694
管理成本和研发成本（百万美元）	—	−1 971	−2 457	−2 136

虽然优步的盈利能力还没有得到验证，可能还需要好几年才能实现持续的盈利，但从公开信息中已经可以看到端倪。管理团队仍有很多可以优化的地方，从而帮助企业实现盈利。

那么，到底能否证明，未盈利的企业也能拥有一个合理的估值？我不认为你能“验证”这个观点。但是，从四个逻辑测试中获得的正面信息至少能给投资者一些信心，相信一家处在早期发展阶段的企业最终能实现盈利；至少能给那些使用市销率估值方法进行估值的企业带来一些信心，相信其估值具有合理性。

许多人认为，未盈利的科技股都只是在“讲故事”。以奈飞为例，他们通常会说：“奈飞的自由现金流是负的，所以，这是一只只会‘讲故事’的股票。财务数据显然无法支撑该企业的估值。最终，故事会变得越来越平淡，人们会转向更‘性感’的故事。投资者将会专注于奈飞的真实数据，股价会对此做出反应。”我不同意大家把奈飞看做一只只会“讲故事”的股票。对于一家企业来说，亏损是很常见的，特别是当企业看到某个巨大机会，然后开始大规模投入时。投资时真正要做的，不是如何看穿一家企业是否只会“讲故事”，而是要看这家企业能否通过未来是否会实现盈利的逻辑测试。

估值模型的精密陷阱

我在数据上，常常会追求确定性、精准度和优雅度。通过估值模型得到某个答案，总是会让人内心舒畅。但这种方式有个问题，我称之为“精密陷阱”。

你可以通过完整运行一个以 10 年为观察期的现金流折现模型，得到某只股票精确的价值。但仅从模型的关键假设上，你就无法相信运算的结果是正确无误的。这里有多少假设呢？一个标准的现金流折现模型需要输入收入、营业收入、折旧和摊销、股权激励、现金税负、资本性支出和营运资本。这可是 7 个输入项，再乘以 10 年，就是 70 个输入项。然后你要输入加权平均资本成本（WACC）和未来的增长率。这就是 72 个输入项。一旦其中有某个微小的改变，尤其是 WACC 和未来的增长率这两项，股权价值就会受到巨大影响。

科技股投资心法
Nothing But Net

我并不是说不要计算估值，我只是建议，不要对模型的结果过于自信。请记住，估值模型是一种“未来科学”，是在预测未来的收入、盈利和现金流。而一家企业、一个行业、一个市场，甚至全球环境，都可以在一夜之间发生改变。你能对自己在 2020 年 1 月发布的现金流折现模型有多自信？特别是在一个月后的新冠疫情改变了一切时。

影响我们做出决策的关键问题是：目前的估值是否处在合理区间？在我的日常工作中，比如，当我需要给出 Facebook 2017 年 175 美元的目标价时，我通常还会给出一个大致判断，是乐观、悲观，还是中性。如果是乐观，我的关键假设是该企业的收入增速将更快、利润率将更高，带来的估值也将更高；如果是悲观，我的关键假设是该企业的收入增速将更慢、利润率更低，带来的估值也将更低。你会看到，我给出的判断更多是逻辑驱动而非数字驱动。因为这会帮助我们避免“精密陷阱”。

关键启示
Nothing But Net

估值不应该是选股流程中最重要的环节。你在决策时，考虑的估值问题应该是：目前的估值是否处在合理区间？

静态看，高增长的科技股可能很贵，但不代表这就是糟糕的股票。我们需要看每股收益增速调整后的估值。高盈利增长和高盈利质量的企业，应该获得高估值。

相对于高增速而言，估值有折价的高质量企业可能是一个不错的长期投资对象。这样的情况很少发生，但确实会有。Priceline和Facebook就是这样的两家企业，它们也给投资者带来了巨大的长期回报。对于投资者来说，这些企业的股票价格由高增长推动，估值下行的风险不大，甚至有可能出现估值的提高，这就会带来“戴维斯双击”！

对于那些盈利很少的企业，有时，你会看到估值超过了40倍，没关系，部分这类企业依然能成为一笔好的投资。亚马逊和奈飞都证明了这一点。这里的关键问题是：短期的盈利情况是否受到了一些重大投资的影响？企业长期的营运利润率是否会远高于今天的水平？这家企业能否维持很长时间的收入高增长？如果这些问题的答案都是肯定的，那么即便当前的估值很高，也是合理的。

对未盈利企业进行估值是最具挑战性的，但借助四个逻辑测试的问题和估值对比，能帮我们找到企业估值的合理区间。这四个针对没有盈利的企业的逻辑测试问题是：

1. 有没有拥有类似商业模式的企业已经实现盈利？
2. 如果一家企业作为整体并未盈利，那么下面有没有盈利的业务线？
3. 规模效应能否帮助业务实现盈利？
4. 管理团队有没有采取一些措施带领企业走向盈利？

Nothing But Net

第 10 章

抓住优质科技股的抄底时机

自 1990 年以来，标普 500 指数的年化回报率均为 10% ～ 11%。根据流行的“72 法则”，用 72 除以年化回报率去掉百分号的部分，就能得到资金翻倍所需要的时间。比如，在一个年化回报率为 10% 的市场里，资金翻倍的时间约为 7 年。

标普 500 指数的 10% ～ 11% 的年化回报率并非凭空而来。在此期间，标普 500 成分股的年化每股收益增长率为 11% ～ 12%。长期来看，市场遵循了基本面情况。在我观察的互联网科技领域，这是一个很鲜明的特征。所以说，股价由基本面驱动。长期来看，收入和利润最高的互联网企业，往往也是市值最高的互联网企业。

如表 10-1 所示，我们通过对美国主要互联网企业的市值与基本面比较也能看到这个现象。亚马逊、谷歌、Facebook、奈飞，这 4 家 2020 年收入和 EBITDA 最高的企业，也是市值最高的企业。除了这四大巨头外，很明显，市值往往与规模、盈利能力和成长性相关联。市场是基于这些企业未来的收入、利润和现金流进行估值的，目前，并没有看到其他任何企业能在短期内发展成亚马逊、Facebook、谷歌和奈飞那样大。但有时市场也可能是错的。我相信，市场对表 10-1 中这 20 家企业的基本面预测并不完全准确。

表 10-1　2020 年美国主要互联网企业的市值与基本面比较

企业名	股票代码	市值（十亿美元）	收入（百万美元）	收入同比增长（%）	EBITDA（百万美元）	EBITDA 同比增长（%）
亚马逊	AMZN	1 686	386 064	38	56 743	31
谷歌	GOOGL	1 452	182 527	13	67 783	16
Facebook	FB	770	85 965	22	46 152	17
奈飞	NFLX	246	24 996	24	5 116	64
Shopify	SHOP	181	2 929	86	474	552
爱彼迎	ABNB	134	3 267	−32	−347	−37
优步	UBER	115	11 139	−21	−2 528	7
Snap	SNAP	108	2 507	46	45	122
Booking	BKNG	96	6 764	−55	1 036	−82
DoorDash	DASH	77	2 853	222	188	140
Spotify Technology SA	SPOT	71	9 466	27	−25	−123
罗库	ROKU	66	1 778	58	150	319
Pinterest	PINS	61	1 693	48	305	1 724
Twitter	TWTR	61	3 716	7	997	−18
Zillow Group	ZG	49	3 340	22	343	782
Peloton Interactive	PTON	49	1 826	100	118	262
Chewy	CHWY	49	7 062	46	23	129
萃弈	TTD	45	836	26	284	33
eBay	EBAY	44	10 271	−5	3 849	5
Match Group	MTCH	42	2 391	17	897	15

注：市值数据截至 2021 年 2 月 21 日。

如果稳定的 11% ～ 12% 的每股收益增长率能转化成稳定的 10% ～ 11% 的股价涨幅，那么理论上 20% 的年化每股收益增长率应该也能转化成 20% 的股价涨幅。根据“72 法则”，我们的投资能在 3 年半后翻倍。如果真有这么简单的投资，那就太棒了，但这仅仅是如果。

从我多年观察的互联网股票历史数据中可以看到，股价的表现和收入以及每股收益增长率有关，但是相关性很低，特别是在一年、两年、三年这些时间维度上。中短期来看，影响股价的因素实在太多了，从利率变化、GDP 增速到监管变化，不一而足。

科技股投资心法
Nothing But Net

但如果我们想要找到两三年股价即可翻倍的个股，那么这一个股一定要能在绝大多数年份中跑赢市场。要做到这一点，最好的办法是找到高质量企业，在这些企业的估值处于合理区间时长期持有。根据我的经验，投资收入增速很快的高质量企业能大幅提高实现两三年投资翻倍的概率。关于投资高质量企业，彼得·林奇的看法是："最终，优秀的企业会成功，平庸的企业会失败，而投资者会得到相应的回报。"

关于何时买入或加仓，我的建议是：在高增长企业的股票"打折"时。基于长期研究科技股所获得的经验，这是我能给出的最好的选股建议。

那么，这里的打折是什么意思呢？首先，当一只股票的股价回调了 20% ～ 30% 时，这就是一只打折的股票。对此，投资者要做一些判断。如果一只股票的股价在 3 个月内涨了 100% 后又回调了 20%，这不算打折。如果在市场大跌时，一只股票的股价调整仅为 20% ～ 30%，也不算打折。但当整体市场上涨、持平或仅略微下跌时，股价下跌 20% ～ 30% 的股票就是一只不错的错位候选股，特别是此前股价没怎么大涨过的那些股票。所以，我们在用 20% ～ 30% 调整法则时，也要稍微做一些判断。

其次，将注意力放在那些估值相比于每股收益增长有折扣的股票上。

特别是，当它们的估值扩张速度远低于每股收益增长速度时。比如，每股收益增长了 25% 但估值只有 20 倍的股票。市场总是基于企业长期持续的业绩增长能力给予股票长期合理的估值水平。如果一只股票股价调整了 20% ～ 30%，就需要做出一些判断。通常，相比于业绩增速，估值的折扣越大，打折幅度就越大。

如果你有耐心，就总能找到优质股打折的机会。为什么我会这样认为？因为这在过去发生过。

2016—2020 年，亚马逊、Facebook、谷歌和奈飞总共出现了 14 次股价调整超过 20% 的情况。其中，奈飞出现了 5 次，亚马逊、Facebook 和谷歌各出现了 3 次（见表 10-2）。除此之外，这些股票还有许多次较小幅度的调整。我想强调的是，即便是高增长企业，在过去 5 年中，其股价也都会经历较大幅度调整，这在每一年都会发生。

表 10-2 “FANG”股票出现 20% 以上的股价调整情况

企业名	开始日期	调整前价格（美元）	结束日期	调整后价格（美元）	调整幅度（%）	持续时间（天）
亚马逊	2015 年 12 月 29 日	694.0	2016 年 2 月 9 日	482.1	−31	42
	2018 年 9 月 4 日	2 039.5	2018 年 12 月 24 日	1 344.0	−34	111
	2020 年 2 月 19 日	2 170.2	2020 年 3 月 16 日	1 689.2	−22	26
Facebook	2018 年 2 月 1 日	193.1	2018 年 3 月 27 日	152.2	−21	54
	2018 年 7 月 25 日	217.5	2018 年 12 月 24 日	124.1	−43	152
	2020 年 1 月 29 日	223.2	2020 年 3 月 18 日	147.0	−34	49
谷歌	2018 年 7 月 26 日	1 285.5	2018 年 12 月 24 日	984.7	−23	151
	2019 年 4 月 29 日	1 296.2	2019 年 6 月 3 日	1 038.7	−20	35
	2020 年 2 月 19 日	1 524.9	2020 年 3 月 23 日	1 054.1	−31	33
奈飞	2015 年 12 月 4 日	130.9	2016 年 2 月 5 日	82.8	−37	63
	2016 年 4 月 15 日	111.5	2016 年 7 月 19 日	85.8	−23	95

续表

企业名	开始日期	调整前价格（美元）	结束日期	调整后价格（美元）	调整幅度（%）	持续时间（天）
奈飞	2018 年 6 月 20 日	416.8	2018 年 12 月 24 日	233.9	−44	187
	2019 年 5 月 3 日	385.0	2019 年 9 月 24 日	254.6	−34	144
	2020 年 2 月 18 日	387.8	2020 年 3 月 16 日	298.8	−23	27

表 10–2 有一个有趣的细节：调整的时间通常很短。14 次股价调整的平均周期为 2 个月左右。这 4 只股票中，有 3 只出现过 3 个月以上的股价调整。其中，Facebook、谷歌和奈飞的最长调整周期均超过了 5 个月，奈飞的最长调整周期甚至超过了 6 个月（187 天）。

大家可能会问：什么是优质股？从一位资深的科技股分析师的视角来看，我认为，**优质股的最佳指标是，能持续实现 20% 以上的收入增长。**

这确实是一个带有主观判断的看法：在一个大规模基数（比如 10 亿美元收入）上实现 20% 的收入增长，要比在一个小规模基数（比如 1 亿美元收入）上实现 20% 的收入增长更难，也更让人惊叹。但如果 20% 以上的收入增速突然出现明显放缓，比如收入增长在一年内下降了一半，这在基本面上看就不是一个很好的信号。同时，很少有企业能实现“拉动谷歌”式的增长，即收入在 250 亿美元的基数上，还能维持 10 年 20% 的增长。历史上只有 3 家企业做到过：亚马逊、苹果和谷歌。这 3 家企业是独一无二的。如果一家企业在合理规模下连续 5 年实现 20% 以上的收入增长，这家企业的股票就称得上是一只优质股。

那么，什么是优质股背后的核心驱动力呢？我认为有四点：**持续的产品创新、巨大的市场空间、引人注目的用户价值主张和优秀的管理团队**（见表 10–3）。

表 10-3 优质科技股核心驱动力

企业名	基本面概述：5 年收入复合年增长率	因素 1：持续的产品创新	因素 2：巨大的市场空间	因素 3：引人注目的用户价值主张	因素 4：优秀的管理团队
亚马逊	1 070 亿美元收入基础上的 29%	Prime 会员计划、Kindle、AWS、当天送达、Alexa 等	5 万亿美元	在线零售中的最优价格、最佳选择和便捷体验；云计算中规模最大、价格最低的领先服务	贝佐斯
Facebook	180 亿美元收入基础上的 37%	点赞按钮、信息推送、Messenger、电商平台、Instagram Reels 等	1.3 万亿美元	免费为用户提供娱乐服务和信息，帮助用户建立与他人之间的连接；为广告商提供大量的目标受众等	扎克伯格
谷歌	750 亿美元收入基础上的 20%	全球领先的搜索引擎、谷歌地图、Gmail、安卓、谷歌助手、Waymo 等	1.3 万亿美元	免费为用户提供娱乐服务和信息，帮助用户建立与他人之间的连接；为广告商提供大量的目标受众等	拉里・佩奇、谢尔盖・布林
奈飞	70 亿美元收入基础上的 30%	流媒体视频、not Muzak、本地原创内容、狂欢式刷剧等	1 500 亿～4 000 亿美元	每月仅需花费 4 杯咖啡的价钱即可享用海量、优质视频内容	哈斯廷斯

科技股投资心法
Nothing But Net

科技股领域还有其他投资策略和交易策略。但寻找打折的优质股是一个令人信服的投资策略。这是因为，投资优质股能够降低基本面风险，并且，在打折的时候买入这些股票，还能够降低估值风险。

我们来看几个案例。

在股价调整的过程中设置加仓位置

2018 年年中，Facebook 的股价出现了一次调整，原因是管理团队大幅下调了华尔街的收入和盈利预期，对于投资者而言，这是一个很好的机会。由于管理团队在业绩发布会上大幅下调了收入增速预期，并大幅上调了投资支出计划，这使得 Facebook 股价在 2018 年 7 月 25 日到 2018 年 12 月 24 日大跌了 43%，从 218 美元跌至 124 美元。需要说明的是，这次调整主要是由企业自身造成的。

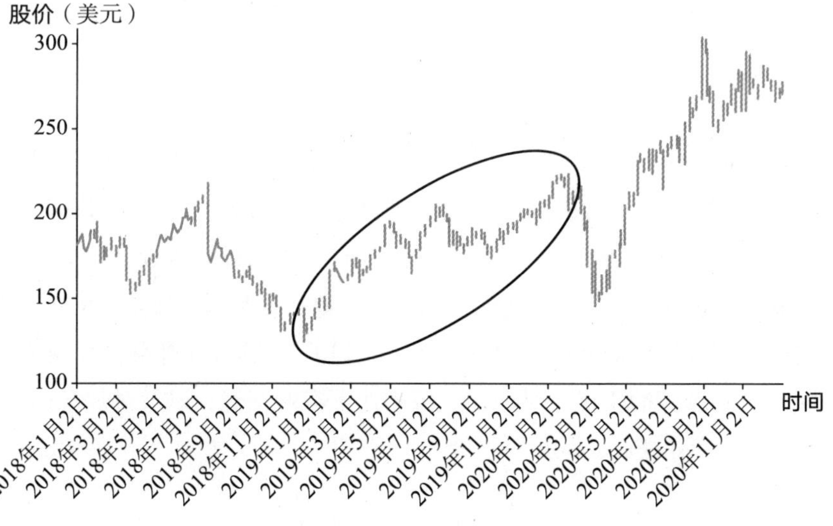

图 10-1　2018 年 1 月至 2020 年 11 月 Facebook 股价走势

如果你在 124 美元的低点买入 Facebook 股票，那么你将在 12 个月后享受到 65% 的投资回报，大幅跑赢市场同期 37% 的涨幅。当然，你可能会说，任何股票在低点买入，之后都会出现反弹。若能准确地抄底股票，保证会有不错的组合回报。但你做不到这一点。**没有人能持续准确地预测到任何一只股票的最低点。**

在 Facebook 的案例中，即便你没有抄底成功，你也能在接下来的 12 个月击败市场，获得不错收益。假设你在 2018 年 10 月 10 日（股价调整了 30%）的 151 美元的位置买入，然后持有一年。在接下来的两个月，股价会继续调整 10% 以上，但在持有一年后，你能获得 19% 的回报，是市场同期回报 5% 的近 4 倍。即便你在股价“仅仅”下跌 20% 后买入，也就是在 2018 年 7 月 27 日的 175 美元这个价格入场，你依然能在未来 12 个月后获得 14% 的回报，是市场同期回报 7% 的 2 倍。

科技股投资心法
Nothing But Net

对于一只大幅调整的股票来说，要精准抄底几乎是不可能的，但你能在股价跌了 20%、30% 或者 40% 后买入。如果它是一只优质股，你可以在股价继续调整的过程中设置加仓位置，这样便能够在日后获得很好的回报。

当 Facebook 在 2018 年经历了 5 个月的调整时，不断有客户问我，什么时候能触底反弹。我告诉客户，160 美元可以抄底了，这一数据是基于 Facebook 的历史估值区间计算而来的，而当时的股价已经比这个数值还低了。我又告诉客户，140 美元能抄底，这一数据是基于行业估值的水平计算而来的，但股价很快就比这个数值低了。到了 2018 年下半年，市场上又出现了对贸易摩擦的担忧、对全球经济增速下滑的担忧，以及对加息的担忧，这些都影响到了 Facebook 的股价。

所以，我并没有准确预测到 Facebook 股价的最低点。但我确实认为 Facebook 是一只打折的优质股。我坚持给出“买入”评级，并且把 Facebook 作为我最看好的长线股之一，即便在此期间也出现过许多次犹豫。推荐一只股价跌了 43% 的股票可不是什么有趣的事情。但在 2018 年下半年，我坚信，Facebook 的估值已经极具吸引力，因为相比于当时的每股收益增长，它的估值已经折价了 20% ～ 30%，Facebook 的股价最终会修复的。

但 Facebook 真的是一只优质股吗？我认为是。下面是我从影响基本面的四个主要因素切入，对 Facebook 的基本面评分情况：

1. 是否实现了收入的高增长？是的。截至 2018 年，Facebook 此前 5 年的平均收入增速为 52%，而且这是在 2016 年收入规模达到了 280 亿美元的基数上实现的。Facebook 的收入高增长具备持续性。事实上，在此期间，Facebook 的最低收入增速是 2014 年的 44%。对于一家拥有万亿美元市场空间的企业来说，Facebook 显然能持续实现收入的高增长。我们在之后几年看到的情况证实了这一点。比如，新冠疫情发生后，Facebook 在整个广告业衰退时，仍实现了 22% 的收入增长。Facebook 自己也在 2018 年第二季度的电话会议中提到，未来能继续保持 20% 的年度收入增速。
2. 是否拥有持续和成功的产品创新？这一点市场上或许会有争议，因为很难论证，不过，我还是给了肯定的回答。我们经常看到，Facebook 和 Instagram 的用户界面在不断优化，它也不时会推出一些新的功能和应用，包括 Facebook 的“市场”“故事”“手表”“新闻”和“Instagram Reels”。除了这些，我认为 Facebook 旗下 Oculus 的虚拟现实部门也是高度具有创造性的。
3. 是否拥有巨大的市场空间？一个万亿美元的大市场很能说明问题。这一数值是基于 5 000 亿美元的全球广告品牌市场、3 000 亿美元的直接广告市场和 3 000 亿美元的贸易促进支出而得来的。

4. 是否拥有优秀的管理团队？我在管理团队章节中，专门把 Facebook 的扎克伯格作为优秀管理团队的代表。我认为，Facebook 的管理团队有着长期、明确的目标，不会因短期股价的调整而影响了产品策略。就像 2018 年的大规模投入一样，它最终帮助企业培育出了长期的增长曲线。

所以，2018 年，Facebook 就是一只打了折的优质股，它为投资者提供了绝佳的买入机会。实际上，这是 2018 年最好的一次买入优质股的机会。2019 年，则是奈飞。

选择在调整中核心基本面依然坚挺的科技股

2019 年，奈飞出现了两次打折的机会（见图 10–2）。第一次发生在年初，实际上，奈飞的股价从 2018 年 6 月 20 日的 417 美元开始调整，一路跌至 2018 年 12 月 24 日的 234 美元，跌幅高达 44%。2019 年初，刚好是调整后介入的好时机。导致此次大幅调整的原因是 2018 年第二季度的低于预期的订阅用户数。订阅用户数之所以低于预期，除了缺少新内容这一因素外，还受世界杯的举办、季节性户外活动与之竞争用户时间等因素的扰动，以及全球经济增长放缓的影响。第二次发生在年中，奈飞股价从 2019 年 5 月 3 日的 385 美元跌至 2019 年 9 月 24 日的 255 美元，跌幅高达 34%。这一次调整除了受当年前两个季度的用户数低于预期影响外，还有两个突发因素：提价策略和来自迪士尼等企业的外部竞争。

这两次的股价调整幅度，一次为 44%，另一次为 34%，都符合打折的定义。在第一次 44% 的调整之前，奈飞的股价已经在 6 个月中翻了一倍。相对而言，第二次的调整可能更符合打折的定义。

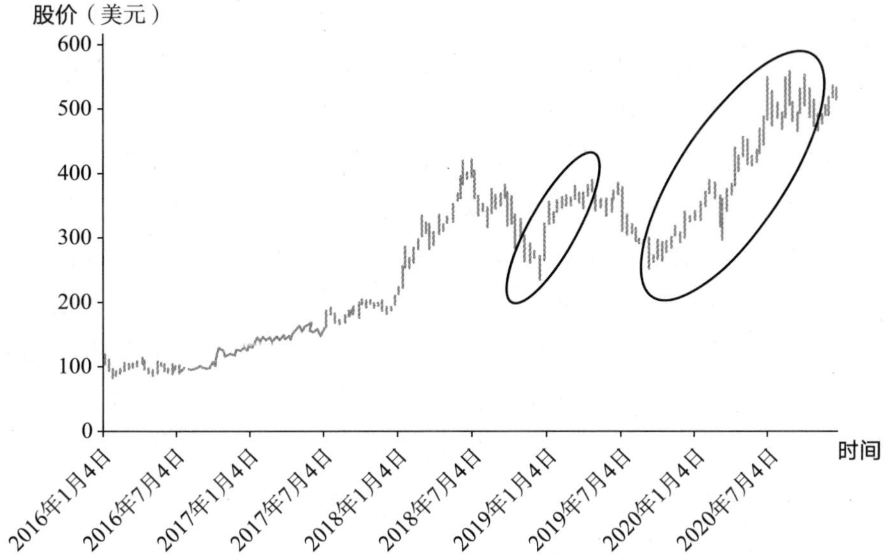

图 10-2　2016 年 1 月至 2020 年 7 月奈飞股价走势

从抄底的角度看，如果你在奈飞第一个底部（2018 年 12 月 24 日的 234 美元）买入，然后持有一年，你将获得 42% 的回报。虽然这个回报率很高，但其实你仅仅跑赢了标普 500 指数 37% 的涨幅一点点。问题是，第一个底部后，仅仅用了 9 个月，又会出现第二个底部（2019 年 9 月 24 日）。你必须持有更长时间才能真正跑赢市场。你会在第二年大幅跑赢指数，因为那时，新冠疫情冲击了整个市场，仅有少数像奈飞这样的企业从中受益。所以，这样的对比并不公平。比较公平的做法是，从奈飞的第一次调整开始，一直到新冠疫情暴发前的顶部，也就是 2020 年 2 月 19 日，选取这一段时间，将奈飞与市场进行对比。奈飞的涨幅为 65%，好于同期标普 500 指数的 44% 涨幅。虽然跑赢幅度不大，但你能抄对底部，回报率还是很可观的。

如果你在奈飞第二个底部（2019 年 9 月 24 日的 255 美元）买入，持有到 2020 年 2 月 19 日，你会获得 51% 的收益，大幅跑赢标普 500 指数 14% 的涨幅。是的，我们又在说抄底，但如果真能做到，这里面有很好的超额收益。但如果你在下跌 20% 的位置（2019 年 7 月 23 日的 307 美元）就开始买入，持有到 2020 年 2 月 19 日，那你就只能获得 26% 的回报，不过这一回报依然是同期标普 500 指数回报的 2 倍。

整体来说，奈飞在 2019 年大部分时间都是一只打折的优质股，在奈飞打折时买入，相对市场而言，投资者能获得很高的超额收益。我在这一年，也始终给了奈飞"买入"评级，因为我相信，奈飞核心基本面没有任何变化。在打折之后，我把奈飞推荐为最看好的股票之一，将其形容为这一年互联网行业中折扣力度最大的优质股。在此过程中，我有过恐慌吗？当然。我也很担心奈飞的提价策略过于激进，我曾想，奈飞要花多久才能从提价的震动中恢复过来。我还担心来自 Qwikster 业务的拖累。除此之外，管理团队在回答提价问题时的傲慢语气，多少有些让我失望。但我坚信奈飞在未来会有不错的表现。

奈飞是一只优质股吗？你已经知道我的答案了，但我们还是来看一下我对它的评分情况：

1. 是否实现了收入的高增长？是的。2013 年以来，奈飞的收入增长一直在 20% 以上。2018 年之前的 5 年，平均收入增长为 27%。2019 年之前的 5 年，平均收入增长为 29%。2020 年之前的 5 年，平均收入增长为 30%。是的，奈飞的 5 年平均收入增长越来越高，原因在于订阅用户数的加速增长和提价效应。虽然自由现金流还不容乐观，但这能解释得通，而且奈飞的营运利润率一直在稳步提升。
2. 是否拥有持续和成功的产品创新？过去几年，奈飞的关键创新大多来自自制剧模式，特别是本土化语言的自制剧。奈飞还推出了其他创新，比如视频的即时完整发布功能。无论这项创新效果如何，有一点很明确，该功能完全是从用户需求的角度出发的。

3. 是否拥有巨大的市场空间？是的。美国电影协会在 2019 年的年度主题报告中提到，全球的电影、电视剧等娱乐市场总规模超过 1 000 亿美元。按这个数据计算，奈飞已经占据了 25% 的市场份额，因为在 2020 年，奈飞的收入达到了 250 亿美元。但是，奈飞与我们在市场空间那一章中提到的 Spotify 案例很像，奈飞的流媒体模式有可能大幅提高它的潜在市场空间。从另一个角度看，奈飞目前拥有 2 亿订阅用户（对应 5 亿总用户），而全球智能手机的保有量是 30 亿部（中国市场除外），这意味着奈飞的全球用户渗透率还并不高。是的，从这一角度看，奈飞还拥有巨大的市场空间。你也可以把所有的移动娱乐支出都算进去，就像奈飞真的和《堡垒之夜》游戏竞争那样，这样，奈飞就拥有了一个约 4 000 亿美元的市场空间。
4. 是否拥有优秀的管理团队？是的。我在管理团队的章节中列举了几个优秀管理团队的特质，这些特质在奈飞的管理团队身上似乎都有体现：创始人领导，长期主义，极富远见的行业视角，专注于产品创新，勇于向员工和投资者坦承自己的错误。

所以，2019 年，奈飞是一只出现了两次深度调整的优质股。它为投资者提供了很好的买入机会。实际上，这是 2019 年最好的两次买入优质股的机会。2020 年，则是优步。

受到争议的股票未必不是好选择

在 2018 年大幅调整后，2019 年，Facebook 表现优异，涨幅接近 60%，2020 年 1 月，股价创出历史新高。类似的，在 2019 年第二次调整后，奈飞股价在接下来的 5 个月中上涨了 50%，并在 2020 年 4 月创出历史新高。

于是，2019 年底，我开始寻找 2020 年打折力度最大的优质股。我觉得应该是优步。在 2019 年 11 月的一次投资者会议中，我提出了最新的科技股“组合”：Facebook、亚马逊、奈飞、谷歌和优步。并将其代号在原有“FANG”的基础上更新为“FANGU”。我把优步也纳入了最看好的长线推荐之一，这个推荐在当时和过后看都充满了争议。

短期看，至少有一件事可以支撑我的推荐。当时，优步上市时的限售股锁定期在 11 月初结束，这消除了市场的担忧。但我的推荐和这一点关系不大，我更多的是把优步看作一只打折的优质股。

为什么说优步股价打折了？这是因为，2019 年 11 月中旬时，优步股价为 26 美元，与 5 月的上市价格相比，已经跌去了 40% 以上。当然，我绝对想象不到，几个月后，受新冠疫情的影响，优步的股价会进一步打折，和市场一起大跌。但就 2019 年下半年的优步而言，此时的价格是否能算得上打折也不好说，许多人依然把优步看作怀揣着“估值幻觉”的失败上市案例。从技术上说，我并不认为相比 IPO 价格跌去 20% ～ 30% 就是打折了。上市 6 个月后，由于市场上释放了数量巨大的股票，这会导致股价出现波动。但 40% 的跌幅已经很大，而市场情绪明显是很负面的。

当时的优步算是一只优质股吗？不完全是。至少，优步的质量和 Facebook、亚马逊、奈飞、谷歌都没得比。但优步还是给人带来了希望，下面是我对优步的评分情况：

1. 是否实现了收入的高增长？部分是。2018 年，优步的收入增长为 42%，到了 2019 年 11 月，全年收入增长预计为 25%，而对于 2020 年，我的预期是收入增长会加速至 35%。这并非稳定的 20% 以上收入增长，优步的收入在 2018 年实现了 42% 的增长之后，出现了明显的降速。所以，只能说部分是。
2. 是否拥有持续和成功的产品创新？部分是。这一点很难判断，但

2019 年，优步为出行用户和外卖用户提供了新的能产生用户忠诚度的项目，比如优步在缩短用户和司机接单的等待时间上进行了大规模投入，对外卖业务的接单时间进行了优化。优步还在自动驾驶技术上进行了很大规模的投入。

3. 是否拥有巨大的市场空间？是的。我们在市场空间那一章中提到，优步拥有一个几万亿美元的大市场，它的共享出行业务和在线外卖业务都已经在 2019 年实现了全球化运营。优步证明了自己作为平台企业的价值，它为用户提供了更多的增值服务，比如，从此前在线外卖扩展到在线便利店和杂货店等的配送。
4. 是否拥有优秀的管理团队？不确定。优步的两位联合创始人之一的特拉维斯・卡兰尼克已经不参与企业的管理了。而 CEO 科斯罗萨西仅仅在优步任职了两年。所以，要对管理团队优秀与否下定论，目前来说为时尚早，尽管我相信，选择科斯罗萨西是优步做出的不错选择。

这就是我在 2019 年 11 月看好优步，并将其列为 2020 年打折的优质股的重要原因。从 2019 年 11 月中旬到年底，优步股价反弹了 14%，至 29.74 美元。我看上去是不是很聪明？到了来年 2 月中旬，优步股价已经反弹了 38%，至 41.05 美元。当时，市场普遍认为，上一年第四季度的业绩会很强劲。我看着是不是像一个天才？可好景不长，新冠疫情袭来。优步股价一个月内暴跌了 64%，至 14.82 美元。我很快就从优步的"金手指"变成了优步的"傻瓜"。

但我对优步的推荐没有任何改变，即便出现了巨大调整。而且，2020 年出现的第二次调整，明显是用折扣价买入优质互联网企业股票的绝佳机会，从 3 月中旬开始到年底，优步的股价反弹了 244%，达到 51 美元。而且，这里面也不会有关于抄底的过多指责。从全年看，尽管新冠疫情对优步的基本面造成了很大的冲击（见图 10-3），但优步的股价还是上涨了 72%，创出了历史新高。

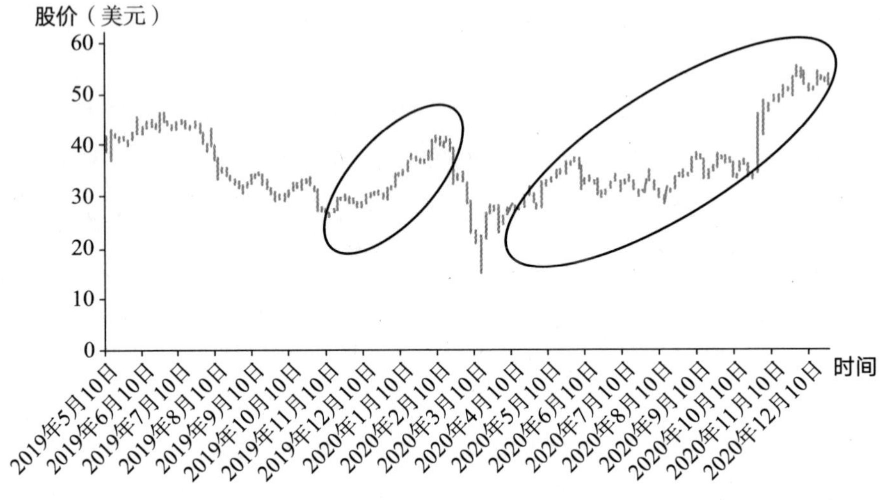

图 10-3　2019 年 5 月至 2020 年 12 月优步股价走势

所以，2020 年，优步是打折的优质股，至于是否足够优质，市场上有一些争议。

找到它，然后耐心等待

实际上，我不相信有万无一失的选股方案，我不相信确定的事情。我认为，股票投资是关于概率的游戏，准备工作做得越充分，越能大幅提高获胜的概率。

科技股投资心法
Nothing But Net

投资打折的优质股，并不能保证战胜市场，但这个策略能显著提高战胜市场的概率。成功的科技股投资中最重要的一点是，投资高质量企业。这点和彼得 · 林奇的观点完全呼应。2021 年初，市场认为互联网行业质量最高

> 的 4 只股票是亚马逊、Facebook、谷歌和奈飞。我完全认同这个观点，很早之前，我就这样认为，即便在某些年份，有些股票不被市场追捧，或者股价打了折扣。但我也知道，市场有时也可能是错的。除了这几只股票，互联网行业还有其他几只潜在的优质股，比如爱彼迎、Chewy、DoorDash、Etsy、贷款树、罗库、Shopify、Snap、莘弈、Trupanion、Wix 和 Zillow。

我对优质股及其四大驱动因素的研究，基于的是我在互联网企业多年的分析与观察中所积累的经验。因此，这些方法对科技股，特别是对互联网股才比较有效。我在第 4 章中结合大量的数据分析详细阐述了持续实现 20% 以上收入增长的企业能够跑赢标普 500 指数的原因。所以，这个法则的实用性较强，而这四大驱动因素都源自我的从业经验。

为了测试我的"打折理论"，我对优质的"FANG"股票进行了在股价调整 20% 和 30% 时买入的回归测试，看看是否真能跑赢市场。如表 10-4、10-5、10-6、10-7 所示，答案是肯定的。2016—2020 年，只要在"FANG"股票出现 20% 调整后买入，那么，在一年中会有 78% 的概率跑赢标普 500 指数，在两年中会 100% 跑赢标普 500 指数。如果在"FANG"股票出现 30% 调整后买入，那么，在一年中会有 60% 概率跑赢标普 500 指数，在两年中会 100% 跑赢标普 500 指数。这个样本数据不大，但这就是结果。

表 10-4　在亚马逊调整时买入后的回报统计

分项	日期	亚马逊价格（美元）	标普 500 指数
峰值	2015 年 12 月 29 日	694.0	2 078.4
调整 20%	2016 年 2 月 2 日	552.1	1 903.0
调整 20% 后 1 年	2017 年 2 月 2 日	840.0	2 280.9
调整 20% 后 2 年	2018 年 2 月 2 日	1 429.9	2 762.1

续表

分项	日期	亚马逊价格（美元）	标普 500 指数
1 年期回报率	—	52%	20%
2 年期回报率	—	159%	45%
调整 30%	2016 年 2 月 9 日	482.1	1 852.2
调整 30% 后 1 年	2017 年 2 月 9 日	821.4	2 307.9
调整 30% 后 2 年	2018 年 2 月 9 日	1 339.6	2 619.6
1 年期回报率	—	70%	25%
2 年期回报率	—	178%	41%
峰值	2018 年 9 月 4 日	2 039.5	2 896.7
调整 20%	2018 年 10 月 29 日	1 538.9	2 641.3
调整 20% 后 1 年	2019 年 10 月 29 日	1 762.7	3 036.9
调整 20% 后 2 年	2020 年 10 月 29 日	3 211.0	3 310.1
1 年期回报率	—	15%	15%
2 年期回报率	—	109%	25%
调整 30%	2018 年 12 月 21 日	1 377.4	2 416.6
调整 30% 后 1 年	2019 年 12 月 20 日	1 786.5	3 221.2
调整 30% 后 2 年	2020 年 12 月 21 日	3 206.2	3 694.9
1 年期回报率	—	30%	33%
2 年期回报率	—	133%	53%

表 10-5　在 Facebook 调整时买入后的回报统计

分项	日期	Facebook 价格（美元）	标普 500 指数
峰值	2018 年 2 月 1 日	193.1	2 822.0
调整 20%	2018 年 3 月 27 日	152.2	2 612.6
调整 20% 后 1 年	2019 年 3 月 27 日	165.9	2 805.4
调整 20% 后 2 年	2020 年 3 月 27 日	156.8	2 541.5
1 年期回报率	—	9%	7%
2 年期回报率	—	3%	-3%

续表

分项	日期	Facebook 价格（美元）	标普 500 指数
峰值	2018 年 7 月 25 日	217.5	2 846.1
调整 20%	2018 年 7 月 30 日	171.1	2 802.6
调整 20% 后 1 年	2019 年 7 月 30 日	197.0	3 013.2
调整 20% 后 2 年	2020 年 7 月 30 日	234.5	3 246.2
1 年期回报率	—	15%	8%
2 年期回报率	—	37%	16%
调整 30%	2018 年 10 月 10 日	151.4	2 785.7
调整 30% 后 1 年	2019 年 10 月 10 日	180.0	2 938.1
调整 30% 后 2 年	2020 年 10 月 10 日	264.5	3 477.1
1 年期回报率	—	19%	5%
2 年期回报率	—	75%	25%

表 10-6　在谷歌调整时买入后的回报统计

分项	日期	谷歌价格（美元）	标普 500 指数
峰值	2018 年 7 月 26 日	1 285.5	2 837.4
调整 20%	2018 年 11 月 19 日	1 027.4	2 690.7
调整 20% 后 1 年	2019 年 11 月 19 日	1 312.6	3 120.2
调整 20% 后 2 年	2020 年 11 月 19 日	1 758.6	3 581.9
1 年期回报率	—	28%	16%
2 年期回报率	—	71%	33%
峰值	2019 年 4 月 29 日	1 296.2	2 943.0
调整 20%	2019 年 6 月 3 日	1 038.7	2 744.4
调整 20% 后 1 年	2020 年 6 月 3 日	1 439.3	3 122.9
调整 20% 后 2 年	—	—	—
1 年期回报率	—	39%	14%
2 年期回报率	—	—	—

表 10-7　在奈飞调整时买入后的回报统计

分项	日期	奈飞价格（美元）	标普 500 指数
峰值	2015 年 12 月 4 日	130.9	2 091.7
调整 20%	2016 年 1 月 15 日	104.0	1 880.3
调整 20% 后 1 年	2017 年 1 月 13 日	133.7	2 274.6
调整 20% 后 2 年	2018 年 1 月 16 日	221.5	2 776.4
1 年期回报率	—	29%	21%
2 年期回报率	—	113%	48%
调整 30%	2016 年 1 月 27 日	482.1	1 882.9
调整 30% 后 1 年	2017 年 1 月 27 日	142.4	2 294.7
调整 30% 后 2 年	2018 年 1 月 26 日	274.6	2 872.9
1 年期回报率	—	56%	22%
2 年期回报率	—	201%	53%
峰值	2016 年 4 月 15 日	111.5	2 080.7
调整 20%	2016 年 5 月 12 日	87.7	2 064.1
调整 20% 后 1 年	2017 年 5 月 12 日	160.8	2 390.9
调整 20% 后 2 年	2018 年 5 月 11 日	326.5	2 727.7
1 年期回报率	—	83%	16%
2 年期回报率	—	272%	32%
峰值	2018 年 6 月 20 日	416.8	2 767.3
调整 20%	2018 年 8 月 15 日	326.4	2 818.4
调整 20% 后 1 年	2019 年 8 月 15 日	295.8	2 847.6
调整 20% 后 2 年	2020 年 8 月 14 日	482.7	3 372.9
1 年期回报率	—	-9%	1%
2 年期回报率	—	48%	20%
调整 30%	2018 年 11 月 14 日	286.7	2 701.6
调整 30% 后 1 年	2019 年 11 月 14 日	289.6	3 096.6
调整 30% 后 2 年	2020 年 11 月 13 日	482.8	3 585.1
1 年期回报率	—	1%	15%
2 年期回报率	—	68%	33%

同样的，2016—2020 年，如果在“FANG”股票的估值相比于收入增速出现折价时买入，也就是在 PEG[①] < 1 时买入，能比标普 500 指数取得更好的超额收益。但这个结论并不完美。比如我们在分析奈飞时发现，当这家企业 PEG 大于 1 时，其股价表现比 PEG 小于 1 时还好。这 4 家企业都出现过这个情况，即在 PEG 大于 1 和小于 1 时，都有跑赢市场的时候。我们以亚马逊为例，在 PEG 小于 1 时，有 89% 的时间跑赢市场，在 PEG > 1 时，有 74% 的时间跑赢市场（见表 10-8）。

表 10-8　在 PEG<1 时买入优质股的优势

优质股名称	PEG 情况	1 年期远期表现优于标普 500 指数表现情况				
		中位数（%）	平均值（%）	总天数（天）	跑赢标普 500 指数的天数（天）	跑赢概率（%）
亚马逊	PEG > 1	30	29	168	124	74
	PEG < 1	31	32	624	557	89
Facebook	PEG > 1	7	5	498	339	68
	PEG < 1	17	16	294	250	85
谷歌	PEG > 1	7	7	744	598	80
	PEG < 1	13	13	48	48	100
奈飞	PEG > 1	36	47	151	136	90
	PEG < 1	40	38	641	499	78

对于那句老话“低买高卖”，我在科技股投资中的经验是：“买入优质股，特别是在它们打折时，然后耐心等待，持有的时间足够长，你就会跑赢市场。”简而言之，寻找打折的优质股。

① PEG 是一个根据企业的市盈率和盈利增长比率计算而来的指标，用于评估股票价格是否合理。PEG= 市盈率 ÷（盈利增长比率）x100%。PEG 为 1 是一个临界点，如果 PEG<1，则表示股价被低估，是买进信号；PEG > 1，则股价可能被高估，可以酌情卖出。——编者注

卖出股票的时机

股票应该在什么时候卖出？“当基本面出现严重恶化时。”这是我的回答。具体而言，就是收入增长出现严重下滑时（相比前一年下降 50%），或者收入增长大幅下降至 20% 以下时。当然，有许多优秀的企业收入增速都低于 20%。在标普 500 成分股中，98% 的企业都没能实现这样的增长。

但我们寻找的是优质科技股，如果它们的收入增长大幅低于 20%，它们就无法代表高增长企业。你还要小心收入快速放缓的企业。正如我们之前在 Snap 和 Twitter 的例子中看到的那样，收入增长放缓后，估值也会下杀。尽管杀估值的股票还是有可能跑赢市场的，但操作难度大了很多。当 Snap 和 Twitter 的增速企稳后，其估值也趋于稳定，然后股价开始跑赢市场，尤其是 Snap。

我们不妨把华尔街对 Snap 的收入增长预测和 Snap 股价走势放在一起来看（见图 10-4）。随着收入增长预测从 2017 年初 IPO 时的 80% 急剧下降至 2019 年初的 30%，Snap 的股价也一路暴跌。当收入增长预测稳定在 30% 的水平时，股价明显有了超额收益。

Twitter 的情况也类似。我们拟合了华尔街对 Twitter 的收入增长预测和股价走势之后，这一点也能看得很清楚（见图 10-5）。当收入增长预测从 2013 年底 IPO 时的 60% 急剧下降至 2017 年初的 10% 以下时，Twitter 的股价出现了暴跌。当收入增长预测稳定在 20% 的水平后，股价也开启了大幅反弹。在本书前面章节中我曾提过 Twitter 股价的微笑曲线。在 2021 年初，这个笑脸又宽又广。

为了更好地说明如何避免买入或卖出收入大幅下滑的科技股，我们来看 5 个投资案例。猫途鹰（Tripadvisor）、Yelp、TrueCar、科韬（Criteo）和

Shutterstock，这 5 家企业的股价都在 5 ～ 10 年中大幅跑输过市场。

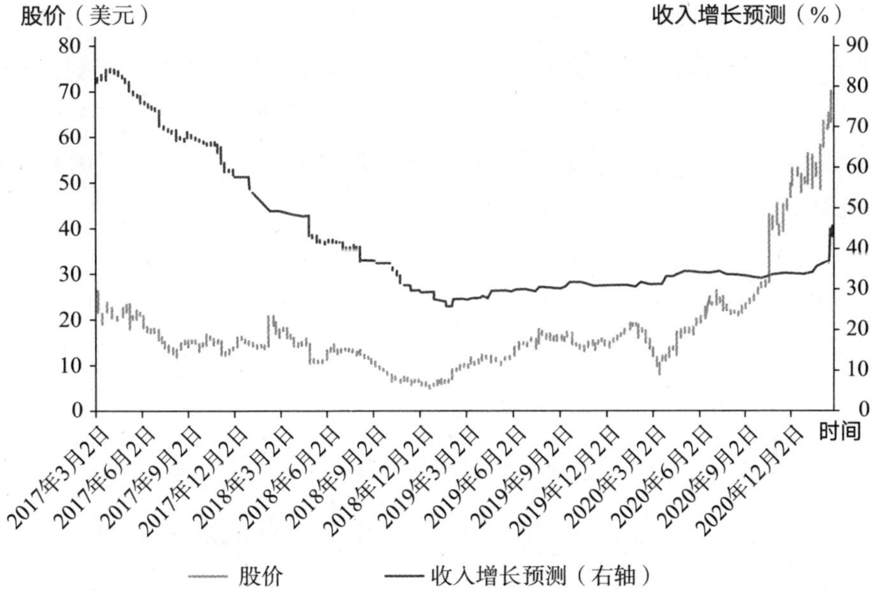

图 10-4　2017 年 3 月至 2020 年 12 月 Snap 股价走势

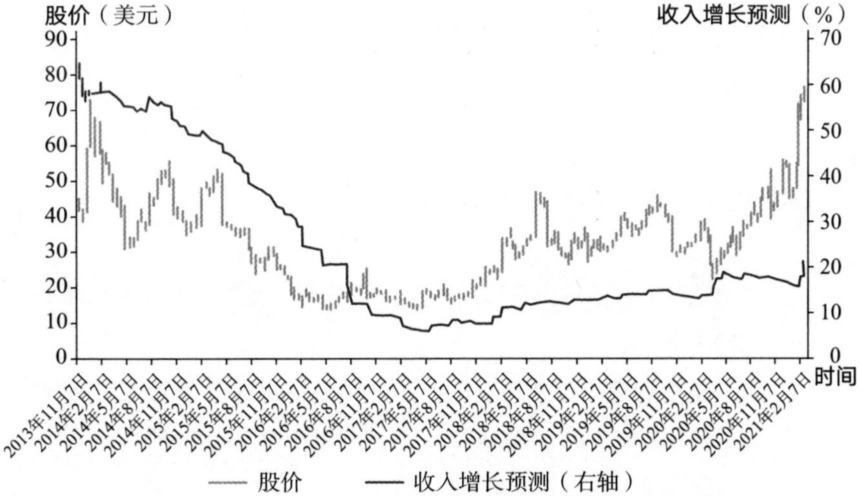

图 10-5　2013 年 11 月至 2021 年 2 月 Twitter 股价走势

这一点在猫途鹰身上表现得尤为明显。这家在线旅行企业以其用户生成的旅行目的地、酒店、餐厅和当地活动的点评而闻名。这家企业是在 2011 年底从 Expedia 拆分出来的，在那之后的两年半中，股价暴涨了近 4 倍。能有如此大的涨幅，是因为这家企业具有很高的收入增长和相对较高的盈利能力。可是好景不长，该企业的股价开始崩盘，从 2014 年中的 110 美元暴跌至 2017 年底的 30 美元，其收入增长从 20% 以上大幅放缓至 10% 以下（见图 10-6）。

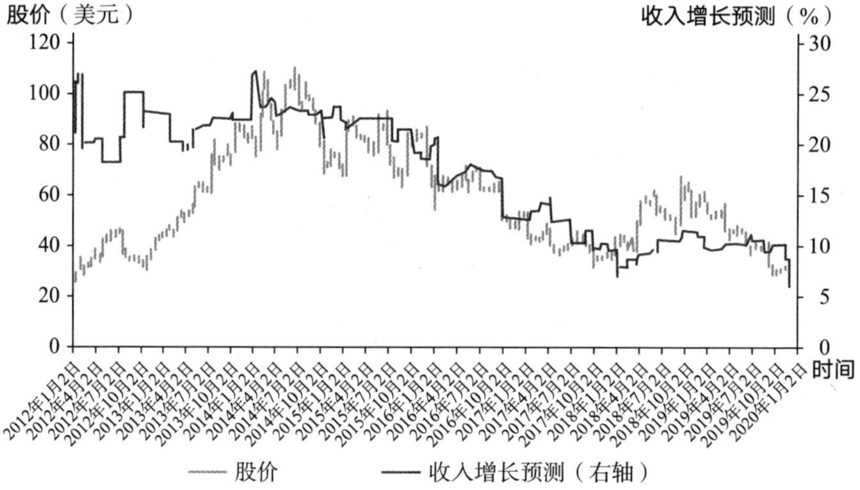

图 10-6　2012 年 1 月至 2020 年 1 月猫途鹰股价走势

我认为，导致股价出现暴跌的原因有以下三点：

1. 竞争激烈。谷歌推出在线旅游点评服务后，该企业面临着更加残酷的竞争。
2. 收入来源的集中度太高。Priceline 和 Expedia 的市场推广费占到了该企业收入的 50% 以上，当这两家企业削减市场推广费时，该企业的收入面临着锐减的问题。

3. 缺少产品创新。

自 2000 年以来，猫途鹰就一直由创始人之一的斯蒂芬 · 考费 (Steve Kaufer) 管理，也正因此，斯蒂芬 · 考费成为任职时间最长的互联网上市企业 CEO 之一。猫途鹰在全球约有 5 亿月活用户，是全球浏览量最高的网站之一。所以，该企业具备一定的平台潜力。

但回顾过往，我们获得的最大的选股启示是：**一旦企业的收入增长开始放缓，特别是放缓至 20% 以下后，股价就会遭受暴击。**

我们再来看看在线本地化商业点评网站 Yelp 的表现，这家企业相当于美国版的大众点评。在这家企业的基本面和股价表现中，有许多地方和猫途鹰都很相似（见图 10–7）。2012 年初，Yelp 以 15 美元的价格上市。在之后两年中，股价涨了 6 倍。在股价暴涨期间，该企业的收入增长在 60% ～ 70%，盈利能力也大幅提高。之后，该企业的收入增长开始大幅放缓，2015 年放缓至 46%，2016 年放缓至 30%，2017 年放缓至 19%，2018 年放缓至 11%，2019 年进一步放缓至 8%。

和猫途鹰类似，在收入增长放缓后，Yelp 也出现了杀估值的情况，双杀带来了股价的大幅下跌，从 2014 年初的 100 美元跌至 2018 年底的 30 美元。这里，也有三点重要原因：

1. 和猫途鹰类似，Yelp 也面临来自谷歌和其他企业的残酷竞争。
2. Yelp 的一些增长计划要么失败（如全球化扩张），要么比预期推出的时间更迟（如向当地水管工提供交易服务）。
3. 很有可能，企业的产品创新也不足。

Yelp 是一个规模不小的互联网企业，它至少有 3 000 万消费者、超过

50 万付费用户，以及超过 2 亿条累计点评。该企业是具有一定成长潜力的。但回顾过去，我们获得的最大的选股启示依然是：**一旦企业的收入增长开始放缓，股价就会遭受暴击。**

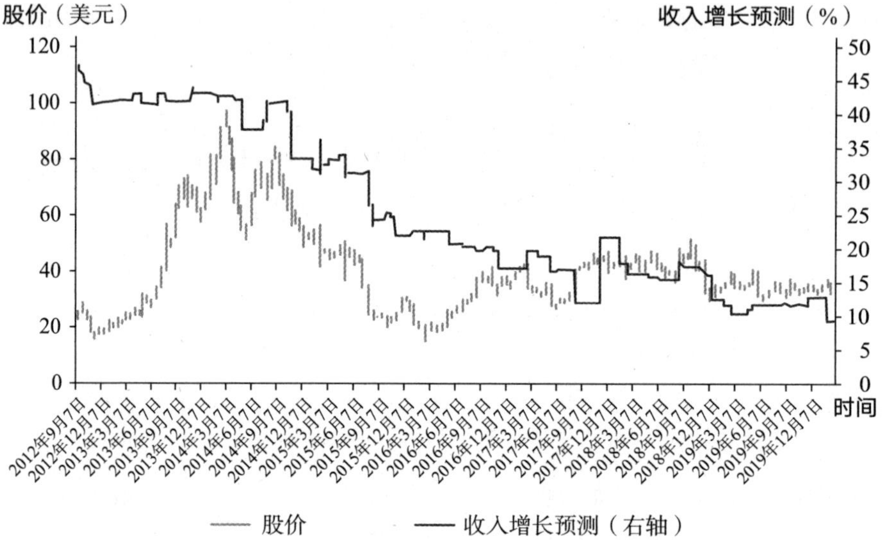

图 10-7 2012 年 9 月至 2019 年 12 月 Yelp 股价走势

如果我只能从地理位置的角度来选择一家科技企业谈谈看法，那么我会选择在线汽车销售平台 TrueCar。该企业的总部位于美国加州的圣莫尼卡（Santa Monica）海滩的主干道旁，面朝大海，距离圣莫尼卡码头很近。该企业拥有非常棒的地理位置，同时也拥有非常棒的发展前景。

TrueCar 自 2014 年上市以来，股价的波动一直很大，且走势向下（见图 10-8）。和 Yelp 一样，作为分析师，我参与了该企业 IPO 报告的撰写。2014 年 5 月，TrueCar 以 9 美元的价格上市，当时，该企业在 2014 年第一季度的收入增长为 75%。2014 年晚些时候，TrueCar 的股价曾两次触及 24 美元，然后就开启了为期两年的大幅调整，收入增长快速放缓至 10% 附近。在新任 CEO 的带领下，该企业的收入增长预测有所改善，这推动股价反弹至 20 美元以上。但到了 2019 年，该企业的收入增长预测又下滑至个位数，股价直接跌破 9 美元的发行价。直到 2021 年初，股价还在那个位置徘徊。

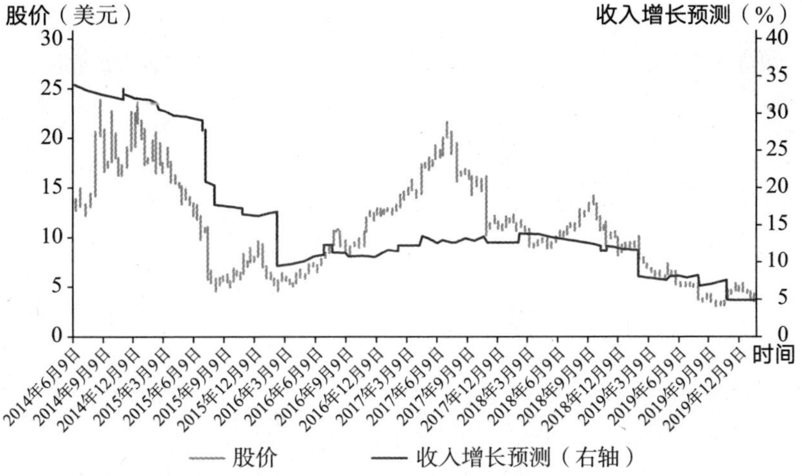

图 10-8　2014 年 6 月至 2019 年 12 月 TrueCar 股价走势

当时，TrueCar 面临的挑战包括：

1. 在二手车和新车交易市场都面临着数量众多的竞争者。
2. 对于经销商和消费者而言，用户价值主张没那么鲜明。

从股价表现看，和猫途鹰、Yelp 类似，TrueCar 的股价走势也是随着收入增长的变化而变化的。一旦收入增长大幅放缓，股价就会跑输市场。

还有两个收入增长大幅放缓的例子。第一个是法国广告营销巨头科韬。“广告科技”是一个投资者很难赚到钱的领域，萃弈是少数例外之一。科韬致力于为市场提供更高效的个性化营销方案。2013 年 10 月，该企业以 31

美元的价格上市，在 2014 年、2015 年和 2017 年多次触及 55 美元的高点。但当收入增长预测从 2015 年的 30% 一路放缓至 2017 年的 20%、2019 年的 10% 以下后，其股价跌至 20 美元以下。科韬的股价在 2020 年末到 2021 年初确实已经开始反弹，但此时的市场已经形成了避免投资收入增长大幅放缓的企业这样的共识（见图 10-9）。

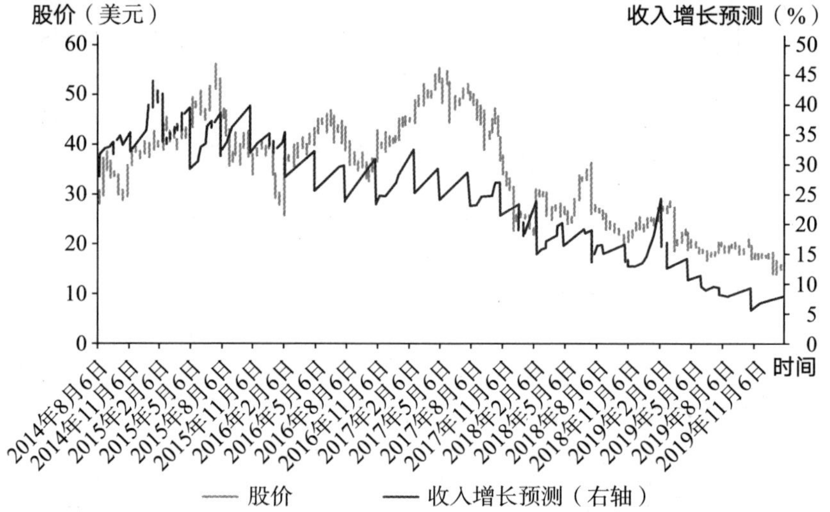

图 10-9　2014 年 8 月至 2019 年 11 月科韬股价走势

第二个收入增长大幅放缓的例子是图片管理公司 Shutterstock。由于收入增长预测从 25% 放缓至 10% 以下，该企业的股价在 2014—2019 年基本上处在持平或下跌的状态（见图 10-10）。2020 年起，Shutterstock 股价开始大幅反弹，2021 年初，已经无限接近 99 美元的历史高点（这还是在 2014 年初创下的）。即便如此，我们无法忽视的一点是，该企业的股价持续多年跑输市场。

这些都是我在长期观察企业时发现的一些收入增长恶化的例子。那么，什么时候该卖出或者避免买入一只股票呢？**对于科技股来说，当这家企业的**

基本面严重恶化，特别是当收入从高增长放缓至 20% 以下时（比如一年内收入增长下滑了 50% 左右），投资者就需要小心了。

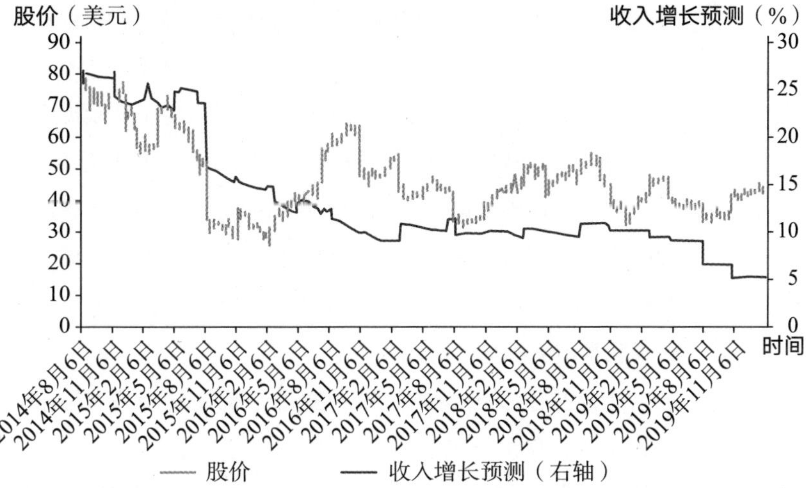

图 10-10　2014 年 8 月至 2019 年 11 月 Shutterstock 股价走势

关键启示
Nothing But Net

寻找打折的优质科技股。在高科技领域做投资，赚钱的最佳方式之一是找到高质量企业，然后在它们的股价打折时买入或加仓，这能让我们降低基本面风险。高质量企业通常有这些特点：收入的高增长、巨大的市场空间、持续的产品创新、引人注目的用户价值主张，以及优秀的管理团队。在它们的股价调整 20% ～ 30% 的时候买入，或者股价相比于收入增长出现折扣时买入，都降低了杀估值的风险。

关于如何区分股价是否在打折，有两个简单的方法：当股价出现 20% ～ 30% 的调整时；当企业的股价相比于收入增长出现折价时，也就是 PEG<1 时，业绩增速比市盈率更高。

运用这些法则时，我们需要进行深入判断。比如，当一只股票在 3 个月中上涨了 100% 后，出现了一次 20% 的回调，这不算真正的打折。我的经验是，每一只优质股都会在某些时候出现打折的情况，为有耐心的长期投资者提供足够多的投资机会。即便是我在过去 5 年中观察到的最高质量的股票（Facebook、亚马逊、奈飞和谷歌），也都出现过不少打折的情况。

如何识别出一只优质股？从一位资深的科技股分析师视角出发，我认为，优质股最好的基本面信号是，能够持续实现 20% 以上的收入增长。而收入高增长背后的驱动因素主要有四个：持续的产品创新、巨大的市场空间、引人注目的用户价值主张和优秀的管理团队。这样说可能有些主观，但这是我认为决定一家企业长期基本面的核心驱动因素。

什么时候卖出股票？核心卖出指标是企业基本面的恶化。具体来说，是剔除一次性的宏观事件冲击后，收入增长的大幅下滑，或收入增长大幅低于 20% 的水平。这些信号对于高增长的科技股而言特别明显，我们也有一长串的科技股企业从跑赢市场变成跑输市场，如 Priceline、科韬、eBay、Snap、Shutterstock、猫途鹰、TrueCar、Twitter、雅虎、Yelp，等等。科技股投资者要对企业的收入增长大幅下滑特别敏感。高速增长会带来机会，大幅下滑则会杀死股价。

Nothing But Net
后 记

我们正步入投资科技股的重大机遇期

在本书的最后，还有另外一些精简的额外选股思路想分享给大家，顺便也谈谈我对近期扰动科技股的一些因素的看法。

对于 MEME 股票交易员的建议

在我写本书时，发生了一件有趣的事情。2021 年 1 月，GameStop 的股价从 17 美元暴涨至 348 美元，涨幅高达 1 900%。之后的一个月又调整了 90%，GameStop 股价跌至 41 美元。这是我见过的最大的一次股价过山车。

GameStop 的暴涨来自年轻的投资者对空头的挤兑。这一股票深受千禧年一代散户所喜爱，购买它，主要由情绪而非基本面驱动。在 Reddit 网站的“华尔街下注”论坛中我们看到，大量热帖都与去买那些被严重做空的股票相关，GameStop 就是其中之一。也有一些帖子会做些深度的主题分析，比如 GameStop 的成长空间、潜在商业模式的变化、新的管理团队以及“带头大哥”瑞安·科恩的深度参与等，瑞安·科恩可是在线宠物用品零售商 Chewy 的创始人。

我没有就 GameStop 给出投资建议，但我对如何投资确实有自己的想法。做日内交易本没有错，这种做法还可以很有趣，让人高度上瘾，但如果操作不当，投资者也会因这种方式在短时间内亏掉很多钱。这有点像在拉斯韦加斯的赌场内所做的事。

我建议，MEME 股票[①]交易员可以多考虑一下如何投资。你可以在公开市场获得不错的回报，当然，这些回报可能无法在一夜之间获得。但可以在一年内实现。你可以自行研究一下，然后做出投资决策。本书中提到的一些高成长科技股，它们是我们这个时代最有活力的企业。研究这些企业的过程很有趣。真的！寻找下一个亚马逊、下一个苹果、下一个奈飞、下一个谷歌、下一个特斯拉是一件令人兴奋的事情，如果你真的找到了，就能获得很高的回报。有时，你可能需要一些耐心，这样，你就能凭借基本面的优势来避免因股票市场的巨大波动而导致的损失。

记住，不要让日常的股价波动导致你和优秀的企业“分手”。

当然，这只是我的建议。

① 又称散户抱团股。指在网络和社交媒体平台上获得一众散户追随的股票。在美国，当一家企业的股票在 Reddit 等社交媒体平台上受到个人投资者关注并使股价迅速飙升时，就会被创建成 MEME 股票。他们会一起炒高被大比例做空的股票股价，甚至形成逼空大军。——编者注

疫情后如何投资高增长科技股

从人类的角度看，新冠疫情是一场悲剧。对于部分高增长科技股来说，新冠疫情提供了很多利好。这样说听起来有些冷漠，但也有一定道理。我们看到，在本轮的新冠疫情中，许多高增长科技股都受到了重创。比如与出行相关的爱彼迎、Priceline 和 Expedia 在需求上都出现了严重下滑，收入的同比下滑最高达到了 80%。正如 Expedia 的 CEO 彼得·科恩（Peter Kern）在 2020 年第二季度财报中指出的那样，“这是出行业在现代史上最糟糕的一个季度，Expedia 当然也无法幸免。”几乎所有的互联网广告企业都在 2020 年上半年出现了收入下滑的情况，就连谷歌也在 2020 年第二季度首次出现了收入下滑（同比下降了 2%）。像优步和 Lyft 这样的共享出行企业，其业务在 6 ～ 9 个月的时间里几乎完全消失。新冠疫情也对许多高增长科技股产生了负面影响，某些情况下，甚至完全剥夺了其增长的可能。

但也有一些高增长企业在本轮新冠疫情中受益，比如与居家办公或居家生活相关的亚马逊、Chewy、DoorDash、eBay、Etsy、奈飞、Peloton、WayFair、Zoom 等，这些企业的产品和服务需求都出现了大幅增长。需求的大幅增长带动了基本面的好转，这一利好体现在了收入和利润上。比如，DoorDash 在 2020 年第二季度首次实现了 EBITDA 层面的盈利，新冠疫情的暴发，让它提前一年实现了这个目标。所以，确实有一批科技股受益于新冠疫情。

新冠疫情也在另一个层面让高科技企业受益，至少是那些能够在危机中保持高增长的企业。这些企业的稀缺性价值得以凸显。在全球 GDP 增速仅为 3% 的环境下，实现 20% 以上的收入增长是极其难得的。在全球 GDP 降速 3% 的环境下，如果还能实现 20% 以上的收入增长就更加难能可贵。一些科技巨头，如亚马逊、Facebook、奈飞、Shopify 等，都在 2020 年实现了 20% 以上的收入增长，这样的增长对于投资者来说是非常有吸引力的。

那么，新冠疫情之后，你应该如何投资高增长科技股呢？本书提供了选股指导，但不会给出具体的股票建议。不过，这里有两个关于新冠疫情结束后如何进行科技股投资的建议，以下是我的两点思考。

首先，要对比科技企业的增长潜能。有一部分企业受损于新冠疫情，也有一部分企业受益于新冠疫情。新冠疫情结束后，那些在疫情中受到重创的企业会迎来高速发展；而那些在疫情中获利颇丰的企业，其增长会大幅放缓。增长潜能不足的企业，将面临股价下跌压力；而增长潜能较高的企业，估值将会提高。在增长潜能对比中，关键要看收入的同比增速变化情况，而不是简单看收入增长的绝对值。

其次，要认识到高增长科技股的稀缺性会在新冠疫情结束后逐渐弱化，因为有一大批企业会重新回到高增长的轨道中。比如餐饮、出行、旅游等垂直领域的企业会在疫情结束后迎来高速增长。对于寻找收入大幅增长的企业的投资者来说，他们会面临众多选择。那么此时，疫情期间的高增长企业的稀缺价值将会暂时变得不那么重要。

这里面的关键词是“暂时”。市场有一种短期低估的机制。在新冠疫情暴发时，市场低估了增长的韧性。2020 年 2—3 月，市场在短短 23 个交易日中暴跌了 34%。之后，又在 103 个交易日中暴涨了 52%，恢复到了 2 月份的高点。市场修复的时间要比下跌时间更长，但相比于全球病毒的扩散和经济的衰退，3 个月的时间并不长。这期间发生了什么？市场先是放大了危机，之后又放大了复苏。那些受益于居家办公的股票在 2020 年表现得特别好，但大部分的超额表现都是在 3 ～ 6 个月的短时间内实现的。

预测市场是很危险的，但我认为，新冠疫情结束后的复苏会和新冠疫情暴发后的下挫所用时间大致相当（约 3 ～ 6 个月）。在此之后，市场关注更多的将是基本面的可持续性。或许最关键的一点是，新冠疫情过后，一家企业的长期基本面是变得更好了还是更差了？这是投资者需要关注的重点。

互联网行业还有很多选股机会

一定有人会说，在低利率时期（2010—2020年），一位长期研究互联网行业的分析师尝试从几个极度成功的企业（亚马逊、Facebook、谷歌、奈飞）身上找到选股思路，这些思路到底能给投资者带来多大帮助呢？这是一个很好的问题！让我尝试做一下回答。

互联网是一个可以实现长期成长的行业。今天，全球市值最大的一批企业中，很多都来自互联网行业，如阿里巴巴、亚马逊、苹果、Facebook、谷歌、微软和腾讯。截至2021年3月8日，全球市值最大的8家企业中，有7家是互联网企业。另一家是谁呢？是沙特阿拉伯石油公司。但今天显然与1995年、2000年、2005年，甚至2010年有所不同。过去的25年，市场上确实存在着对互联网的质疑，包括市场空间、商业模式和管理团队，但显然，今天的质疑声已经没有那么大了。

还记得，2001年我在美国新泽西州纽瓦克自由国际机场偶遇了此前在咨询机构工作时的老板，当时正值互联网泡沫破灭时期。当我告诉他眼下的自己是一名互联网分析师时，他的反应是："这一定很有趣！下一步，你打算做什么？"还有一次，我记得2002年在参加圣迭戈的一次黄页广告大会中，某位主题演讲者把互联网广告形容为"汉堡和薯条组合"的一部分。黄页广告自然是本土商户的"汉堡"，而互联网广告则是附送的"薯条"。今天，已经没有人会质疑到底谁才是真正的"汉堡"了。

我的观点是，令人惊叹的长期成长都是事后才能看到的。这意味着，当一个产业处在长期成长时，一定会面临很多质疑，虚拟现实、数字货币、自动驾驶、机器人、商业宇宙飞船、生命科学等都面临过这样的质疑，就像当年的互联网被质疑一样。我们需要进行具体分析，然后才能知道哪些行业真正具有长期成长机会。

互联网行业的成长性远没有结束。新冠疫情的暴发，大概率会永久性加速一些互联网产品和服务的渗透，让最优秀的管理团队带领企业获得更多收入高速增长的机会。互联网龙头企业的成长之路依然很长。在互联网领域还是存在许多选股机会的！

毫无疑问，在过去20年里，极端的低利率环境孕育了一批成功的高科技成长股。如果一家企业要在比较遥远的未来才能获得利润，特别是那些处于商业模式早期或短期正处于大规模投入阶段的企业，低利率环境会大幅提高这类企业未来的长期利润。高利率则会降低长期利润。这就是为什么具有高增长、高估值特点但利润很少的股票，会非常害怕大规模加息政策。

对于未来的利率走向，我无法做出判断。但我知道，低利率环境已经存在很长一段时间了（10年以上），这是因为人们对通货膨胀的担忧已经被打消。那么为什么没有发生通货膨胀呢？原因就在于过去20年全球科技的发展，特别是互联网科技的发展。

实际上，互联网还令某些领域出现了通货紧缩的情况，如零售、通讯、信息、出行、广告、娱乐等。通过提高价格透明度，互联网打破了中间环节，为用户提供了更多选项。亚马逊、阿里巴巴、eBay、Etsy、Shopify、沃尔玛等企业都让购物变得更加便宜和便捷；谷歌等企业也大幅提高了信息获取的便捷度；Facebook等企业则让中小企业的本土化、全国化、全球化变得更容易实现；而爱彼迎、Priceline和Expedia让出行变得更高效；视频和音频订阅服务企业中的奈飞、Hulu、迪士尼、YouTube、Spotify和苹果等大幅降低了消费者的娱乐成本。

互联网科技会长期存在，它们带来的通货紧缩影响可能会持续很长时间，影响的范围可能会更大。未来 5 ～ 10 年，利率或许会大幅提升，这对高增长股票的估值可能会带来挑战，但这并不是必然的。我认为，在股票投资中，相比于利率波动，我们更需要关注的还是基本面。

最后，我谈谈从最成功的股票中得到的选股思路。事实上，本书中包含了大量失败案例，比如蓝围裙、Zulily、Groupon、eBay、潘多拉音乐、Grubhub。我认为，这些企业成功和失败的原因，对于所有的成长股都适用。

投资者必须直面的监管层面

在这本书的写作过程中，科技股领域发生了一系列事件。大型科技企业（主要是苹果、亚马逊、Facebook 和谷歌）遭到了严格的监管。美国众议院通过了 5 项两党法案，旨在“管控大型科技企业”。联邦贸易委员会任命了新主席，部分原因是她发表了一篇题为《亚马逊的反垄断悖论》（*Amazon's Antitrust Paradox*）的文章，这篇文章对亚马逊进行了严厉的批评。一名联邦法官驳回了一项由 48 个州的检察长对 Facebook 提起的反垄断法案，这可是美国 96% 的州的意见！很明显，这些企业已经变得极具争议性，至少从政治代表或监管机构的角度看是这样的。对于消费者来说，大量调研显示，用户对这些企业高度信任，特别是亚马逊、苹果和谷歌。但监管层面显然不这样认为。

客观来说，这样的环境由来已久，对于这些企业的监管审查已经持续多年。这些企业显然已经发展成了强大的平台。如果你要从这些企业身上找到激进的商业行为自然不难。至于它们有没有触犯法律，是不是应该被罚款或者拆分，我就不清楚了，毕竟我不是一名律师。

但我是一名研究互联网发展史的学生，甚至是最有经验的学生之一。特别是对亚马逊、Facebook 和谷歌的分析研究。我确实担心今天的一些监管行为并非基于对互联网行业发展史的深入理解。美国众议院司法委员会（House Judiciary Committee）在 2020 年发布的一篇报告中提到："有大量证据表明，互联网平台的垄断严重削弱了美国经济的创新能力和企业家精神……我们的经济和民主正在受到威胁。"我认为，这些报告的结论有些言过其实了，为此，我还写了一篇相关的点评报告。此外，我的一些研究也在那篇报告中被提及，但是他们把我的名字拼错了，我的天哪！

对于监管，我有三点看法。首先，相关部门认为亚马逊、Facebook 和谷歌通过非竞争性手段实现了垄断地位，这是不对的。我在第 7 章中详细阐述过，亚马逊打败了当时的在线零售之王（eBay），并通过更好的产品创新、更优的用户价值从沃尔玛等实体零售商手中争得了更多的市场份额。与此同时，亚马逊在发展中始终保持长期视角。这些因素让亚马逊不断发展壮大。关于 Facebook 和谷歌，在它们壮大之前，就已经存在一些社交和搜索网站。Facebook 和谷歌的崛起，在于它们努力为用户和广告商提供更好的平台。对于以上观点，虽然未来可能改变，但今天我深信不疑。

其次，这些企业为美国经济、民主和社会带来了很多好处，它们是高度竞争下的资本主义企业。在我们的日常生活中，这些企业为我们消除了购物、娱乐、信息获取和通讯的中间环节，让信息的获得和观点的表达变得更加简单。

最后，这些企业所处的领域是高度竞争的。新冠疫情的暴发，让许多中小企业在一夜之间被击垮。但与此同时，也有一大批新企业如雨后春笋般出现，特别是在线零售领域。要重新打造一个亚马逊有多难？非常非常难。在任何单一领域，想和这些巨头竞争都是极为困难的。但是像 Chewy、Etsy、Wayfair 这样的企业还是取得了成功。这些企业聚焦于用户价值，重视产品创新，拥有很强的执行力。Shopify 和 TikTok 的崛起表明，企业只要足够专注于用户，创新力也足够强，那么，在在线零售和在线广告领域，就总能开辟出自己的一片天地。

难以忘却的错误

我很幸运，能够在过去 25 年里持续研究让人兴奋的互联网股票。我也很珍视这段经历。我曾给出过许多错误的选股建议，有不少也在本书中提及过。其中，有两个错误尤其令我印象深刻。

2006 年 7 月，雅虎发布了糟糕的第二季度业绩。收入低于华尔街预期，第三季度的收入增长预测也很低，市场期待已久的搜索引擎项目（“巴拿马项目”）也被告知将延期推出。结果，业绩发布后的第二天，雅虎的股价就暴跌了 22%，创下 52 周以来新低。当时，雅虎可是我极力推荐买入的一只股票。作为一名年轻的花旗银行分析师的我，原本还希望通过看多雅虎让自己快速出名呢。第二天早上，在花旗销售部的晨会中，我还尝试为雅虎股价辩护。虽说如此，但我还是在接下来的 3 小时里和客户做了电话沟通，讲解了我对雅虎的看法，并为我看多的观点道歉。那天上午的晚些时候，我的研究主管马特 · 卡彭特（Matt Carpenter）给我打来电话，问我感觉如何。我告诉了他真相:“我感觉糟糕极了。”他的回答是:“很好，这意味着你很在乎。现在想一下，究竟该如何更好地选股吧。”一年后，雅虎时任 CEO 特里 · 塞梅尔（Terry Semel）被迫离职。在此期间，我把雅虎的评级下调到“持有”，我也认识到，在做股票推荐时要保持冷静、理智的头脑，要将注意力放在基本面上。

第二个错误是近期发生的。2020 年 2 月，我和儿子所在的高中篮球队的其他家长一起组织了一次休闲晚宴。通常情况下，我在社交活动上不会讨论股票，而是更愿意讨论最近的时事、读过的好书、最新的时尚潮流等。但有一位家长问我怎么看优步，于是我谈了谈观点，并解释了为什么看好优步。那时，优步股价为 30 多美元。没过几周，新冠疫情全面暴发，我眼睁睁地看着优步的股价跌至 15 美元。我很担心身边的好朋友之前听了我的建议并买了优步股票，这会让他们在短时间内亏损很多。这件事再次提醒我，股票市场是血腥的，这里面有许多因素会超出分析师和企业的掌控范围。虽然那一年，优步股价最终强势反弹，且全年表现不错，但过程中那种让朋友失望、没有提前告知风险的内疚，依然让我感到不安。

如何看待市场

谦卑，是我们在进行投资时应保持的一种重要态度。如果你不够谦卑，大概率会被市场打败。

足够的尊重和理解也同样重要。如同本杰明·格雷厄姆所说，“短期市场是一个投票器”。投票总是在变化之中，我们会看到大量和基本面无关的市场波动。理解这一点很重要。

但我们也要理解格雷厄姆的另一句话，“长期市场是一个称重器”。这在科技股身上一次次得到证明。优质企业基于在收入增长、盈利质量、管理团队、用户价值、产品创新和市场空间等基本面上的优秀表现，往往会成为长期表现极好的股票。这些优质股有许多打折的机会，有些来自企业层面，也有一些来自市场层面，但长期来看，股价随基本面的变化而变化。一旦基本面变得更强，股价就会上涨。长期来看，市场是尊重基本面的。所以，我们要找到优质企业，确定它们的股价所处的合理区间，然后就是等待，直到打折时机出现。

在职业生涯的大部分时间里，我面临着众多关于科技股、特别是互联网股票的质疑。市场对于高增长科技股总是会存在偏见，认为这些股票的质量并不高，只是处于风口之上。在他们看来，这些企业的高估值经常是由多头炒作出来的。但事实上，这只是一小部分原因。我们已经看到，亚马逊最终变得非常赚钱。时间拉长后，回报率更是惊人。其他的例子也是如此。对于个人投资者而言，高增长科技股在他们的投资组合中可能仅占很小的部分，但实际上，他们应该多关注一下这类股票。

如今，我的二儿子已经读大学了，他开始对股票市场产生兴趣。最近，他和他的朋友都在寻找对投资有帮助的书籍，问我是否有推荐。卡特，我真希望本书能帮到你。

对于本书的其他读者，我想起了我的一位导师乔尔·利维 (Joel Levy) 曾说过的一句话。我在花旗工作时，他负责研究部。乔尔在花旗工作了 30 年，不幸罹患胰腺癌过早去世。我最喜欢他说的一句话就是：“让他们思考，让他们笑，让他们赚钱。”

最后，希望本书能给你在投资科技股和高增长股时带来一些新的思路，希望你能喜欢我分享的这些故事，也希望本书能为你的投资带来帮助。如果这些希望都能达成，我的好运也能持续下去。

未来，属于终身学习者

我们正在亲历前所未有的变革——互联网改变了信息传递的方式，指数级技术快速发展并颠覆商业世界，人工智能正在侵占越来越多的人类领地。

面对这些变化，我们需要问自己：未来需要什么样的人才？

答案是，成为终身学习者。终身学习意味着永不停歇地追求全面的知识结构、强大的逻辑思考能力和敏锐的感知力。这是一种能够在不断变化中随时重建、更新认知体系的能力。阅读，无疑是帮助我们提高这种能力的最佳途径。

在充满不确定性的时代，答案并不总是简单地出现在书本之中。“读万卷书”不仅要亲自阅读、广泛阅读，也需要我们深入探索好书的内部世界，让知识不再局限于书本之中。

湛庐阅读 App：与最聪明的人共同进化

我们现在推出全新的湛庐阅读 App，它将成为您在书本之外，践行终身学习的场所。

- 不用考虑“读什么”。这里汇集了湛庐所有纸质书、电子书、有声书和各种阅读服务。
- 可以学习“怎么读”。我们提供包括课程、精读班和讲书在内的全方位阅读解决方案。
- 谁来领读？您能最先了解到作者、译者、专家等大咖的前沿洞见，他们是高质量思想的源泉。
- 与谁共读？您将加入优秀的读者和终身学习者的行列，他们对阅读和学习具有持久的热情和源源不断的动力。

在湛庐阅读 App 首页，编辑为您精选了经典书目和优质音视频内容，每天早、中、晚更新，满足您不间断的阅读需求。

【特别专题】【主题书单】【人物特写】等原创专栏，提供专业、深度的解读和选书参考，回应社会议题，是您了解湛庐近千位重要作者思想的独家渠道。

在每本图书的详情页，您将通过深度导读栏目【专家视点】【深度访谈】和【书评】读懂、读透一本好书。

通过这个不设限的学习平台，您在任何时间、任何地点都能获得有价值的思想，并通过阅读实现终身学习。我们邀您共建一个与最聪明的人共同进化的社区，使其成为先进思想交汇的聚集地，这正是我们的使命和价值所在。

Mark S. F. Mahaney

Nothing But Net:10 Timeless Stock-Picking Lessons from One of Wall Street's Top Tech Analysts

ISBN 978-1-264-27496-3

北京市版权局著作权合同登记号　图字：01-2024-1848

图书在版编目（CIP）数据

高增长科技股投资法 / （美）马克·马哈尼（Mark S. F. Mahaney）著；朱昂译．-- 北京：中国财政经济出版社，2024. 11.（2024.12 重印）-- ISBN 978-7-5223-3412-7

Ⅰ．F830.91

中国国家版本馆 CIP 数据核字第 2024HX7378 号

责任编辑：潘　飞　　　　　　责任校对：张　凡
封面设计：ablackcover.com　　责任印制：张　健

高增长科技股投资法
GAOZENGZHANG KEJIGU TOUZIFA

中国财政经济出版社 出版
URL：http://www.cfeph.cn
E-mail:cfeph@cfemg.cn

社址：北京市海淀区阜成路甲 28 号　　邮政编码：100142
营销中心电话：010-88191522
天猫网店：中国财政经济出版社旗舰店
网址：https：//zgczjjcbs.tmall.com
河北鹏润印刷有限公司印装　　各地新华书店经销
成品尺寸：170mm×230mm　16 开　20 印张　291 984 字
2024 年 11 月第 1 版　2024 年 12 月河北第 2 次印刷
定价：109.90 元
ISBN 978-7-5223-3412-7
（图书出现印装问题，本社负责调换，电话：010-88190548）
本社图书质量投诉电话：010-88190744
打击盗版举报热线：010-88191661　QQ：2242791300